理想の未来を現実にするために

会計への関心が今、高まっている。かつて右肩上がりの経済成長が続いた時代は、日本企業は〝現場〟の改善努力で業績を伸ばすことができた。が、国内市場が成熟し、国境や業界を越えた企業間競争が激しさを増す中、もはや〝現場〟レベルのみで、戦える環境ではなくなった。

日本企業の多くは今、既存事業では停滞局面を迎えている。成長するには、新規事業を成功させるか、世界市場へ打って出るか、またはM&Aに乗り出すか、いずれにせよ、不連続な経営戦略を求められる。その決断にはもちろん、仮にそれに成功したとしても、その後は多角化した事業を管理するためにも、冷静かつ正確に自社や市場を分析する会計力が必要になる。

日本企業は、かつて〝物言わぬ〟と言われていた株主との間でも、緊張を強いられている。それは、機関投資家の行動指針を定めたスチュワードシップ・コードと、企業統治指針であるコーポレートガバナンス・コードの導入によるものだ。2014年には「8%を上回るROE（自己資本利益率）を最低ラインとし、より高い水準を目指すべき」とした伊藤レポートが、経済産業省から出された。日本企業には、資本コストを上回るリターンを稼ぎ出す経営が求められている。

会計数字は企業の現状を、迅速かつ的確に把握するためのものだ。自動車で言えば、バックミラーやタコメーターに相当する。それらのチェックなしに安全な運転は不可能だ。

企業は会計数字をベースに顧客や市場などを見て経営計画を立てる。さらに、経営計画にROEや売上高営業利益率などの具体的な目標数値を盛り込めば、企業が進む方向を社内外に示すことができる。目標が明確になれば、それを達成するための戦略も立てやすい。自動車の運転でも、行きたい場所が決まってこそ最短ルートを割り出せる。会計数字は企業の「目的地」を表すものでもあるのだ。

本書は、そうした会計を経営に生かすためのヒントと注意点を詰め込んでいる。

Part1は、会計の最前線の動きと、ビジネスに与える影響を分析する。Part2は、日本企業による、会計を経営へ生かす取り組みを紹介した。Part3は、決算書を読み込む際のポイントをまとめている。

未来に、どんな姿を理想として思い描くか。それを明らかにすることによって、足元でやるべきことが明確になる。会計は、未来と今をつなぐツールでもあるのだ。

会社四季報から始める企業分析

決定版

最強の会計力

最強の会計力

Part 1

会計最前線

成長戦略の扉を開く

日本企業を取り巻く環境は難易度が高まっている

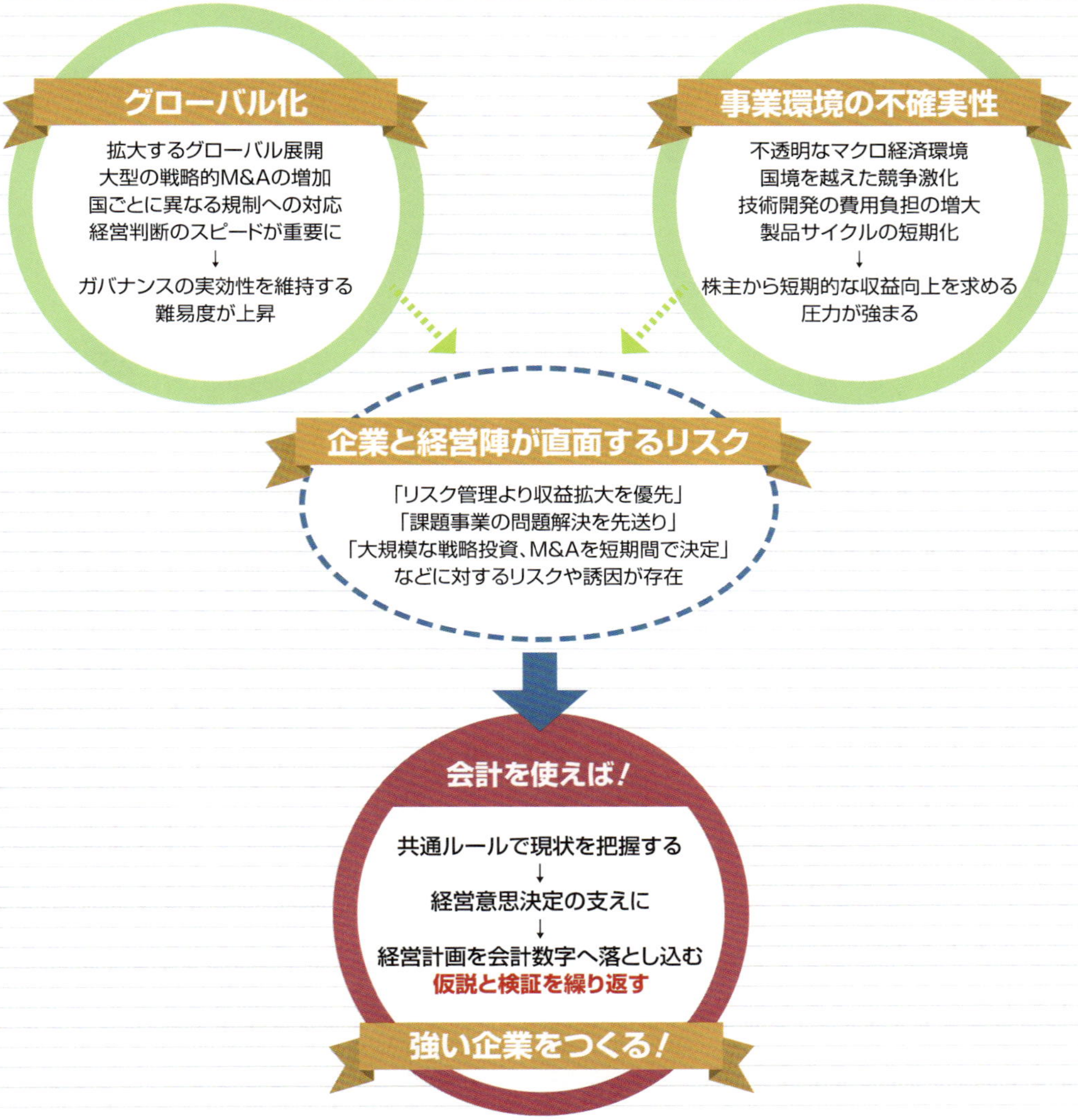
グローバル化
拡大するグローバル展開
大型の戦略的M&Aの増加
国ごとに異なる規制への対応
経営判断のスピードが重要に
↓
ガバナンスの実効性を維持する
難易度が上昇
事業環境の不確実性
不透明なマクロ経済環境
国境を越えた競争激化
技術開発の費用負担の増大
製品サイクルの短期化
↓
株主から短期的な収益向上を求める
圧力が強まる
企業と経営陣が直面するリスク
「リスク管理より収益拡大を優先」
「課題事業の問題解決を先送り」
「大規模な戦略投資、M&Aを短期間で決定」
などに対するリスクや誘因が存在
会計を使えば！
共通ルールで現状を把握する
↓
経営意思決定の支えに
↓
経営計画を会計数字へ落とし込む
仮説と検証を繰り返す
強い企業をつくる！

（出所）S&Pグローバル・レーティング・ジャパン資料より東洋経済作成

日本企業は、グローバル化とデジタル革命という二つのパラダイムシフトに直面している。国内人口が減少に転じる中、企業の多くは新たな成長シナリオを切り開くため、国境を越え、M&Aにも乗り出しているが、経営判断には迅速化が求められている。一方、競争の激化や、技術開発負担の増大、製品サイクルの短命化が進む中、株主からの短期的な成果を求める圧力は、かつてないほど強まっている。

S&Pの中井勝之主席アナリストは、そうした環境下で「ガバナンス体制が弱まる危険」を指摘する。具体的にはリスク管理より収益拡大を優先する、ネガティブな情報を隠す、問題を先送りする、大規模投資を短期で決定する、そして不正会計などへの誘因が強まっているという。

会計は企業活動において、最も客観的、かつ普遍的な共通言語だ。それが表すものは、過去のデータであり、未来に向けた経営戦略を考えるための羅針盤でもある。そして強い会社は、未来の姿を予算数字へ落とし込み、仮説と実践検証を繰り返すことで、そこに近づいていく。それは中長期と短期、いずれの経営戦略を考えるうえでも変わらない。パラダイムシフトに直面する今、その重要性は一層高まっている。

まつもと・あきら●1947年7月京都府生まれ。京都大学大学院農学研究科農業工学専攻修士課程修了、72年4月伊藤忠商事入社。86年子会社センチュリーメディカル出向、取締役営業本部長。93年米国企業系日本法人ジョンソン・エンド・ジョンソン　メディカル入社、99年社長。同年日本法人統合後のジョンソン・エンド・ジョンソンの社長、2008年1月最高顧問。08年4月カルビー顧問、6月社外取締役、09年6月より代表取締役会長兼CEO。前田工織社外取締役、東北大学病院臨床研究推進センター客員教授なども務める。

カルビー代表取締役会長 兼 CEO

松本 晃

撮[illegible]文繁

日本企業は「宝の山」

シンプルな指標こそ高収益への道

伊藤忠商事で体得した会計の知識、そしてJ＆Jで学んだ「儲ける」ことの意義。基本に忠実なシンプルな指標でカルビーを高収益企業へ導く松本晃会長兼CEOに聞いた。

畑違いの分野へ飛び込んでは実績を上げてきた経営者が松本晃氏だ。カルビーでは創業家3代目経営者に招聘された会長兼CEOとして、基本に忠実なシンプル極まりない会計指標を活用、東日本大震災や原料の馬鈴薯不作も克服し、8期連続増収増益を達成してきた。まさに指標としての会計数値の有効性を体現するプロ経営者だ。

――カルビーではどのように利益率を向上させたのですか。

私がカルビーに来た当時、すでにカルビーはスナック市場では断トツの1等だった。何しろ2等の会社に比べると、今ではシェアが約6倍なのだけれど、当時、すでに約3倍もの差があった。製品の質がよくブランド知名度も高かったため、小売店では他社製品より1割から2割ほど値段が高くても売れていた。

だが、あまり儲かっていなかった。しかも、儲かっていないことについて、シェアは断トツだし、別に赤字ではなく、潰れそうでもないということで、カルビー社内では誰も気にしていなかった。

会計知識で理由を探り基本に忠実な策を実行

しかし私は、それまでジョンソン・エンド・ジョンソンという、企業理念も収益性もとても高い水準の超優良企業にいて、「しっかり儲けてきちんと企業理念を実現するのでなければ会社なんて意味がない」ということを学んでいた。だからカルビーのような断トツ企業が儲からないのはおかしい、としか思えなかった。これだけの会社なら売上高営業利益率15%ぐらい儲かるのが当たり前。どこかうまくないところ、問題点があるのでは、と思えた。その原因をあれこれ探ってみた。

――カルビーでは何が問題点だったのですか。

カルビーは、2番手企業の約3倍のシェアがあったから、2番手企業より原価はかなり安いのが当然だろうと思っていた。だが、実際には製造原価はむしろ2番手企業よりなぜか13%ほど高かった。普通そんなはずはない。何か理由があるはず。

その理由を探って発見したのは、工場の稼働率が極端に低かったため固定費が高かったことだった。

理由は見つかった。じゃあ、どう

撮影：尾形文繁

利益率向上へ新製品開発でのイノベーション（成長戦略）を促進。「じゃがりこ」開発100品目を祝う展示

■ **大震災も原料不足も克服し8期連続で増収増益**

―8年で売上高は約2倍、営業利益率は2ケタに―

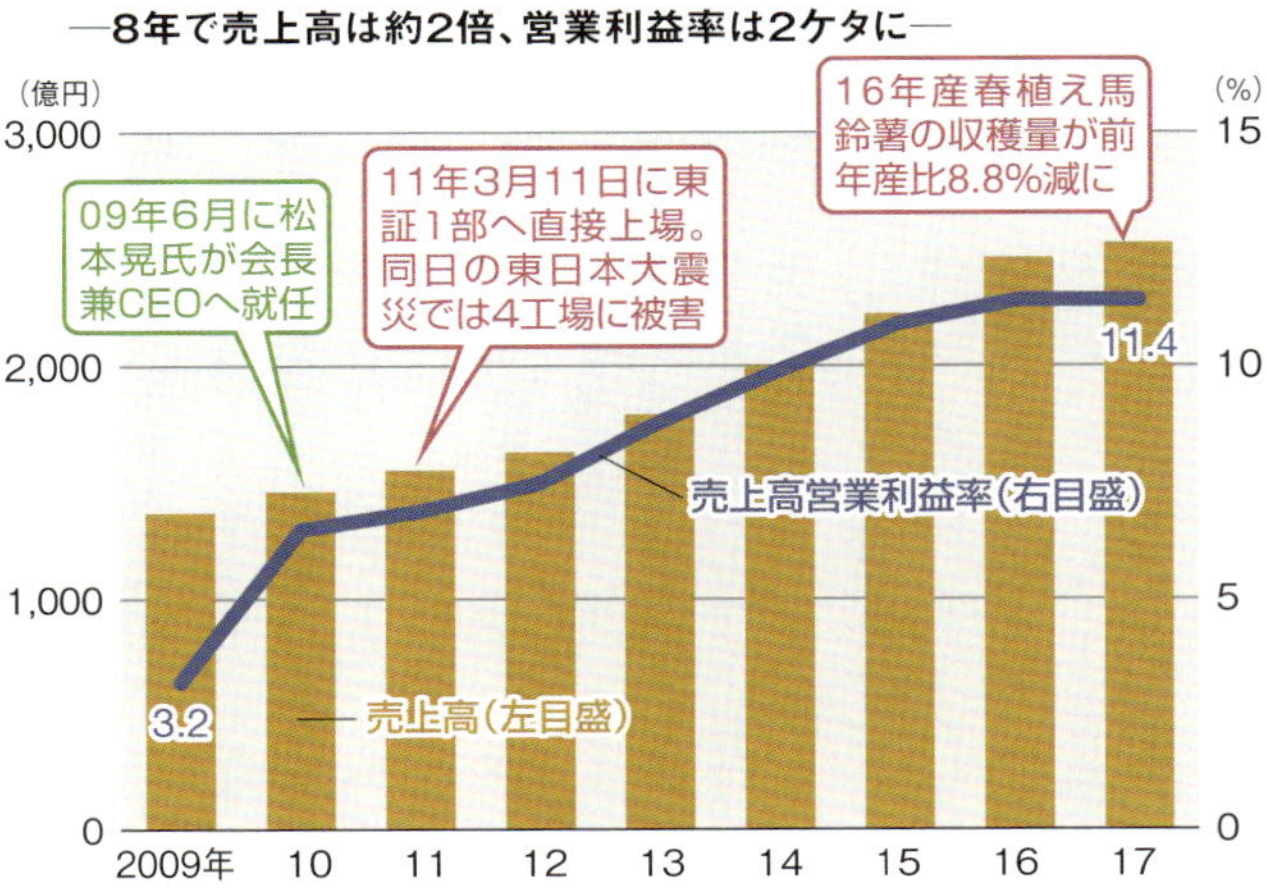

（注）カルビーの連結決算で各3月期

すれば儲かるようになるか。自明のことだ。当時、カルビーの製品は質がよくブランド名も通っていたため、値段が高くとも売れていたのだから、値段が他社製品と同じもしくは近づいたらもっと数量が売れるに決まっている。それが理の当然だ。

また、一時期とても金額が膨れ上がっていた設備投資について、もちろん必要な維持更新投資はするけれど、新規投資案件は「しばらく見合わせてみては」と指示した。

――値段の引き下げはどう実現したのですか。

「変動費を下げなさい」と指示した。その手法として、「いっぺん集中購買にしてみては」と言った。だから表面的には集中購買に切り替えたことで変動費を引き下げたように見えるだろう。だが、たとえ集中購買で一括大量仕入れをしたからといって、それで購入単価が劇的に安くなるということはまったくない。購入数量を多くまとめるだけで変動費がびっくりするほど下がるわけではないのだ。むしろ余分な購入数量を減らすことで変動費は下がる。それまで各工場でバラバラに購入しては使いきれず廃棄していたムダをなくすことで変動費は下がるのだ。つまり最も大事なことは、余分なものを買わない仕組みを作ることだ。

かつてカルビーで特にムダが多かったのが包装材や梱包材。たとえばポテトチップスの包装材などは、油の酸化を防ぐよう酸素バリアと水蒸気バリアの機能のあるアルミ蒸着PETフィルムで、ものすごく高価。新製品の発売時などは、包装材のフィルムや梱包材の段ボール箱などを、各工場がそれぞれの思惑によりいっぱい購入していた。

だが製品名をいっぺんフィルムや段ボール箱へ印刷してしまった後、その製品の販売数量が見込みを下回って販売打ち切りとなった場合などには、ほかの製品の包装や梱包には使い回しができないため廃棄することになってしまう。ほかにも工場ごとに機械部品などをたくさん購入していた。もちろん各工場には悪気なんてなかったが、お互いに見えにくい余分な購入というムダが多かった。そうした余分な包装材や梱包材、機械部品などの購入数量を減らすと変動費はどんどん下がっていった。

そして、変動費が下がった分はみんな「顧客に還元しろ」、つまり顧客への販売価格の値下げ分に充てたのだ。そのため変動費が下がった分は直接的には利益率の上昇要因とはならなかった。

ただ、販売価格を下げたことで市場シェアが上がった。それに伴い工場稼働率がかつての60%程度から90%超へ高まった。工場稼働率が高まれば固定費が下がる。そうして固定費が下がった分は「ポケットに入

カルビーが目標に掲げる会計の指標は「売上高営業利益率」のみ

―「経営指標」達成へのチェック項目と「理念」「ビジョン」実現の構図―

■ 企業理念

「自然の恵みを大切に活かし、おいしさと楽しさを創造して、人々の健やかなくらしに貢献する」

■ ビジョン

「顧客・取引先から、次に従業員とその家族から、そしてコミュニティから、最後に株主から尊敬され、賞賛され、そして愛される会社になる」

「売上高営業利益率」を高め収益を上げることで掲げている「理念」や「ビジョン」を実現できる

■ 目標とする経営指標

当社グループは、収益性と財務の健全性を重視しております。継続的な売上成長とそれを上回る利益成長を目指します。毎期、継続的に利益率の向上を図り、中長期で**売上高営業利益率15%**を目指します。

こうした基礎的データをチェックすることで目標とする「売上高営業利益率」を高める

■ 管理会計20項目

●「グロース」を示す4項目	
・売上高	2524億円
・うち海外売上高	289億円
・営業利益	288億円
・純利益	186億円
●「イノベーション(成長戦略)」を示す7項目	
・新製品(ブランドニュー)売上高比率	‥
・新製品(改良含む)売上高比率	‥
・ノン生ポテト製品売上高比率	‥
・市場占有率(スナック全体)	54%
・市場占有率(うちポテト系)	77%
・市場占有率(うちコーン系)	19%
・市場占有率(シリアル)	‥
●「コストリダクション」を示す5項目	
・売上原価率	55.8%
・製造原価率(単独決算)	‥
・販管費率(単独決算)	32.5%
・ヘッドカウント(正社員)	3860人
・ヘッドカウント(全従業員)	7586人
●「セーフティ」を示す4項目	
・キャッシュ	239億円
・フリーキャッシュフロー	125億円
・自己資本比率	70.4%
・減価償却費	72億円

(注) 管理会計20項目はカルビーが重視している指標を掲載。ただし項目名は一部を改変。数値は2017年3月期の有価証券報告書より東洋経済が試算した参考値で、「ヘッドカウント(正社員)」は従業員数、「ヘッドカウント(全従業員)」はそれに平均臨時雇用人員数を加算。市場占有率は同社ホームページ掲載の調査会社による数値

撮影：尾形文繁

東京駅前の本社（左写真）は大部屋で執務場所を固定しないフリーアドレス制。「コミュニケーション」「ソロ」「集中」の3種から選ぶ。CEOの執務机（上写真）もその大部屋の一角

れろ」、つまりカルビーに利益として取り込んだ。売上高に対する固定費の比率はコストリダクションにより10％ほど下がったため、売上原価率はそれまでの65％程度から55％程度へ低下した。カルビーは従来、その分だけ固定費が重すぎたのだ。

——シェア断トツの企業でそうした儲けるための改革をするには、それ相当の抵抗があり、パワーも必要だったと思われます。

儲かるようにするのが経営者としての僕の仕事。必要なら改革するのが当たり前で、改革への抵抗のあるなしはまったく関係ない。

——会計については、どのように身に付けられたのですか。

学生時代は田畑の灌漑・排水という土木工学の分野を学んでいたため、会計には無縁だった。だが伊藤忠商事の駆け出し時代には、せっかく産業機械の注文をくれた中小企業へ、何とか商社金融を付けるよう社内の与信審査担当部署を説得するため、顧客企業の決算書を毎日さんざん見ていた。会計については「昔執った杵柄《きねづか》」がある。

「重要な数値をしっかり見ることが最も肝心」

絞り込んだ4指標の20項目で状態を把握

——カルビーが「目標とする経営指標」に掲げている数値は売上高営業利益率のみと、極めてシンプルですね。

もともとカルビーは数値が好きな「データマネジメント大好き会社」で、それ自体はいいこと。会社というのは数値なしに運営できないので。ただし肝心なのは、重要な数値をしっかり見て上手に使うこと。かつては、眼前にある多くの計器が数値を示している航空機の操縦席のような、いわば「コックピット経営」だった。でもそのような多すぎる数値は、とてもではないが見きれず、上手に使いこなせない。

そこで、眼前にあるいくつかの計器が数値を示している自動車の運転席のような、いわば「ダッシュボード経営」にした。いくつかの計器のうちでも、たとえば燃料計なら満タン給油後にはしばらく見る必要がなく、ガス欠が懸念される頃合いに見ればいいように、必要なときに大事な数値をしっかり見ることが肝心なのだ。

カルビーが重視すべき管理会計の数値としては、数を多くしても仕方ないため、最初から20項目だけに絞った。なおかつその20項目は、会社の成長を示す「グロース」の指標となる項目群、「イノベーション（成長戦略）」の指標となる項目群、コスト低減を表す「コストリダクション」の指標となる項目群、そして安全性を表す「セーフティ」の指標となる項目群という、4指標にまとめられる。そうした数値について月次値とその累計値を記載した表裏の紙1枚さえあれば、会社の状態がわかる仕組みになっている。

一口に「コストリダクション」の指標の一つである「製造原価率」といっても、商品別や工場別の数値が

「力量のある日本企業は急成長しうる『宝の山』」

出てくる。僕はその数値を一目で見てわかるように色分けしている。合格の青、その次は順に緑、黒、黄色、そして最後が赤点の赤。たとえば製造原価率なら合格の「いいぞ」の青は45%未満の低さで、緑は45～50%、よくも悪くもない黒は50～55%、要注意の黄は55～60%、そして最後が赤で60%超と高い。

最初は赤点だらけだったのが、各工場にやはり意識の高い優秀な人がいたため、僕がカルビーへ来て大体2年ないし3年で各工場はいいほうの色に変わってきた。

――現状と今後をどうご覧になりますか。

8年前に取り組みを始めた利益率の向上は、初めの6年ほどは極めて順調だった。だから今それによる油断が社内には生じている。社内では、今、カルビーは「踊り場」にあると言っている。踊り場の後、これからも上へ向かうのか、それとも下へ向かってしまうのか、今がちょうど面白いところ。

――原料である16年産春植え馬鈴薯は主力産地の北海道で収穫量が前年比8・8%減と不作で、その影響があるのでは。

原料の馬鈴薯の不作は、収益鈍化についてのエクスキューズとしては格好の口実になるかもしれないが、あくまでただのエクスキューズにしかならない。原料の不作とか、為替の影響とか、言い訳をしたら、おしまいだよね。確かに馬鈴薯の不作の影響はあるが、それ以前に、まだまだやらなければならないことはいくらでもあるのだから。

ここまでの利益率の改善は正直なところ誰でもできること。もともといい会社が、誰でもできることをやっていなかっただけで、それをやると利益率が改善した。ここからはイノベーションで新しいものを作っていきたいが、それは簡単ではない。

社内の「埋もれた金塊」を見いだして成長させる

――シリアル食品「フルグラ」を近年、とても大きく伸ばされましたが、フルグラはうまくいったイノベーションの事例ですか。

「フルグラ」は僕にとってはイノベーションの事例というよりはリノベーションの事例。というのもフルグラは30年ほど前からあった商品だから。僕が試しに食べてみるととてもうまくて、今でも年間330日ほど朝に食べているほど。だから、女性や中高年など顧客を特定し、その問題を解決するというマーケティングの基本を実行するだけで大いに売れるようになった商品だ。これからも朝食の時短需要や健康志向を背景にもっともっと成長するはずだ。シリアルで朝食革命を起こしたい。

もともとカルビーは商品を研究開発したり製造したりするのが上手。いいものを作る。かねて社内には宝物があったわけだ。だがうまく研究開発や製造をすることと、うまくマーケティングして販売することは別の作業。むしろ、なまじ商品そのものがいいだけに、うまいマーケティングや販売の作業がなくとも、ある程度は勝手に売れていくという側面があると思う。そのためフルグラも「じゃがりこ」も「じゃがビー」も、かつては言わば埋もれた金塊になっていた。それがマーケティングの基本を実行するだけで売れるようになった。今後、カルビーが踊り場を脱却するための方策の一つが、こうした既存商品を成長させることだ。

これはカルビーにかぎらず、研究開発や製造の力量がある日本企業にほぼ共通することで、なかなか売れなかった商品でも、ある時点から突然売れ出すということがしばしば起きる。これはお客さんが「やはりいいものはいい」とわかるから。そうした研究開発や製造の力量がある日本企業は「宝の山」。カルビーの場合は、もともといい会社だったのが、製造原価率の引き下げという儲けるためのごく当たり前の取り組みをしただけで、継続的な収益率の改善ができたのだ。

イノベーションは口で言うのは簡単だが、実現は容易でなく、イノベーションを当てにしすぎた経営はできない。即席麺や「カップヌードル」は確かにイノベーションだったと思うし、カルビーの「じゃがりこ」もすごいとは思うが、やはり食品や菓子の分野では、そう変わるわけではない人間の味覚とフィットしないかぎりイノベーションを引き起こすのは難しい。カルビーでまったく新規商品によるイノベーションとしては、現時点ではM&Aも必要かと思っている。さすがに食品分野から外へ出ることはあまりないだろう

「継続的な事業成長」には「海外事業の拡大が必須」に
―国内外人口と海外子会社展開の推移―

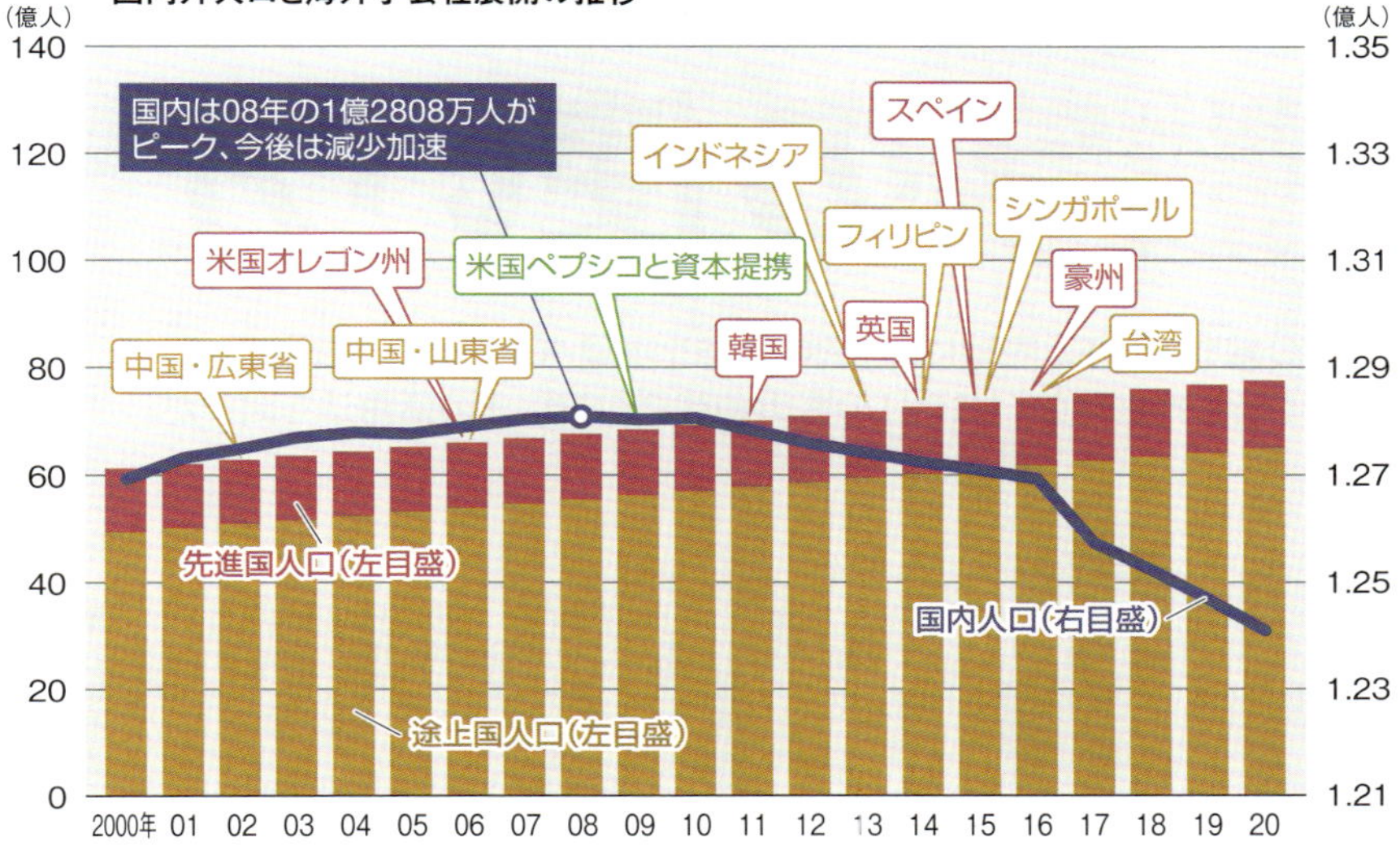

（注）推計を含む人口は総務省統計局編『世界の統計　2017年版』収載値（原数値は国連、総務省、国立社会保障・人口問題研究所）より作成。17年3月期末時点の海外子会社について、設立した国・地域名と年を記載、なおシンガポールは買収

が、日本国内は総人口が減少し、特にスナック菓子を食べる子どもや若い人たちが減少しているのだから。

そして今後のカルビーが踊り場から脱却するための牽引役のもう一つが海外事業。海外事業の売上高規模はかつての5倍や10倍にはなったが、まだまだ中身たるや非常に不安定で、利益面では足を引っ張っている。しかしやめるわけにいかんと。

――米国の合弁会社は、17年1月に合弁相手から保有株式を取得し完全子会社として再出発させました。

えんどう豆のスナック菓子が売れたため15年夏に新工場をドーンと建てたら、とたんに伸びなくなった。そこで米国法人は、かつて幹部だった日本人を説得して呼び戻し、完全子会社化して再出発させたところだ。カルビーが今後、踊り場から脱しようと思ったら、やはり海外事業を成功させることが一大要因になる。それだけに業績が悪いときは、海外現地法人へも口を挟まざるをえない。

――米国ジョンソン・エンド・ジョンソンが1943年に起草した企業理念・倫理規定「我が信条」は、会社が責任を持つ対象を顧客、社員、社会、最後に株主という順序で挙げています。この順序で責任を果たしていけば「株主への責任はおのずと果たせる」というのが「正しいビジネス論理」との理由からです。カルビーの「ビジョン」も同様ですね。

ええ。ジョンソン・エンド・ジョンソンは、しっかり儲けて理念を実現するという強い意思を維持している米国企業の数少ない代表格。あの米国ゼネラル・エレクトリックですら大きく順位を落としてしまった世界の株式時価総額ランキングの中で、ジョンソン・エンド・ジョンソンは今なおベストテンに入っているほどだ。

要するに会社は、結局、そうした順序で責任を果たさないかぎり、うまくいかない。第一に顧客と取引先をハッピーにする。第二に一緒に働いている従業員とその家族。第三にコミュニティ。それをうまくやれれば第四の株主へもうまくいく。そうした順序でないと会社は意外とうまくいかないものだ。

カルビーとしても、売上高営業利益率といったシンプルで間違いない会計の指標を大事にし、継続的に利益率の向上を図りたい。ダイバーシティや在宅勤務制度、さらにはフリーアドレス制など働きやすい環境づくりへ徹底的に取り組んできたが、それもしっかり儲けてきちんと理念を実現するという、成果を上げるうえでの重要な手法だからだ。

撮影：尾形文繁

成長商品によるイノベーションとともに、海外事業の成功が今後の利益成長の牽引役に。手前は海外で販売している商品群

勝ち残る企業の会計数字の使い方

会計数字は企業経営の基盤であると同時に、経営の意志を現場へ浸透させる言語だ。企業再生のプロ集団である経営共創基盤（IGPI）の冨山和彦CEOに、その活用法を聞いた。

とやま・かずひこ●1960年生まれ。東京大学法学部卒業。スタンフォード大学経営学博士（MBA）、司法試験合格。ボストン・コンサルティング・グループ、コーポレートディレクション代表取締役を経て、産業再生機構COO就任。機構解散後、IGPI設立。多くの企業の経営改革や成長支援に携わる。近著に『AI経営で会社は甦る』など。

撮影：梅谷秀司

——経営の中で会計的思考の持つ重要性は高まっているのでしょうか？

当然だ。企業間競争は激しさを増し、イノベーションも相次ぎ起きている。経営がうまく行っているか、いないか、何が起きているか、最も客観的、かつ非常に普遍的な言語で表現するには会計しかない。

会計分析は、経営の羅針盤だ。ライバル企業は最新の会計的手法を取り入れているのに、自分だけ「経験と勘で」と言っても、通用しない。

——財務会計と管理会計は、どう位置づければいいでしょう？

財務会計は、人間ドックで言えば誰でも受ける定番メニューだ。だから開示のベースになり、誰から見ても、どの企業も同じ基準で見られる。少なくとも経営者は、財務三表の細かい部分まで知っている必要はないが、基本的にどんな構造、つまり、どう日々の経営が記帳されて、構成されるかぐらいは、直感的にわからなければ、話にならない。一般的に日本の経営者の会計リテラシーは異常に低い。特に大企業はひどい。

決算書はストーリーとインフラを表現

損益計算書にはビジネスストーリーが表現されている。当該期間で、どう売り上げが作られ、付加価値を生み出しているか、かつ、それが何によって、どう変化するかを把握できる。儲けの構造が集約されている。

一方、貸借対照表は、期間を超えた、事業活動を行うためのインフラ的な実態を表現している。弱まれば当然、持続性は衰える。

そして財務会計だけで把握できない部分は、管理会計が必要になる。ビジネスは事業ごとにサイクルが違う。たとえば、お客さんに数年間、料金を払ってもらう事業がある。生命保険や通信などだ。5万円をかけ、お客さんを獲得し、3年続けてくれれば回収できる場合、期間損益だけではわからない。これを貸借対照表に表現できればいいが、顧客契約価値をのれん計上するには、M&Aをやらなければ無理だ。ガーッとお客さんを取り、アセットを積み上げていて赤字になるときなどは、管理会計的手法で診断しないと、間違う。

企業経営では、固定費を経営テーマとして扱う必要がある。前向きの費用にR&D投資、やや後ろ向きな費用に総務、管理系のコストがあるが、経営者にとって長期的かつ間接費的な固定費は、つねに削減対象だ。が、それは半期や四半期で変えられるものではない。銀行で言えば、支店をネットバンキングに置き換えるなどは、短期ではできない。大戦

冨山和彦

経営共創基盤（ＩＧＰＩ）代表取締役CEO

略テーマとしてやるべきことだ。

ただ、固定費にも短期で動くものがある。それは、四半期、半期、または年単位で管理することが重要になる。つまり戦略の次元が変わるのだ。大戦略マターと中戦略、いわば戦術的に管理すべきものに分かれる。これも、財務会計では把握できない。事業や経費の特性に応じて、手立てを考えていく必要がある。

こうしたことは、意外に知られていない。たとえば生産コストの議論でも、得てして間接費的な固定費を乗せて議論し、「日本国内の製造コストは高い」と結論づける。ただ、本当の生産現場の実力は、変動費である直接費で見るべきだ。直接費を比べると、実は中国より日本のほうが安いケースが増えている。自動化が進み稼働率が高ければ、自動化された分は固定費に移るから、日本の工場のほうが生産コストが低いケースはけっこうある。日本へ工場を戻す動きが出ているのは、このためだ。

国内向けに白モノ家電を供給する場合、部品を中国に送って組み立て、持って帰ってくる、トータルバリューチェーンのコストが価格に反映される。すると、「何か高いのでは」となる。今はトータルバリューチェーンの競争で勝敗が分かれる。

――日本企業ではKPI（重要業績評価指標）の採用が進みましたが、経営者の意図がうまく伝わらず、「数字に支配されている」と感じる現場が多くあります。

それはKPIの設定を間違えている。設定が正しければ、KPIの達成は、企業パフォーマンスにつながる。気の毒なのは現場だ。彼らは数字についてモノを言う権限がない。問題は、その間に介在している経営、中間管理職か経営者か知らないが、彼らがわかっていないのだ。

数字の裏側にはビジネスストーリー、あるいは戦略ストーリーが張り付いている。そのストーリーとKPIは因果関係を持っていなければならない。ビジネスモデルが違えば、KPIも違う。要は自分の頭で考えるかどうかだ。日本人は「教科書には、正しいことが書いてある」と思ってしまう人が多い。この分野のベストプラクティスがGEといわれると、それが正解と思ってしまう。でも、そんなことはない。GEになろうとしているのではないし、同じことをやっていたら、GEに勝てない。

ROE（自己資本利益率）をめぐる

議論も同様だ。日本の経営者に「ROE経営はけしからん。高い数値を求めて、将来の成長性やR&D投資を削らせる」と怒る方がいる。が、株主からカネを預かっている以上、ROEが資本コストを上回るのは当然だ。でなければ、資金は回らない。統計では、ROEの高い企業のほうが成長性もあるとわかっている。

ROIC10%は利益率×資産回転で実現する

もちろん、高ければいいわけではない。無理に高くすれば、過剰なレバレッジをかけることになり、何かが起きたときに潰れるリスクが広がる。だから「自分たちの会社の適正なROEはこの水準」と、自分で考えて設定すればいい。別にGEが20%だからと、同じにする必要はない。

年金を預かっているような外国人投資家は、20年、30年、保有するつもりで投資する。無理にROEを高くして潰れられたら困る。相手は企業の適正な資本コストを計算している。逆にオーバーシュートすれば危ないと思うから、売ってくる。

私が、取締役を務めたオムロンで、ROIC（投下資本利益率）10%にこだわるべきと思ったのは、オムロンの事業リスクやR&D投資などを考えると、その水準を確保しないと、持続的に将来投資ができないと思ったからだ。逆に20%まで行くと、将来投資を削ることになる。

ROICは、ROEも同様だが、基本は売上高利益率×資産回転で決まる。オムロンでもカンパニーの中には、事業特性上、資産回転があまり回らない事業がある。ここでROICを高めようと思えば、売上高利益率を上げるしかない。必然的に、差別化された商品でちゃんと値付けしろということになる。営業にその流れで、KPIを設定すれば、「申し訳ないけれど、売上高利益率50%を切る商売は取るな」となる。

逆に自動車部品などは競争が厳しいから、売上高利益率は高くならない。仮に5%の売上高営業利益率があって、ROIC10%にしようと思ったら、資産は2回転させないと10%にならない。するとKPIは、売上高営業利益率で何%以上を確保しつつ、無駄な在庫は持たず、工場はフレキシブル生産ラインでいろいろ

■ トマトの卸販売業者が取引をしたいと訪ねてきた
—数字をリアルな世界で考えてみる！—

提出してきた財務諸表は本物か？　年商40億円　営業利益2億円

トマトのスーパー店頭価格が1パック240円だとすると…
…… 65%は生産者（156円）の取り分
…… 25%はスーパー（60円）の取り分
…… 残りの10%が卸販売業者（24円）の取り分

⇒生産者から156円で仕入れ、スーパーに180円で卸す事業ではないかと推測できる！

推測① 年商40億円≒月商3.3億円×12カ月→日商1100万円→1パック180円のトマトに換算すると、毎日6.1万パックのトマトをスーパーに卸す必要がある。

推測② スーパー1店舗当たりの近隣世帯数が3000、1日に5%の150世帯がトマトを購入すると考えると、→毎日6.1万パックを卸す≒約400店舗のスーパーと毎日取引する規模だとわかる！

Market

推測③ 自前でトラック配送し1時間2.5店舗のスーパーを回る→1日8時間×2.5店舗＝20店舗→20店舗分のトマト（3000パック）→段ボール100箱が入る小型トラック20台、運転手20人が必要

推測④ 買い付け用の大型トラック、バイヤーも必要。事務や営業を含めると30人程度の会社か？

まず、月次のPLを作ってみる！

月商3.3億円
仕入原価2.9億円だから売上総利益は4000万円だ

さらに、販管費も想定して営業利益を求める！

・従業員給与40万円×30人＝1200万円　・家賃・駐車場代＝400万円
・燃料代200万円　・その他経費300万円　・トラック等減価償却100万円
と考えると→月次営業利益は1800万円になる

最後に、BSも考えてみる！

・1カ月分の在庫が必要だとすると必要資金は仕入価格156円×約180万パック=2.8億円
・現金仕入れ、販売代金の入金までの期間が3カ月とすると、少なくとも3カ月分の運転資金8.4億円がなければ、販売代金を回収するまで資金ショートに陥る
・これに家賃・駐車場代、人件費など毎月の経費を加算した資金がなければ、会社は維持できない！

（出所）「IGPI流経営分析のリアル・ノウハウ」より東洋経済作成

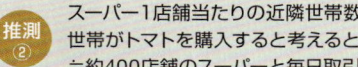

「ROEは自社の適正水準を探さなければならない」

撮影：梅谷秀司

なものを流せるようにして、資産回転を上げるように設定すればいい。

　ビジネスモデルが変われば、それに合わせてROIC10%を実現する方法論を変える必要がある。この程度は、経営トップだけでなく、事業部長も考えるべきことだ。

日本経済を支えるのは今は存在しない企業

　一つのビジネスをやっている中小企業経営者のほうがわかっている。日本のエリートサラリーマンは、銀行から借金したり、給料を払えないかもしれないと感じた経験もない。仕入れを増やすと運転資金でカネがなくなるとか、売上高が伸びるときのほうが危ないこともわからない。

　日本の企業社会は、何十年かの繁栄の結果として、無責任サラリーマンを大量生産した。米国企業もかつては日本と同じだった。それが1980年代に日本にやられて、思想が一気に変わった。いちばん能力の高い人たちが、ベンチャー経営に乗り出し、そのうちのいくつかが、グーグルやアップルなどに育った。彼らはそこを切り抜けてきた連中で、日本企業は今、そこと戦っている。

　日本もエリートの多くがベンチャーへ進むようにならないと、経済のダイナミズムは戻らない。大企業が大成長モードに復活し、かつての栄華を取り戻すことは、絶対起きない。むしろ進むのは集約化だ。大企業は、いくつかの、世界で戦える企業に集約される。その先、経済成長を支えるのは、今は存在しない企業だ。

――日本企業の再生に必要なものは、何でしょうか？

　日本企業がM&Aに消極的だった理由は、異質な企業体を取り込み、会計リテラシーなどで、互いにメリットがあるよう統制を利かせつつ、成長へ転嫁させる経営能力がなかったからだ。日本企業は、もっぱら同質性と連続性をテコに〝改善〟を追求し成功した。だから組織は同質的で連続的なほうがよかった。が、グローバリゼーションとデジタル革命という二つのパラダイムシフトの結果、不連続な変化とグローバル競争が起きた。同質性と連続性は、深刻な欠陥を日本企業にビルトインした。いまだ日本企業は一括採用、終身雇用、年功序列制を脱していない。

　日本の経営者がやるべきことは、コアコンピタンスで使えるものと使えないものに仕分けした後、どういう経営モデルを目指すのか、そのモデルを目指す際、では、企業を構成する人材はどうあるべきかを考えることだ。多様性は当然だ。雇用形態も不連続を前提にする以外ない。

　企業で、ある事業がコアじゃなくなる。すると、「仲間だから、会社に置いておいてやろう」となる。現場は立派で頑張る。が、ノンコアだから、武器弾薬は補給されない。事業は衰退し、買い殺しだ。最後は撤退、希望退職へ追い込まれる。それが本当に人を大事にする経営か？

　まだ元気で利益を上げているうちにノンコアになったら、その事業を本気でやるところに譲渡すべきだ。日本的経営を構成する基本ユニットは現場単位で、現場を生かすなら、現場単位で集団転職させればいい。日本人は個人の転職は大変だが、共同体的で、集団転職は意外とOKだ。

　転職前は、ギャーギャー言う。カネボウも言っていた。が、行ったら、何も変わらない。同じオフィスに来て、看板だけが変わっている。で、やってみると、「なんだ、こういうことだったんだ」とみんな気づく。行った先は、コア事業としてやっているから、大抵の場合、競争に勝ち始める。給料とボーナスも増える。

　経営人材の要件として、ある事業や機能部門特有、もっといえば企業固有のスキルセットを磨く価値は、日々下がっている。会計は典型だが、企業や事業、産業も超えたユニバーサルなスキルとしての経営能力を、真剣に磨く必要に迫られている。

ソフトバンクグループ孫正義氏「300年帝国」への野心と焦燥

「史上最速で営業利益1兆円を達成した」と豪語する孫正義会長兼社長。ただ直近2～3年は収益が停滞。度重なる巨額買収で、のれん・無形資産は計8兆円、有利子負債は15兆円に迫る。17兆円近い保有株の含み益は大きな拠り所だが、いつまで高成長路線は続くか。

Section 1 成長性にカゲリ？

「日本企業で営業利益1兆円を突破したのは3社。うちNTTは発祥から118年、トヨタ自動車は65年かかった。当社は36年で突破できた」――ソフトバンクグループ（以下ソフトバンク）の孫正義会長兼社長は5月の決算発表会見で利益成長スピードを誇った（左ページ写真）。

ただ、この比較には少々無理がある。NTTの発祥は1885年、ソフトバンクの設立は1981年。96年も違うため貨幣価値も違い、1兆円という一律の金額の物差しで利益成長のスピードを測るのは無理だからだ。たとえば、NTTがソフトバンクと同様に発祥後36年で1兆円を突破するには、1921年当時の日本の年間国家予算15・91億円の628年分相当もの営業利益を稼がねばならない勘定となるほどだ。

NTTとトヨタ自動車、ソフトバンクでは利益成長の方向性もかなり違う。たとえばトヨタ自動車は、自動車製造という分野におけるオーガニックグロースつまり自律成長により、営業利益1兆円を突破した。その一方でソフトバンクは、M&Aつまり企業買収で営業利益1兆円を突破したといえよう。

孫会長兼社長は日本ソフトバンクという会社名でパソコン用パッケージソフト流通業（卸売り）を起業。後に出版、展示会、インターネット、国内通信、米国通信と次々に新事業を加えてきた。そのうち祖業である「流通」事業は、近年ずっと部門営業利益はゼロ近傍が続いている（17ページ中図）。一方で買収した米国ヤフーの日本子会社、英国ボーダフォンの日本事業を買収した「国内通信」事業、そして米国の通信大手スプリントは、それぞれ数千億円規模の営業利益を生み出している。この図から明らかなように、ソフトバンクの営業利益1兆円突破は企業買収による「足し算」の結果なのだ。

かつて1995年に孫会長兼社長は「ソフトバンクが300年にわたり成長し続けられるかどうかを意識している」旨、語っていた。その21年後の2016年にも「300年くらい伸び続けられる企業にしたい」と発言している。冗談ではなく、かなり本気で「300年」を念頭に置き、巨大成長企業の構築への道筋づくりに野心をたぎらせているのだろう。

ただし、孫会長兼社長が起業から36年という史上最速の営業利益1兆円突破を誇った足元で、直近2～3年は収益の伸び悩みが目立つ。ここ10年間の推移を見ると売上高は16年3月期から、営業利益は15年3月期から伸び悩む（17ページ上図）。

それを10年間の各事業の営業利益の推移から分析してみると、15年3月期までは全体の伸びの牽引役だっ

Part 1
会計最前線　成長戦略の扉を開く

直近2～3年は収益が伸び悩んでいる
—売上高と営業利益の10年間の推移—

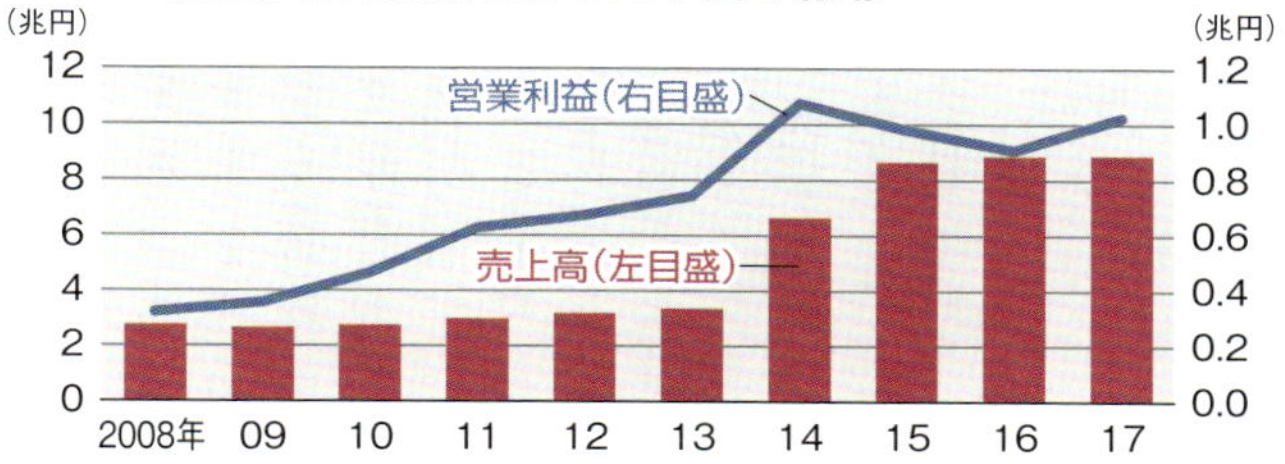

（注）各3月期。2013年3月期までは日本基準、14年3月期からはIFRS（国際会計基準）の連結決算
（出所）決算短信

祖業の「流通」は均衡圏程度で買収事業が成長
—各事業の利益①営業利益ベース—

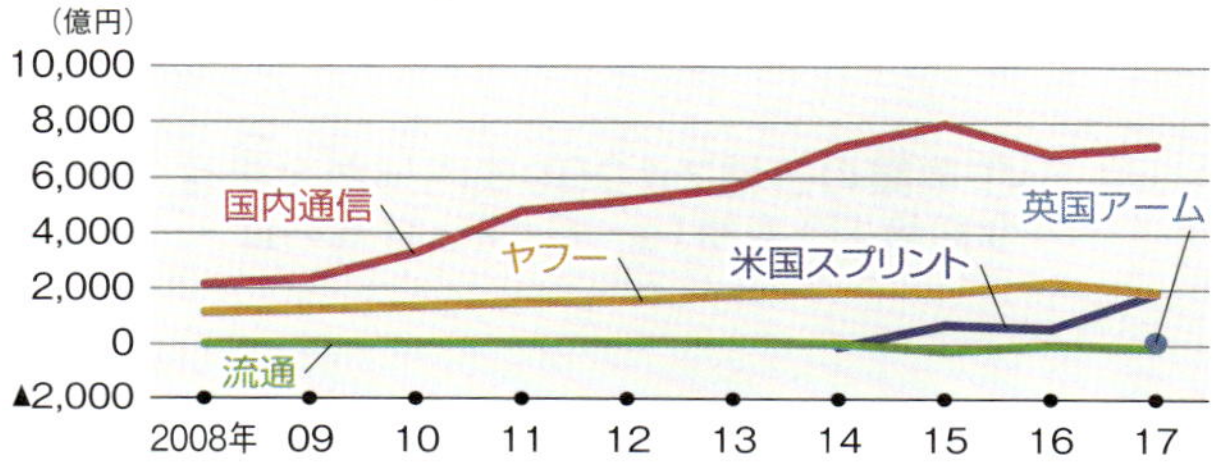

（注）決算期や基準は上図と同じ。事業は、「流通」は08年3月期と09年3月期は「イーコマース事業」、10年3月期～15年3月期は「その他」で福岡ソフトバンクホークス関連事業など含む、「ヤフー」は13年3月期までは「インターネット・カルチャー事業」、14年3月期と15年3月期は「インターネット事業」、「国内通信」は13年3月期までは「移動体通信事業」「ブロードバンド・インフラ事業」「固定通信事業」合計、14年3月期と15年3月期は「移動通信事業」「固定通信事業」合計の数値

今や米国スプリントが国内通信を抜く勢い
—各事業の利益②EBITDAベース—

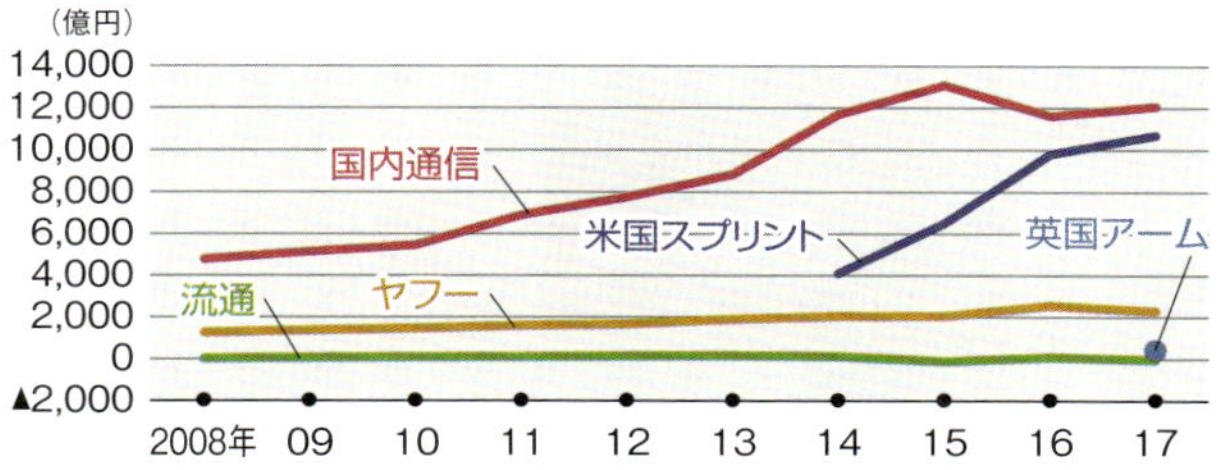

（注）決算期や基準、事業は上図と同じ。EBITDAは2013年3月期までは営業利益に「減価償却費」を加算、14年3月期からはさらに「償却費」を加算

撮影：今井康一

2017年3月期の決算発表会ではＮＴＴやトヨタ自動車より利益成長スピードが速いことを印象づけた孫正義会長兼社長

た「国内通信」事業が16年3月期から頭打ちの状態となり、それをほかの事業で補えていないことがわかる（左・中図）。16年夏に買収した半導体設計の「英国アーム」事業にしても、まだ半期分のみの算入だったという特殊要因もあるが、その寄与は17年3月期には454億円と限定的だったのだ。

そして、この直近2～3年における収益伸び悩みのもう一つの要因こそ、孫会長兼社長を近年とかく悩ませてきた「米国スプリント」事業をめぐる誤算である。

そもそもスプリントは、米国通信3位（現在4位）の企業として13年に買収した当初から、同4位（現在3位）のTモバイルも買収し合併させることにより、ベライゾンとAT&Tという2強へ挑む構想で、米国の電気通信分野の再編を仕掛けるという野心的な取り組みだった。だがそれが米国規制当局に阻まれ頓挫してしまったのだ。

稼ぎ頭となった今こそ スプリントは売り時か

いきおい孫会長兼社長は米国スプリント単独での経営再建に取り組まざるをえなくなり、スプリントの経営トップを代え、コスト低減の余地を洗い出しては逐次実行してきた。

そしてその成果は出てきた。

とかく通信事業は巨額の通信設備への投資が必要で減価償却費負担が重いため、「米国スプリント」事業の営業利益ベースの利益は、若干改善し17年3月期に「ヤフー」事業と肩を並べた程度（上・中図）に見える。

だが、減価償却費分などを足し戻し算出されるEBITDAベースの利益は急速に伸び、17年3月期には「国内通信」事業に迫る勢いとなったほどである（上・下図）。

さらに、続く今18年3月期の第1四半期つまり17年4～6月期には、EBITDAベースの利益では、ついに「米国スプリント」事業が「国内通信」事業を抜いて稼ぎ頭になった（18ページ下図）。

孫会長兼社長の事業再生能力は極めて非凡と認めざるをえない。

ちなみに、17年4～6月期の各事業の営業利益ベースの利益を見ると、「ヤフー」事業は横ばい程度で、顧客基盤拡大を優先した「国内通信」事業は減益であり、開発者約300人の新規雇用の費用負担が発生した「英国アーム」事業は赤字であった（18ページ中図）。

新たに連結対象となった「ＳＶＦ」（ソフトバンク・ビジョン・ファンド）をめぐっては、米国のファブレス半導体メーカーであるエヌビディア株を移管した一時益１０５２億円分がカサ上げ要因になった。ただしこうした一時益はいつも見込めるものではなく、たとえばほかの出資者の意向を受け英国アーム株の一部をＳＶＦへ移管する予定だが、「英国アーム株の移管の際には一時益が生じない見通し」（ソフトバンク幹部）という。

つまり一時益が大きなカサ上げ要因となったＳＶＦのほかには、17年4～6月期の営業利益ベースの利益が増えたのは、「米国スプリント」事業のみだったのである。

その折も折、スプリントをめぐる情勢は再び大きく動いてきた。孫会長兼社長が手塩にかけた虎の子であるスプリント株を売却する意向との観測が浮上してきたのだ。

保有スプリント株を売却する理由としては、ベライゾンやＡＴ＆Ｔという2強も定額使い放題の「アンリミテッドプラン」を投入するなど競争がさらに激化していることや、設備投資の資金調達や費用負担の重さなどが挙げられよう。

ではいったいどこと、どのような経営統合がありうるのだろうか。

確かにスプリントはケーブルテレビ全米2位で携帯電話への進出を目論むチャーター・コミュニケーションズとも経営統合の交渉をしたが、やはり統合相手の最有力候補はＴモバイルであると目されてきた。

ただしＴモバイル側には「スプリントと急いで経営統合する必要はない」（情報通信総合研究所の清水憲人主任研究員）との指摘があり、「スプリント株は完全売却がベストだが、全株を買ってくれそうもない現状では、過半売却がセカンドベスト」（同）ともされる状況で推移してきたのである。

■ SVF事業の連結で1000億円強が上乗せ
—今期第1四半期（4～6月期）営業利益—

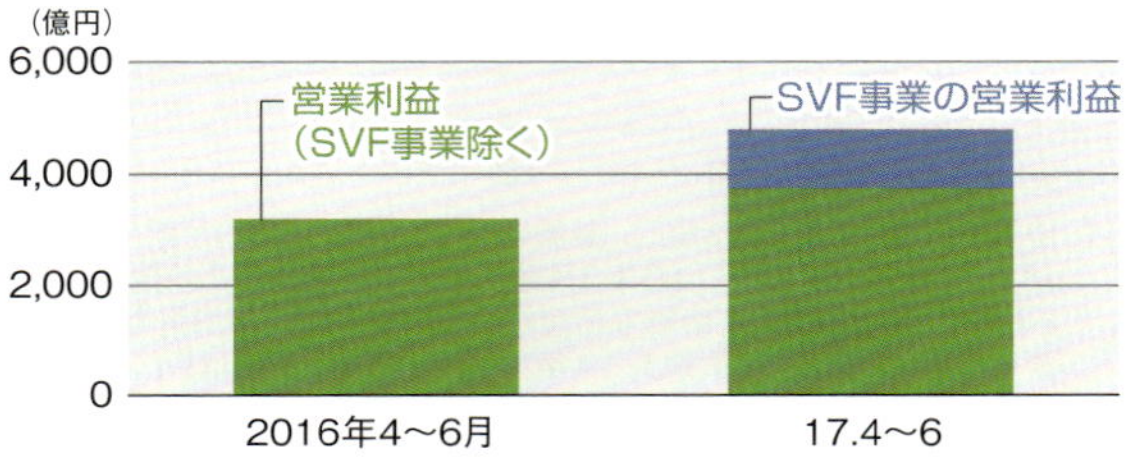

Section 2
積極投資の代償

米国スプリントで1・7兆円、英国アームで3・3兆円——度重なる買収でソフトバンクの有利子負債は膨らんだ。投資キャッシュフローが営業キャッシュフローを上回るようになり（19ページ上図）、社債発行などによる資金調達をした結果、有利子負債は今や15兆円に迫る（19ページ下図）。

米国系のスタンダード＆プアーズ（Ｓ＆Ｐ）やムーディーズによるソフトバンクグループの格付けは、中国アリババ株など含み益のある株式保有を理由に1段階引き上げる取り扱いも受けながら、投機的、つまりジャンク債の扱いだ。

Ｓ＆Ｐの4月のリポートはソフト

■ 国内通信にカゲリ、SVFで1000億円強加算
—第1四半期の各事業の利益①営業利益ベース—

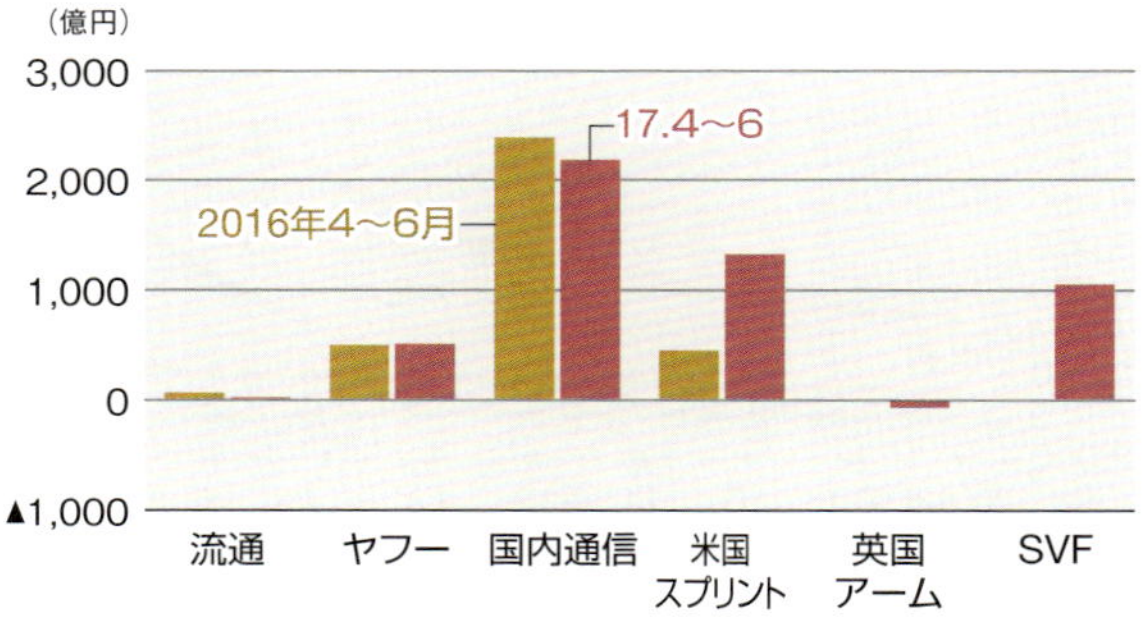

■ 米国スプリントが稼ぎ頭に
—第1四半期の各事業の利益②EBITDAベース—

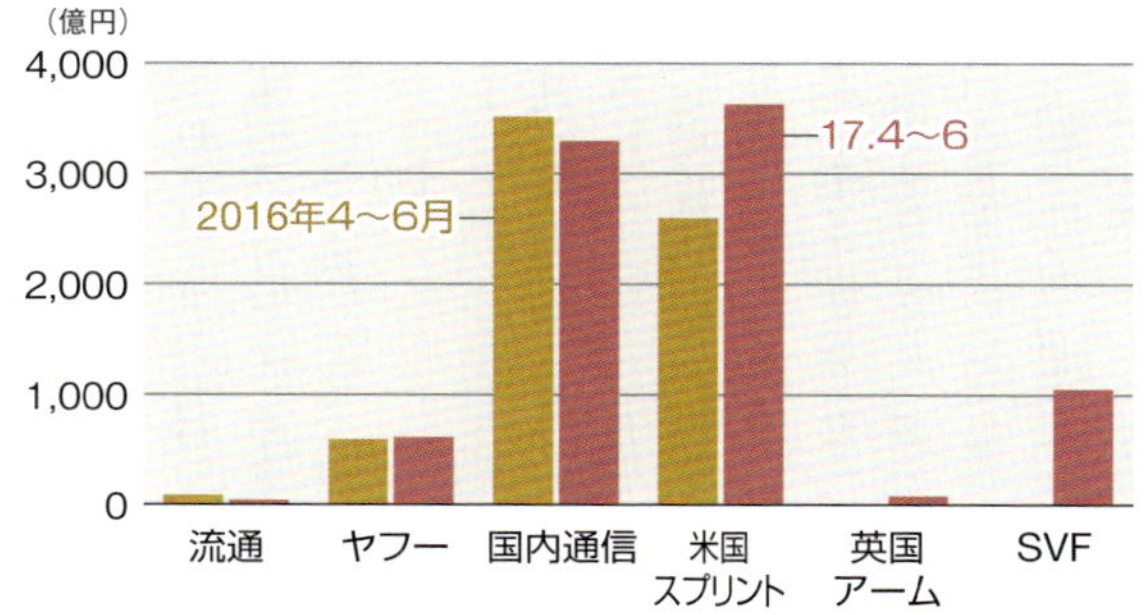

2014年3月期から投資CFが著増し営業CFを超過

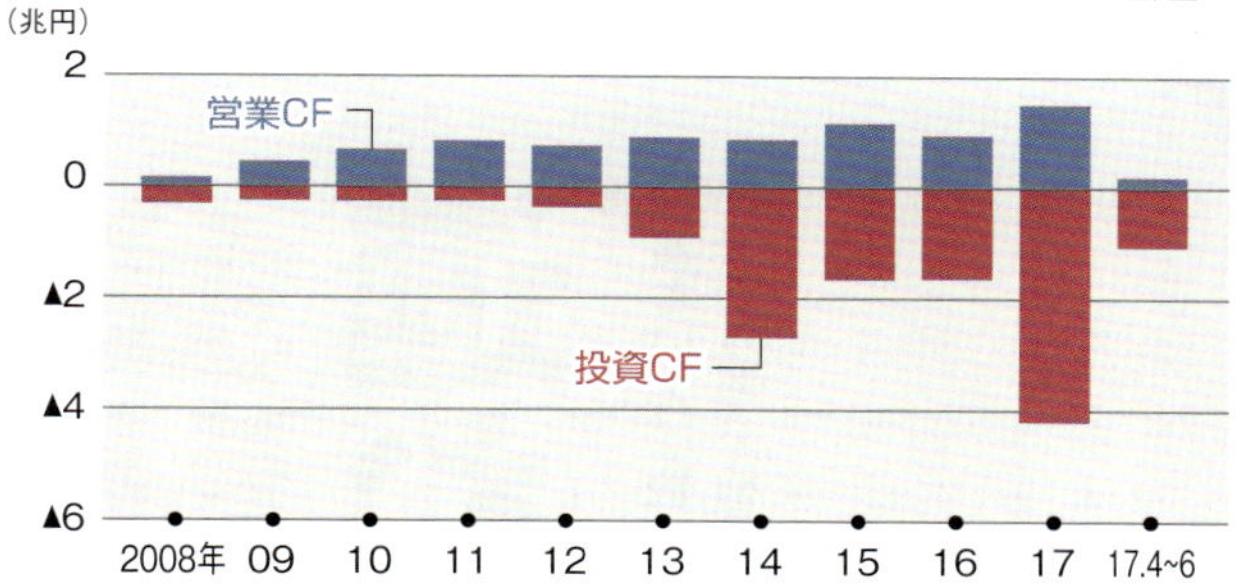

（注）本グラフでは投資キャッシュフローは符号を負として掲載。各3月期、ただし17.4～6は18年3月期第1四半期

2014年3月期からのれんと無形資産が大幅増

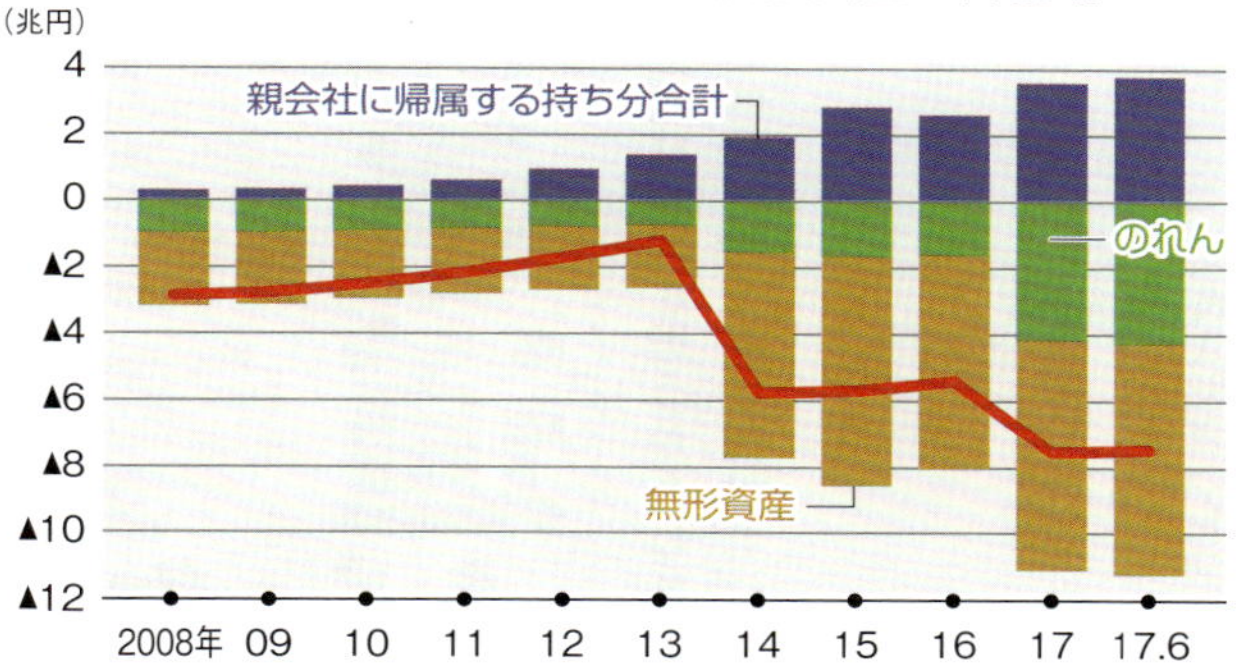

（注）折れ線グラフは親会社に帰属する持ち分合計からのれんと無形資産を除いた額で、棒グラフではのれんと無形資産は符号を負として掲載。各3月期末、ただし17.6は18年3月期第1四半期末

有利子負債は15兆円に迫る

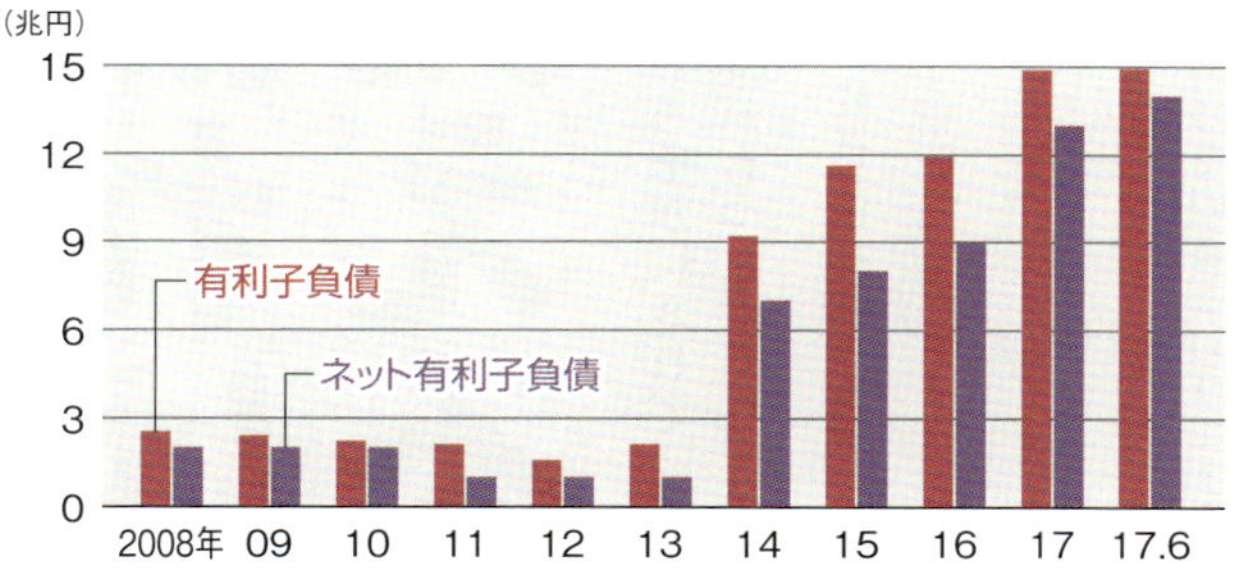

（注）各3月期、ただし17.6は18年3月期第1四半期末

撮影：尾形文繁

マルセロ・クラウレCEO（左）は米国スプリントをグループ最大の収益柱へ仕立て上げた。ソフトバンクグループの含み益の最大の源泉はジャック・マー氏（右）率いる中国アリババ株

バンクグループについて、財務戦略は「非常に非保守的」とし、「高い経営・執行力を有するがガバナンスはやや弱い。これは孫社長（当時）の強い成長志向を織り込んだもの」とした。なんとも絶妙な表現だ。

低格付けのためソフトバンクグループの社債の調達金利は高い。だが後藤芳光・ソフトバンクグループ専務執行役員財務統括は、「2%台の調達金利は快適このうえない」と意に介さない。年2%超でのEBITDA増加が容易に図れるからという。

また、「短期借入金はロールオーバー（借り換え）の方法が銀行との間で確立していて問題ない。米国スプリント買収で増えた長期借入金は国内通信が生むキャッシュフローで賄える範囲」とも語る。

のれんや無形資産も合計で11兆円と急増し、「親会社に帰属する持ち分合計」を大きく上回る（左・中図）。

のれんのうち2・7兆円が英国アーム、0・9兆円がボーダフォンの日本事業（現在の国内通信事業）。のれんについて「当社は将来性ある会社に投資している。たとえば国内通信は、巨額の営業キャッシュフローを毎期生んでいるため減損は必要ない」（君和田和子・ソフトバンクグループ常務執行役員経理統括）という。

無形資産のうち4・1兆円は米国スプリント買収で得たFCCライセンス（オークションで得た無線通信の帯域使用権）だ。こちらについては「帯域使用権はいつまでも使える耐用年数のない資産のため償却しない」（君和田常務）とする。

かつて小売り最大手だったダイエーは、保有土地の含み益を背景に事業を拡大させたがバブル崩壊後に経営が行き詰まった。ソフトバンクがホームページにリアルタイムで公表している「保有株式株価情報」によれば10月央の含み益は約17兆円。巨額な保有株式含み益を持つソフトバンクが同じ轍を踏む懸念はないか。

この懸念については、「株は換金しやすい。また世界中の成長株に分散投資している」（後藤専務）とし、IT関連銘柄に偏っているように見える保有銘柄についても、「あらゆる産業がIT化している中で特に問題はない」（後藤専務）と語る。

収益頭となった米国スプリントを売却するほど実は焦っているのか、それとも巨額含み益で余裕しゃくしゃくなのか――孫会長兼社長の胸中をのぞいてみたいものだ。

（本誌・山田雄一郎）

会計的思考を操れば進むべき道が見える

経営といえば数字を使うのが当たり前、と思うかもしれないが、意外とおろそかにされている。数値での考えを徹底する「会計的思考」を身に付ければ、会社の今と未来がもっとよく見えてくる。

立命館大学大学院 経営管理研究科 教授● 谷口 学

日本企業による海外M&A（企業の買収・合併）が活況である。M&A助言のレコフによると、2016年は過去最高の636件を記録し、投資金額も国内企業に対するM&Aの3倍近くに上った。

長引くデフレ、少子化から脱却できない日本市場は先細りで、長期的なマーケットとしての将来性は望めない。政府が日本企業の収益力を高めるために矢継ぎ早に推進した、日本版スチュワードシップ・コードやコーポレートガバナンス・コード（27㌻で解説）。皮肉なことに、その狙いである日本企業のROE向上を経営者に求めれば求めるほど、日本企業はその活路を海外市場に見いださざるをえないのである。

海外M&Aは裏を返せば、日本企業が稼いだカネを海外への積極投資に向けているということを意味する。日本の法定実効税率がようやく30%を下回ったとはいえ、それでも国際的な主要国の趨勢からみればまだまだ高率で、イギリスの19%には到底太刀打ちできない。ROEのみならず税引き後の最終利益、そしてキャッシュフローを考えれば、日本国内に投資することは、中長期的には分の悪い経営判断である。

買収価格は熟慮し高値づかみを避けよ

一方で、日本企業による海外M&Aは失敗が多いこともまた事実である。たとえば日本郵政グループは2015年にオーストラリアの物流会社トール・ホールディングスを買収したが、17年に「のれん」を中心に約4000億円の損失を計上した。世界50カ国以上に拠点を持つトール社を取り込んで海外事業強化を狙ったが、当初の予想に反し同社の業績が悪化してしまったという。

キリンホールディングスは、11年にブラジルで当時2番手だったビール会社を買収したが、その後、シェアが後退。15年に約1100億円を減損処理し同社をハイネケングループに売却した。LIXILグループに至っては、買収した中国子会社の破産に伴い、累計約660億円の損失を計上している。東芝の米ウエスチングハウスの事例では、破産法の申請と保証の履行などで、16年度に1兆円を超える損失を招いた。

このように海外M&Aの失敗事例を数え上げれば切りがない。総じてその成功率は2～3割というのが、多くの識者の指摘するところである。海外M&Aには不確実性が伴うとはいえ、これは驚愕の成功率の低さではなかろうか。私はその一因は、日本企業のM&A戦略に会計的思考が欠如しているからだと考えている。

会計とはわかりやすく言えば「貨幣的価値に換算して会社を知る」と

企業価値はこう決まる

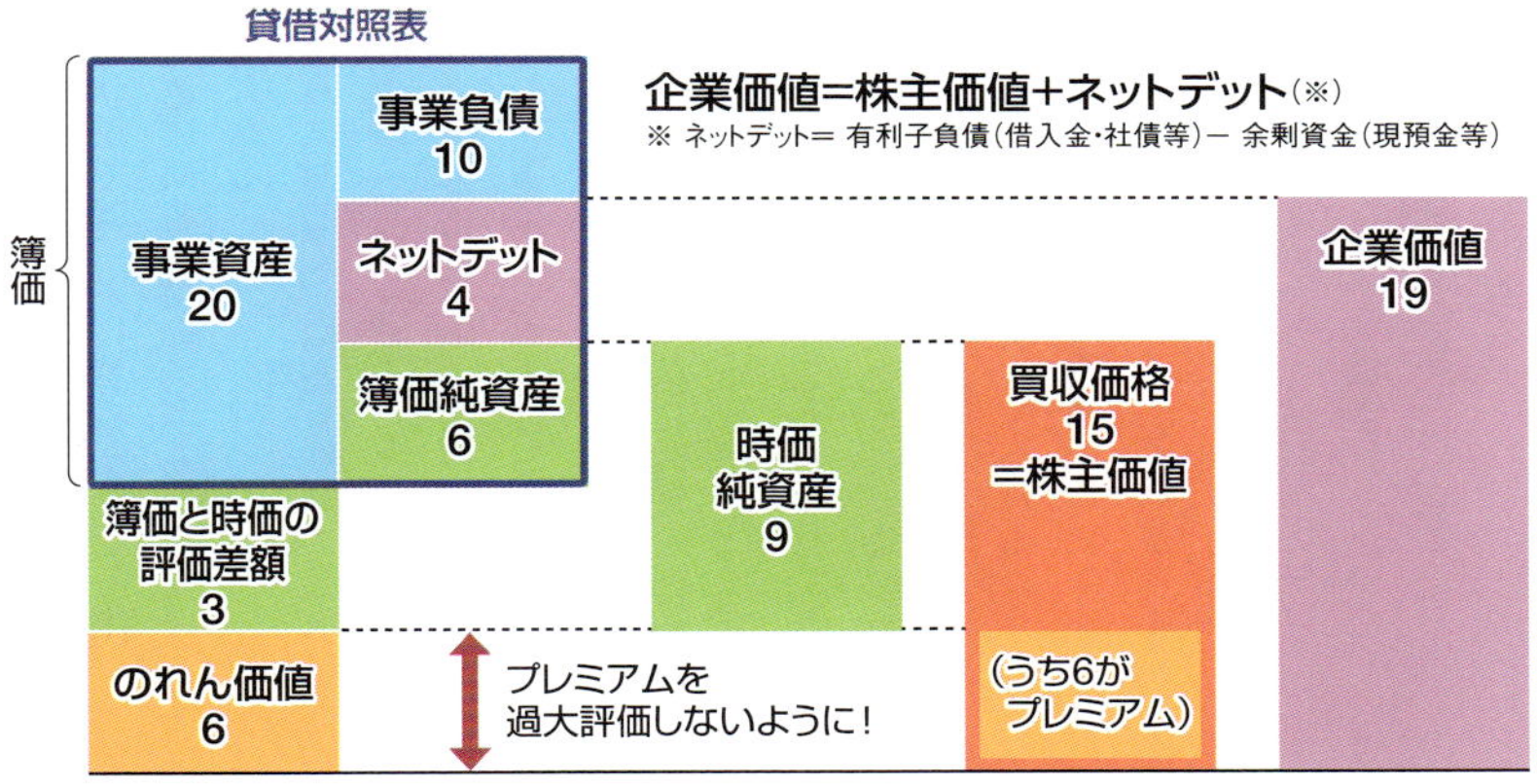

いうことであり、会計的思考とは「貨幣的価値に換算して経営事象をとらえ、思考を練り、意思決定に至るプロセス」をいう。

会計的思考の欠如に起因する最たる失敗は、M&A戦略において最も大切な意思決定に関係する。それは買収価格の決定である。日本企業の典型的な失敗は、買収価格が実際の企業価値と大きく乖離して高値となり、後に「のれん」を中心に固定資産の減損損失が膨れ上がるパターンである。日本郵政のトール案件では、買収からわずか2年で、当初見込んだ買収計画を見直さざるをえず、多額の「のれん」を減損する事態に陥っている。

そもそも「のれん」とは、買収価格が被買収企業の貸借対照表の時価純資産を上回るプレミアム部分だ。具体的には被買収企業のブランド、マーケットシェア、人材が有するノウハウ、そして買収後に買収企業との経営統合によって得られるシナジー効果などである（上図）。

また近年は、グローバルなカネ余りから、複数の買い手企業による競り合いによって、優良企業の買収価格が吊り上がるケースもあり、これも「のれん」を構成する一要素となる。そのような要因は、現実的にどの優位性が、将来いくらのキャッシュフローを創出するのか、精緻に調査するデューデリジェンス（買収監査）というプロセスを経て、企業価値評価のベースとなる。

ところが、この将来キャッシュフローの計算が楽観的あるいはずさんなために、適切な買収価格を計算する機能を多くの日本企業は欠いているのではないか。そもそも日本企業の買収は成約することを重視して、プレミアム（のれん）を軽くみているきらいがある。その会計的思考を軽視した経営姿勢が高値つかみを招き、ひいては買収後、間もない投資の損失計上につながっているのだ。

「のれん」を含んだ多額の減損損失が次々と処理されていく様子を見ていると、日本企業の経営者はプレミアムについて、大きな誤解をしているのかもしれないと感じる。企業買収時にはプレミアムを支払うことができたときに終わるのではない。むしろその逆である。プレミアムとは、買収時には会計的に認識できない将来のキャッシュフロー獲得能力である。それは買収後、早晩、その全額が実現できなければ、減損処理されるリスクがあることを意味する。多額のプレミアムの支払いを伴う企業買収は、それ自体が先の企業経営を大きな不確実性にさらすという事実を、買収価格の決定において忘れてはならない。

一方でM&Aに頼ることなく、自社にある経営資源を積極的に有効活用し、自立的に企業成長させていく経営手法にオーガニックグロースがある。オーガニックグロースでは、自らが採用した人材、自社が計画段階から立ち上げた工場や開拓した市場を中心に経営を行うため、企業文化・組織風土の同質性が保たれる。結果的に人材や情報の交流が効率的になされ、M&Aによる買収のように「見込み違い」による不測の事態が生じるリスクは小さい。

最近はM&Aが盛んであるが、もともと日本企業はオーガニックグロースによって企業成長を成し遂げてきたといえる。年功序列、終身雇用の下、社員の長期的なロイヤルティを高め、社内にノウハウを蓄積することで多くのイノベーションを実現してきた。ところが日本的経営が崩壊し、非正規雇用が増え、優秀な人材の転職が当たり前になると、以前のような社内からの成長の推進力は期待できない。必然的にノウハウを持つ異業種や異なる地域にシェアを持つ同業他社を買収するM&Aに傾倒していくのである。

企業成長においてオーガニックグロースとM&A戦略は成長の2軸であり、いずれの手法にも長短はある。企業文化・組織風土の同質性や不確実性の回避を求めるならば、オーガニックグロースが有利であるが、その成長スピードは速いとはいえない。また経営環境が著しく変化する状況では、不採算事業を切り出すためにM&Aに頼らざるをえない局面もある。

これに対して、M&A戦略の最大の利点は「時間を買う」という点にある。海外市場への進出において、ゼロから事業を立ち上げるより、すでに売り上げを計上している他社を買収するほうが圧倒的に時間を節約できる。支配権を握って子会社にすれば、連結対象になるから1日で連結売上高を伸ばすことができる。一方で、M&A戦略の短所は日本企業の海外M&Aの失敗にみられるように、買収後の経営統合（PMI：Post Merger Integration）が進まず、想定したほどのシナジー効果が実現できなかったり、買収前のデューデリジェンスで発見されなかった経営上の瑕疵《かし》が、買収後に顕在化したりすることである。

M&A戦略のほうがオーガニックグロースに比べ選択肢は増える半面、将来の不確実性のリスクが高いことは間違いがない。そこで重要になるのが、将来の不確実性に対してどのように向き合うかである。

不確実性への対処に会計的思考を活用

企業経営における意思決定は本質的に不確実性を伴うものである。ある経営事象の全容が10あると仮定して、そのすべてが明らかになるまで意思決定を待っていては、競合他社に先を越されてしまう。また逆に、まったく情報がない状況で意思決定を行うのはギャンブルにすぎず、これもまた経営とは異なるものである。ざっくり言えば、全容10のうち3が明らかになった時期に、戦略機能を最大限に発揮して残りの4から10までを予測し、意思決定に至るのが適切だと考える。したがってこの段階では、多くの事象が未知であり、それが不確実性のリスクとなる。

たとえばある事業に対する投資案件で、将来、獲得できるキャッシュフローは現時点の予測にすぎない。すなわち、競合他社がどの程度の投資に及ぶか、材料価格の推移、為替の動向、市場の立ち上がりのスピードなど、多くの仮説の上に成り立つ予測会計数値（プロジェクション）である。そうであるならば、将来の投資成果を基準に中立的、楽観的、悲観的という複数のシナリオを持ち、シナリオごとのアクションプランを事前に想定することが、不確実性のマネジメントにつながる（下図）。

近年は取締役の忠実義務やコーポレートガバナンス・コードの影響から、それほどひどくはないが、かつては取締役会の議事録を見ても、投資案件が十分な会計数値の根拠や議論なしに承認されていることが多かった。そのような案件は少数の上級役員間で内々に既決されていることが多く、いくら稼げば投資回収できるかを最初に真剣に議論していないから、その後のモニタリングも自然となおざりになる。結局、事業の失敗が行き着くところまで行かなければ、意思決定の誤りを認めることはなく、その頃には企業価値を手ひどく喪失しているのである。

現代の企業経営は、株主、債権者、従業員といった多くのステークホルダーの存在によって成立しており、企業は彼らに適切な説明責任を果たしていかねばならない。これが一度、東芝やシャープのように経営不振に陥れば、新たなスポンサーや債権者によるガバナンスの強化など、その負荷は一気に増大する。彼らに対して、共通の尺度で何かを伝えようとすれば、そこには何かしらの普遍的・客観的な「モノサシ」が必要で

■ 複数のシナリオを想定する柔軟性が大切
事業の強化や撤退はどう判断するか──不確実性への対処

投資額8億円で新規事業を始める例

事業の好不調を判断できるよう、回収期間をしっかり想定!

想定シナリオ	2年後の状況 売り上げ	2年後の状況 利益	回収期間	認識→アクションプラン
楽観的	10億円超 &	2億円超	3年	想定以上に市場の立ち上がりが早く、競争力を発揮 ↓ 市場成長の見込みや競合との関係を分析し、追加投資も検討する
中立的	5億～10億円 &	0～2億円	7年	想定内の業績推移 ↓ 当初計画どおりのアクションプランを実行
悲観的	5億円未満 or	赤字	回収見込み立たず	投資判断時の想定を大きく下回って業績が推移 ↓ 計画と実績の差異分析を行うプロジェクトチームを設置し、当初計画のアクションプランを早急に見直し

戦略立案のステップ
―会計以外のデータも駆使―

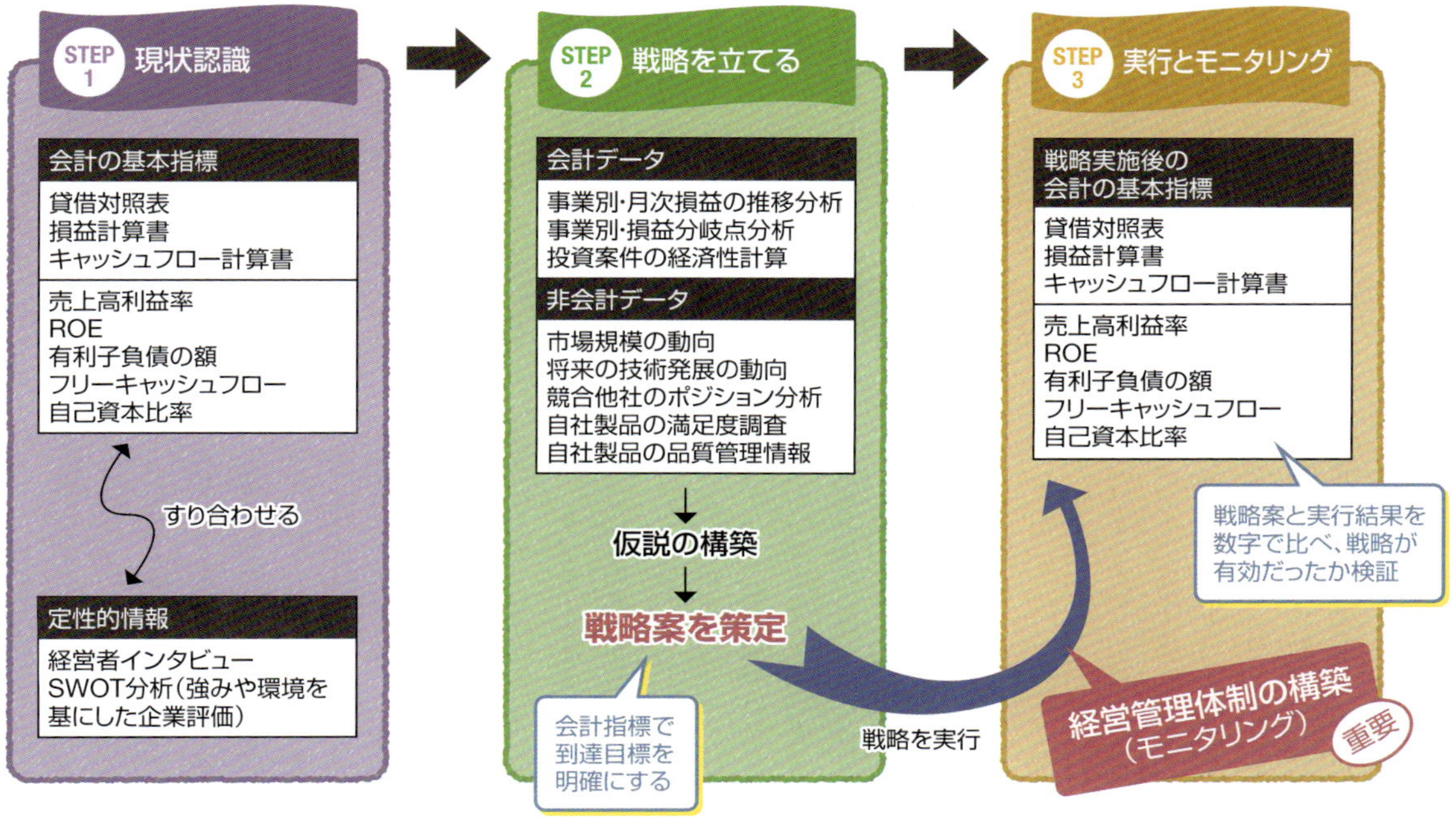

あるが、現時点でその要件を最も高いレベルで満たしているのが会計である。会計的思考を戦略立案に活用することで、収益力や投資効率に関する数値目標を示し、そのために何をするかを明示できるようになる。

企業というのは日々、多くの意思決定を繰り返している。その意思決定が正しければ、利益となって企業規模は拡大するし、誤りを続ければ、それが赤字となって企業の体力を奪い、やがて企業の継続性が絶たれることもある。優良企業は普段からコストをかけてさまざまな経営指標を分析し、盤石の経営管理体制を整備している。その目的は、自らが行った意思決定の適否を事後的に評価し、次に何を意思決定し、問題解決しなければならないかを知るためである。

他方、普段から経営管理を軽視し、最低限のチェック機能さえ社内にない企業の場合、不採算に陥ったとき、必死にその原因と改善策を探ろうとするが、企業内の情報を体系的に整理し、集中管理するような機能はそう簡単に出来上がるものではない。このような場合、外部から企業再生のエキスパートが乗り込んでも、不採算の原因を即座に特定するのは困難を伴う。理由は簡単で、原因を特定しようにも、経営管理がほとんど機能していないので、情報が絶対的に不足しているからである。

私が以前、企業再生で関与した会社も大半がそうであった。大体は売り上げが年々減少し、それにコスト削減が追いつかず、やがて借入金の約定弁済をたびたび落とすようになる。なんとか融資を完済できるよう再生計画を立案してほしいという銀行や不採算企業からの依頼が来る。しかし対象会社に出向いて、製品別の営業利益、損益分岐点、月次の予算と実績の差異分析、過去に実行した投資の経済性計算といった情報を求めても、そのようなものは皆無であることがほとんどであった。

予算と実績の差異分析を一つとってみても、どれほど緻密に予算を策定しているかが、分析に現れる。売上高を製品別、エリア別、顧客別に積み上げ、費用を固定費と変動費に分けて予算が立案されていれば、実績との差異が生じた際、どこが予算と違っているのかの特定が容易である。

ところが、予算がどんぶり勘定でなんとなく売上目標を定めていると、実績との乖離が生じたとき、それが販売数量なのか、販売価格なのか、何の予測を誤ったかを知ることができない。「売り上げが足りない」で話が終わってしまい、いつまでも問題解決のプロセスがスタートしない。こういう会社は経営管理が機能せず、問題を解決する手掛かりがないため思考停止に陥っており、この時期に最も重要な「時間」を刻一刻と無為に費やしているのである。

そのような場合、私が最初に着手するのは、会社の今置かれている状況を正確な財務諸表から客観的に知ることである。このような企業は、経営の意思決定のための管理会計の情報がないだけでなく、過去の業績を示した財務諸表も正しく作成されていない。貸借対照表の不良資産を捨て、簿外負債を拾い、架空の売り上げを除外して、正確な貸借対照表、損益計算書、キャッシュフロー計算書を作成する。そのうえで、信頼できる収益率や投資効率、債務償還年数などの客観的情報を知ることが戦略立案のスタートラインである。

会計数値とは、船の航海に例えれば、方位を示す羅針盤であり、風速計であり、燃料計である。さまざまな角度からの情報を経営者に映し出し、経営の目的に合った最善策を講じる判断根拠となる。経営難に陥った不採算会社の再生において、利害関係者が現状認識を正しく共有するプロセス（ステップ1）なくして、戦略案の策定（ステップ2）など始められるわけがないのだ（23ページ図）。

ただし、戦略立案の過程においては、会計データのみを頼りにするわけにはいかない。すなわち、ステップ1で現状認識を済ませて、ステップ2において戦略立案を行う過程では、事業別の月次損益推移や、損益分岐点分析（CVP分析）、投資案件の経済性計算といった会計データの収集だけでは不十分である。会計は客観性や普遍性の面において、多くの利害関係者のニーズを満たす尺度ではあるが、人材の能力、設備の生産性、サプライヤーとの力関係といった貸借対照表や損益計算書では表現することができない企業の経営資源など、戦略を立案するにあたって考慮すべき経営環境は数多くある。そこでは市場規模の動向や、将来の技術発展の動向、競合他社のポジションなど、重要な非会計的データを収集し、総合的な見地から仮説を構築し、合理的な戦略案の策定に至る。

そしてこのとき極めて重要なことは、戦略案を実行した結果、どのような会計上の成果が企業にもたらされるのか、「目指すべき姿」を会計数値で明確にしておくことである。具体的には、ROEといった投資効率や売上高営業利益率、有利子負債の削減額といった数値目標である。

そうしてステップ3では戦略を実行し、その経過をモニタリングする。会計という客観的な到達目標を明らかにすることで、初めて戦略の適否を事後的に評価できるようになる。この一連のプロセスが、会社の現在の状況と、中期経営計画で示す3年後の到達目標を具体的な行動計画で示すことの基本的枠組みとなる。会社の現状を正しく知り、目指すべき到達目標を会計で測定するということと、「何をすればそこにたどり着けるか」はまた別の議論である。

コンサルティング業務で「会計を戦略に活用していますか」というような話をすると、企業の担当者にそれは財務会計か、管理会計か、と問われることがある。私が「大切なのはその間だ」と言うと、どうも釈然としない様子である。

財務会計とは、会社の財政状態や経営成績などの会社の業績を一定の法規制、報告様式に基づいて、社外の投資家や債権者といった利害関係者に報告する領域である。一定の会計基準に従い会社法の定める計算書類や有価証券報告書に記載される財務諸表が作成される。言うなれば、企業がこれまで行った戦略や意思決定の結果を正確に映し出すことが目的になる。

2つの会計は経営の過去と未来

企業の利害関係者（株主・債権者）に会計基準に準拠した財務諸表を開示し、利害調整することを目的とした会計
経営者をはじめ企業内部の管理者に経営上、有用な会計情報を提供することを目的とした会計

X1年末
X2年末
X3年末

起きたことは変えられない

不確実性への備えが必要

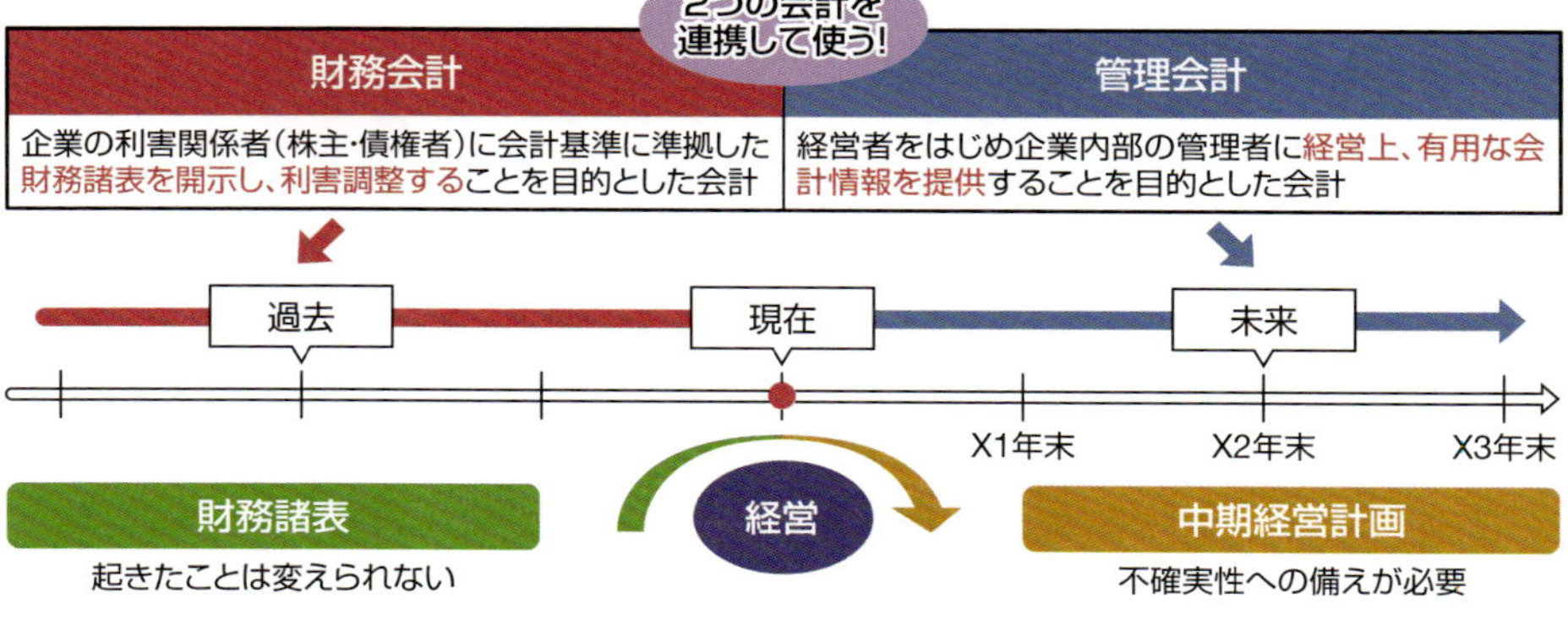
2つの会計を連携して使う!

今の会社を知れば、未来の会社を描ける
―管理会計をどう使うか―

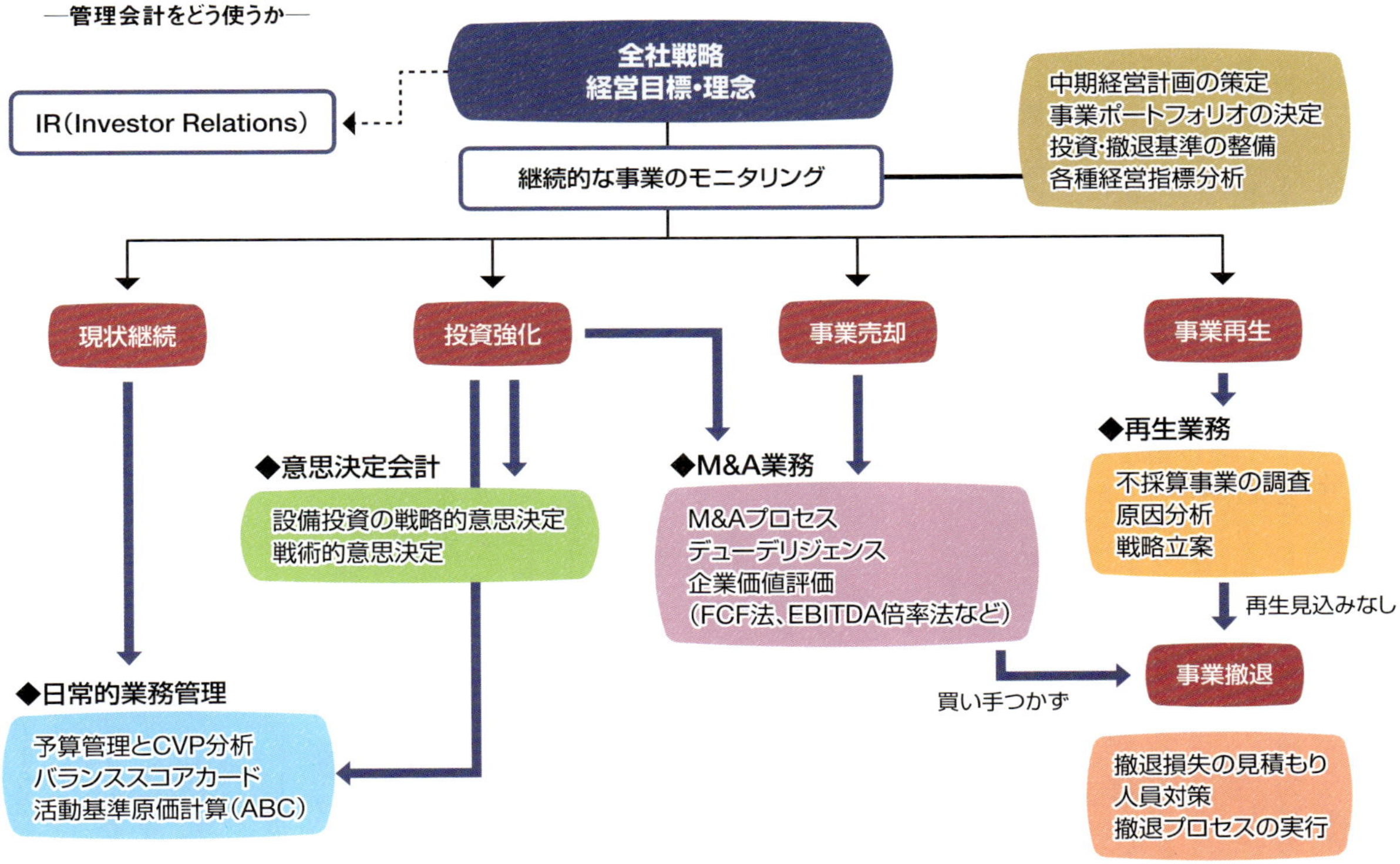

これに対して管理会計とは、主に経営者や事業責任者が将来の意思決定のために、会社の現況を会計的に知り、精緻に分析する領域をいう。それは企業のポートフォリオの決定から、事業評価指標の選定、投資案件の経済性計算、予算制度にCVP分析など、企業が行う経営判断の精度を高めるための思考や技術である。

財務・管理会計は互いを支え合う両輪

企業組織においては、財務会計は経理部で、管理会計は戦略部で担われることが多い。また学術的にも会計の研究分野は財務会計と管理会計とに明確に区別されてきた。ところが企業経営の実務において、会計の経営戦略への活用を考えると、この二つの会計分野は相互に密接な関係を持っている（24ページ図）。

たとえば、企業が企業買収や設備投資の意思決定を行うにあたって、投資案件から将来獲得できるキャッシュフローの見積もりや、資本コストを何パーセントに設定するかは、管理会計における検討課題であるが、同時にその意思決定が将来の財務諸表において、いつ、いくらの経常利益につながるかは、経営者にとって重要な判断材料である。すなわち、企業が将来的に正しい意思決定を模索する管理会計の分野において、財務会計から得られる情報は戦略案の精度を高めるうえで不可欠な情報である。また財務会計にとって管理会計とは、財務諸表によって明らかになった企業経営の問題点を警告し、改善を促す関係にある。

ところが日本企業では、この経理部と戦略部の二つの会計の情報交換が十分になされない結果、意思決定の精度が低いことが少なくない。あるいは、戦略部に会計の知識を持つ人員が配置されていないために、これまた企業の戦略に会計が十分に活用されていなかったりする。そのような会社に出くわすと私はつくづく「もったいない」と感じてしまう。なぜなら、社内に企業の戦略的意思決定の精度を高める宝の山があるにもかかわらず、それを有効に活用できていないからである。

中期経営計画の実現可能性を高めるうえでも、財務会計と管理会計から得られる情報を踏まえて経営戦略を立案することは重要なカギとなる。企業は中期経営計画を策定し、企業がなりたいと考える理想の将来像を思い描く。この計画は企業が投資家や債権者といった利害関係者に約束する3年後の姿である。

しかし、いくら新たな事業ドメインへの進出や売上高、ROEなどの

目標を掲げても、それは「現在」の経営の延長線上にあるのであって、どのようにそこにたどり着くかという、戦略案と時間軸の提示がなければならない。企業が中期経営計画で示す到達目標とは、過去の財務諸表を起点に、少しずつ企業努力を重ねた結果、たどり着くことができる「会社の理想の将来像」である。

　ところが、実際には上場企業であっても、勢いよく公表した中期経営計画が道半ばで頓挫し、たびたび未達成に終わることがある。企業の目標とする姿は明確でも、現状との間に乖離がありすぎて目標達成に至らないのである。

　経営者が社内の戦略部に指示して、適当な中期経営計画を作成させるのは、たやすいことである。しかしそこには会社が抱える問題点への対処や、将来の到達目標に至るための現実的な行動計画が抜け落ちている。経営者は戦略案の是非を判断するとき、会計的思考を駆使して、つねに自問しなければならない。「この戦略案を実行することで会社にいくらの利益が出るのか」と。

　中期経営計画の実効性を高める管理会計の手法としては、投資における戦略的意思決定、予算管理とCVP分析、M&Aにおける企業価値評価、バランススコアカードなどが有益である。しかし、どのような経営局面でそれらの手法を使えばよいかわからないという意見をよく聞く。25ページの図は企業の経営判断に管理会計の手法を体系的にマッピングしたものである。

　最初に企業は全社戦略として最も重要な、企業グループが有するヒト・モノ・カネといった経営資源をどの事業分野に投入するかという事業ポートフォリオを決定しなければならない。そのような全社戦略の決定は、企業グループの最上位に位置するコーポレート機能、すなわち持ち株会社や親会社の本社戦略部などで担われる。コーポレート機能の重要な役割の一つは、事業ポートフォリオの考え方を主軸とした全社戦略を中期経営計画に展開し、IR活動を通じて投資家との建設的な対話を実現することにある。

　一方で、コーポレート機能のもう一つの重要な役割は、企業グループ傘下の事業のモニタリングと基本的戦略の方向性を決めることである。各事業を取り巻く経営環境や業績を考慮して基本的戦略は決定されるが、その経営判断はおよそ「現状継続」「投資強化」「事業売却」「事業再生」「事業撤退」の五つに大別される。

　その五つの経営判断と管理会計の各手法の関係性を確認すると、事業を「現状継続」する場合、日常的な業務管理である予算管理とCVP分析や、財務的な数値目標を組織の成員の行動計画に落とし込むバランススコアカード、日々の企業の活動を見直して原価計算の精緻化を図る活動基準原価計算などが有用である。

　また「投資強化」という判断になれば、日常的業務管理に加えて、設備投資の戦略的意思決定や、経営資源の最適な活用を目指す戦術的意思決定が経営判断を精緻化するうえで役に立つ。さらに「投資強化」の手段としてM&Aによって企業買収を行う場合、財務デューデリジェンスを実施し、フリーキャッシュフロー法やEBITDA倍率法（28ページで解説）などを使って企業価値評価を行うことが、適正な買収価格を決定するうえで極めて重要になる。逆に企業グループ内でノンコアの事業を切り出す「事業売却」をもくろむ場合にも、売り手側としてM&A業務を手掛けることになる。

　中には業績が悪化して、「事業再生」のプロセスに入る事業も出てくる。そこでは前述のとおり事業の現状を正確に会計数値で把握し、会計データに非会計データを総合的に勘案して、戦略案の策定に取りかかる。繰り返すが、会計数値による到達目標とその時間軸を明確に示し、その後の経過を適切にモニタリングしていくことは必須である。

　「事業売却」を狙ったが買い手を見つけることが困難であったり、「事業再生」を目指したが結果が伴わず、再生困難と判断されたりした場合、赤字の出血を止めるために「事業撤退」へ移行する。そこでは「事業撤退」に伴う損失やキャッシュアウトを正確に見積もり、撤退プロセスを慎重に進めることになる。この際、事業撤退に伴う損失額は、特に利害関係者の大きな関心事であるため、会計的に正確な数値を算定しなければならない。

違和感を覚えたら とにかく現場へ！

　このように財務会計や管理会計は、経営戦略と密接な関係を持っている。私はコンサルティングや社外取締役といった業務で、この三つの領域をかなり自由に行き来している。三つの視点から解決すべき課題を見渡して、何かしらの違和感を覚えれば、その原因を追究する。

　どうも事業の現状認識が怪しいと感じれば、現場に出向いて在庫の回転期間や売上債権の回収状況、固定資産の稼働率などを調査する。あるいは将来の投資案件で見込み数値の実現性が疑わしければ、予測会計数

Column

二つのコード登場で高まる企業の説明責任

企業経営に会計的思考を取り込み、信頼性の高い経営戦略を示すことが、今ほど強く求められていることはない。契機となったのは、14年2月に金融庁より公表された日本版スチュワードシップ・コード（以下ＳＳコード）である。

ＳＳコードは機関投資家に対して向けられたものだ。投資先企業との対話を通じて、企業価値の向上や持続的成長を促し、中長期的な投資リターンの拡大を果たす責務が機関投資家にはあると指摘している。要するに、これまで投資先企業の経営実態に「見て見ぬふり」をしてきた機関投資家に、「物言う株主」になることを求めたのである。

機関投資家に株主総会での議決権行使の方針などを明確にさせて、日本企業の資本効率を高める狙いがＳＳコードにはある。従来「物言わぬ株主」の代表であった保険会社をはじめ、多くの機関投資家がＳＳコードの受け入れを表明した。しかし物言うためには、それなりの根拠が必要になる。その結果、機関投資家は投資先企業にこれまで以上の情報開示を求め始めた。

その要求を受け入れる形で、東京証券取引所が15年6月に公表したのがコーポレートガバナンス・コード（以下ＣＧコード）である。ＣＧコードには、上場企業に対して、社外取締役の導入や持ち合い株式の保有目的、買収防衛策への考え方などを説明させ、適切な情報開示と透明性を確保する目的がある。ＣＧコードは、その名称からリスクやガバナンスに関する情報開示の充実が注目されがちだが、実はそうではない。そうした情報と同列で、財政状態、経営成績等の財務情報や戦略、経営課題の開示に積極的に取り組むべしと基本原則に定められている。

これまで会社の戦略や経営課題は、通常「中期経営計画」で明らかにされることが多かった。しかし、その内容は企業によってまちまちで、中には経営理念の羅列や抽象的な目標設定に終始し、会計数値による具体的な到達目標が示されないものも多かった。その点、ＣＧコードは「収益力・資本効率等に関する目標を提示し、その実現のために、経営資源の配分等に関し具体的に何を実行するのかについて、株主にわかりやすい言葉・論理で明確に説明を行うべきである」と明文で規定している。

これによって、中期経営計画は従来のようなあいまいな努力目標ではなく、合理的な説得力を有し、ＲＯＥや売上高利益率など、収益力・投資効率に関する実現可能な到達目標を盛り込んだコミットメント（責任ある公約）としての意味を持つようになった。公約である以上、掲げる目標は現在の貸借対照表や損益計算書の延長線上にある達成可能なものでなければならず、企業は具体的に何を成せば、理想像に到達できるのかを、わかりやすく株主に説明する責任を負うようになった。

しかし、そのように「会計的な到達目標」と「具体的な行動計画」がつながった高度な中期経営計画は簡単に仕上がるものではない。会計的思考を経営戦略に展開することなしに策定などできないのである。

強制力はないが、内容を順守するか、しない理由を説明するよう求めている

値（プロジェクション）の算定根拠を丁寧に検証する。また市場や競合の動きは常にモニタリングしてその動きを注視しているし、事業の価値連鎖（バリューチェーン）の評価も大切にする。

よって直感だけに頼って意思決定することはなく、また逆に会計数値だけに頼って判断をすることもない。言うなればその真ん中である。企業経営の意思決定において、その判断を背面から客観的・合理的に支えることが会計の存在価値である。むろん、盤石の経営管理体制を構築したからといって、経営戦略で常勝するわけではない。経営という不確実性の中を飛び続けることは、企業そして経営者の宿命である。今日どのような取り組みをしても、予測不能な将来の経営環境の悪化や損失の発生は必ずある。しかし、会計的思考を重視することで、将来の不確実性を現在の経営判断に取り入れることや、不測の事態が発生した場合に何を優先して問題解決すべきかの道標を得ることができる。

会計的思考を活用するとは、突き詰めれば「今の会社をよく知り、将来の会社をよく見る」ことだと私は考えている。その会計的思考が企業の成長を推進するということは、もう長らく私の確信である。

Step UP

EBITDAの真価 企業価値を求めてみよう

【演習問題】 Q.乙社の株主価値Ⓖを求めよ。

STEP1 **上場している類似企業（甲社）のEBITDA倍率を算定する**

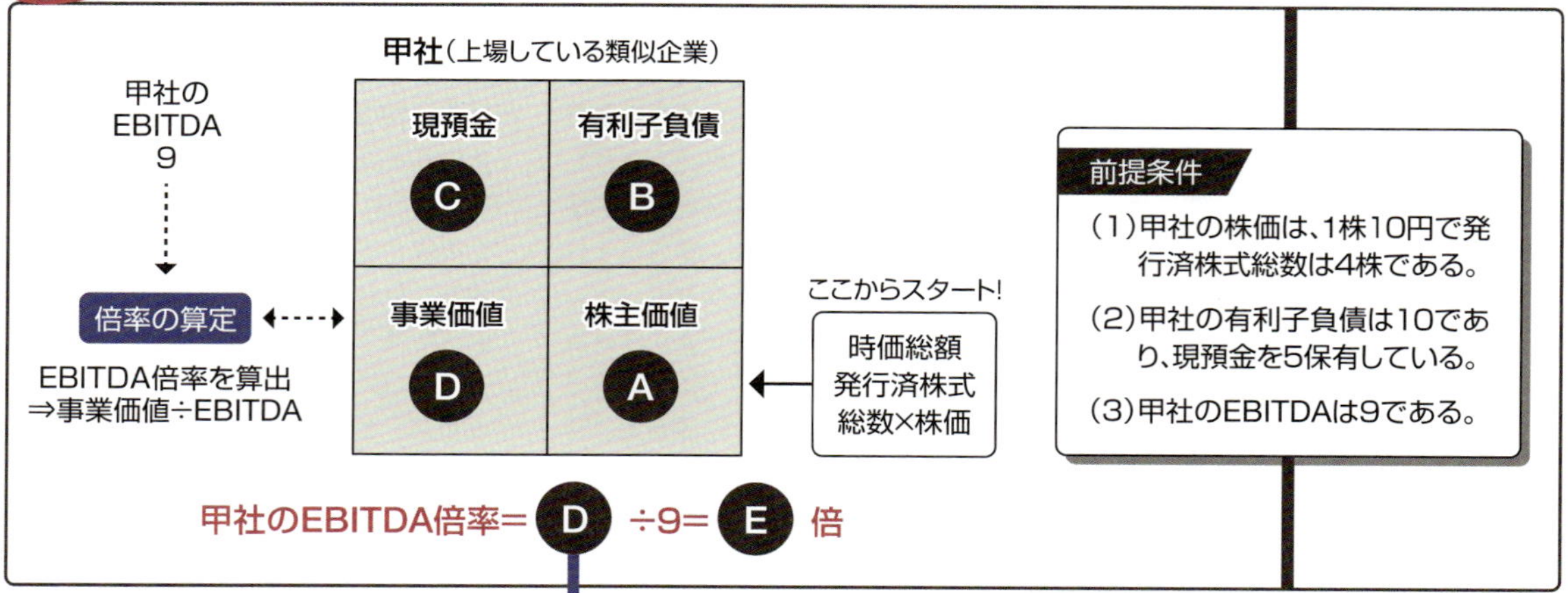

STEP2 **評価対象企業（乙社）のEBITDAに類似業種のEBITDA倍率を掛けて、事業価値から株主価値を算定する。**

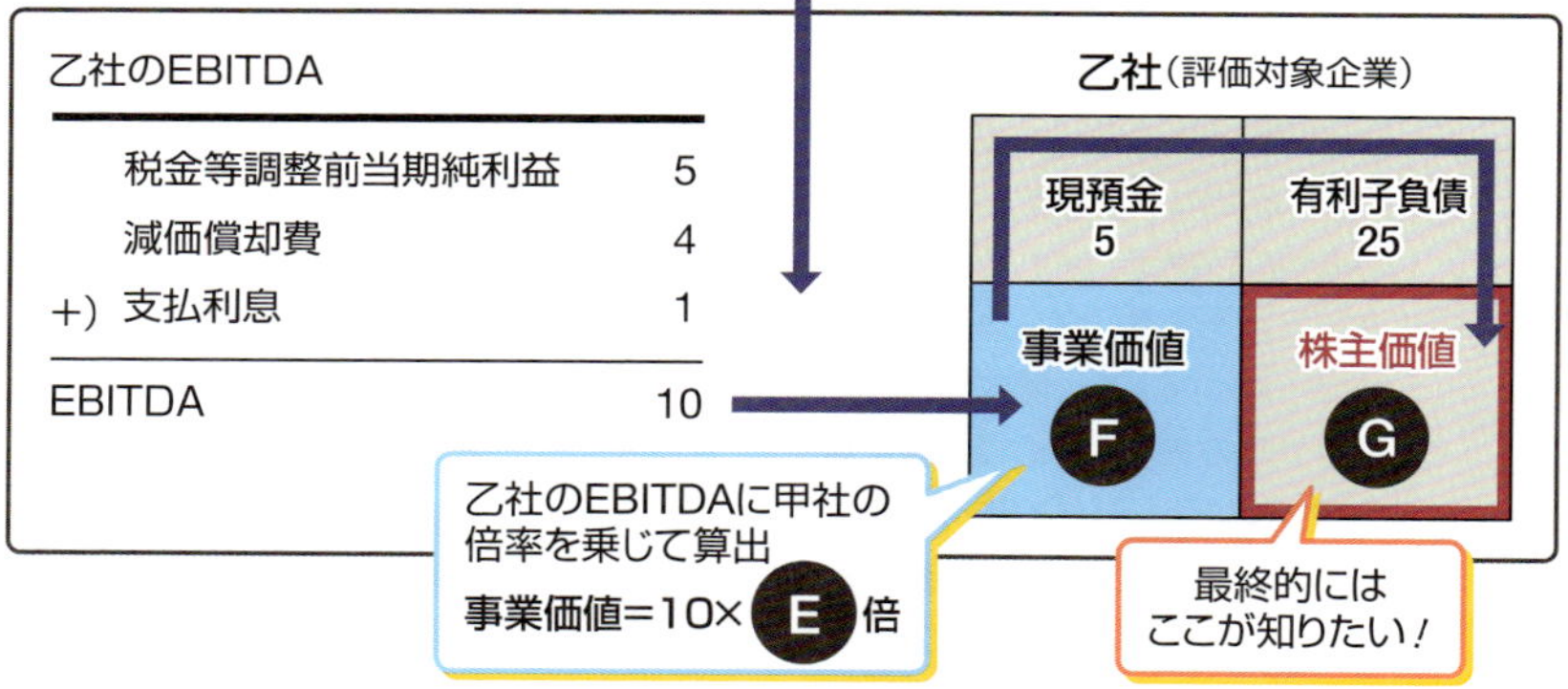

M&Aの企業価値評価で、近年、最も使われる手法の一つにEBITDA（イービットディーエー）倍率法がある。EBITDAとは、Earnings Before Interest, Taxes, Depreciation and Amortizationの略語であり、税金、支払利息、減価償却費を控除する前の利益を指す。この少々とっつきにくそうな言葉を頻繁に耳にするビジネスパーソンも多いと思われるが、ここではそれがなぜ企業価値評価に有用な概念と考えられているのか、その本質をぜひとも理解してもらいたい。

企業価値評価の手法には大きく三つのアプローチがある。①評価対象企業の貸借対照表の株主資本を基準とするコストアプローチ、②評価対象企業が将来獲得するキャッシュフローを現在価値に割り引いて算出するフリーキャッシュフロー法などのインカムアプローチ、そして③EBITDA倍率法のように評価対象企業と類似する業種を営み、かつ上場している企業の株価を利用するマーケットアプローチである。

EBITDA倍率法では、評価対象企業と類似の事業を営む上場企業を選定する必要がある。ただ両社が同じ国の企業である必要はなく、事業の類似性を重視して選定することが肝心である。演習問題では、EBITDA倍率法によって乙社（評価対象企業）の株主価値を算定するために上場類似企業・甲社を選定した。

EBITDA倍率法による計算は、まず甲社の事業価値とEBITDA倍率を算定することからスタートする（STEP1）。事業価値とは何なのか?という詳細は後にして、まず問題の解き方を説明する。

甲社は上場企業だから、証券取引所での株価に発行済株式総数を掛ければ、株主価値（＝時価総額）を知ることができる。甲社の株価が1株10円で発行済株式総数が4株だとすれば甲社の株主価値（A）は40となる。その株主価値（A）に銀行などの金融機関から調達した有利子負債（B）を加え、甲社が事業に投資せず保有している現預金（C）を差し引くと、甲社が実際に事業活動に投資している事業価値（D）がわかる。今回は甲社の有利子負債が10、現預金が5なので、事業価値（D）は45（40＋10－5）になる。そして甲社のEBITDAが9であるから、甲社のEBITDA倍率は、事業価値（D）45÷EBITDA9＝5倍（E）である。

すなわちマーケットはEBITDA9の甲社に対して、5倍の45を事業価値（D）と考えて、甲社の株式を1株当たり10円で取引していることになる。EBITDA倍率法では、甲社の株価がEBITDA倍率5倍を前提とした価格で取引されている事実を重視して、乙社の株主価値を算定するのである。

STEP2では乙社のEBITDAを算出する。税金等調整前当期純利益5に減価償却費4と支払利息1を足し戻すと乙社のEBITDAは10。そしてこの10に先ほど算出した甲社のEBITDA倍率5（E）を掛けて、乙社の事業価値（F）を50と考えるのである。最終的に知りたいのは乙社の株主価値（G）だから、事業価値50（F）に現預金5を加え、有利子負債25を差し引いて、乙社の株主価値（G）は30と算出される。

なぜ、数ある企業価値評価の中でもこの方法が広く用いられているのであろうか。同じマーケットアプローチには、株価が1株当たり当期純利益の何倍かを示すPER法や、株価が1株当たり純資産の何倍かを示すPBR法を使う例もある。それにもかかわらずEBITDA倍率法が企業価値評価において好まれるのには理由がある。それを理解するには事業価値とEBITDAの本質を知らねばならない。

まず事業価値を使うのは、企業が獲得するEBITDAは事業活動に投下された資産から生み出されるからである。通常、企業は株主から資金調達した株主資本だけではなく、銀行などの金融機関から借入金や社債として調達し（貸借対照表の右側）、一体となって事業活動に投資している（貸借対照表の左側）。したがって、株主資本に有利子負債を加算する。ただし企業内に現預金として残っており、いまだ事業活動に投下されていない部分は、何らEBITDAの獲得に貢献していない。このためEBITDA倍率を算定する際には現預金を控除するのである。

また、なぜEBITDAという一見、特殊な利益概念を使うのだろうか。EBITDAは減価償却費を足し戻しているので、企業に残存するキャッシュという認識をしている企業や解説をときおり見かける。しかしそれは事実ではない。なぜならEBITDAは減価償却費を足し戻していても、法人税などの税金を控除する前の利益なので、実際にはEBITDAから税金を支払った額しか企業の手元には残らない。また支払利息を足し戻すので、資本コストも考慮されていない。だから実はEBITDAの絶対値は、それをもって何かを特別意味するものではないのである。

ところがグローバルで大規模なM&Aの企業価値評価という目的から見れば、EBITDAと事業価値との倍率は極めて大きな意味を持つことになる。そのポイントは、各国の法定実効税率（税金）、市場金利（支払利息）、会計基準（減価償却費）の差異にある。

企業にとって、事業を営む国の法定実効税率や市場金利、会計基準は自由に選択・決定できるものではない。たとえば、法定実効税率が30%の日本企業の株主価値の算定にあたって、税率が38%の米国企業を上場類似企業に選定し、「税引後」の当期純利益と事業価値の倍率を計算したらどのようになるか。株価算定に2国間の法定実効税率の差が混入してしまい、公正な評価を妨げることになる。この点、EBITDAは各国間の法定実効税率、市場金利、会計基準の差異という企業努力の及ばない要因を株価算定から除去できる。M&Aも大きな案件になると、国内に上場類似企業を見つけることが難しい場合もある。そんなときEBITDA倍率法を使えば、グローバルに上場類似企業を選ぶことができ、中立な企業価値評価が可能だ。

こうした特徴から、EBITDA倍率法は特に国をまたいでM&Aを行う際の株価算定において、最も真価を発揮する手法なのである。

たにぐち・さとし●1973年生まれ。公認会計士。監査法人、三洋電機などを経て現職。谷口公認会計士事務所代表。会計監査のほか社外取締役、コンサルティング業務を手掛ける。著書に『会計参謀』。ac.strategist@gmail.com

Hot Issue

東芝 無謀なM&Aが招いた企業崩壊

高値づかみをしてまで手に入れた米国原発会社。のれん減損を避けるため現実から目を背け、むしろ巨額な損失を招いてしまった。「虎の子事業」を切り売りした先に希望はあるか。

Part 1
会計最前線　成長戦略の扉を開く

綱川智・東芝社長にとって最大の課題は何といっても債務超過の解消だ。

10月24日の臨時株主総会で東芝が株主に承認を求めた2017年3月期の有価証券報告書には、すさまじい数値が記載されている。当期純損益は赤字9656億円。これにより期末時点での株主資本は5529億円もの債務超過に陥っている。

財務が健全な会社なら資産の金額は負債を上回っている。ところが債務超過に陥ると資産の金額を負債が上回り、保有資産をすべて処分しても負債を返しきれない。銀行による融資の引き揚げ、資金繰りの悪化、さらには倒産も懸念される非常事態である。それでも東芝の関係者に危機感が薄いのは、事業価値2兆円とも評価される半導体メモリ事業があるため。この事業の帳簿上の価値は約7000億円。その差である含み益を事業売却により実現益にできれば、債務超過を解消できるからだ。

東芝が手掛けているNAND型フラッシュメモリは、スマートフォンの記憶媒体向けに需要が拡大してきた。パソコンやサーバーの記憶装置としても一段の需要成長が見込まれている。そのため、韓国サムスン電子に次ぐ世界2位の座を占めるNAND型フラッシュメモリ事業が、東芝メモリとして分社化され売りに出されると、海外企業や投資ファンドが争奪戦を繰り広げた。

債務超過の解消は「時間との勝負」に

9月28日には、投資ファンドの米国ベインキャピタルを軸とするコンソーシアムが東芝メモリを2兆円で買収する契約を締結。これにより一応は債務超過解消の道筋がついた。一応、というのは、売却完了までにはハードルが残っているからだ。

メモリ事業の設備投資や一部の開発は米国ウエスタンデジタル（WD社）との合弁だ。WD社が東芝メモリの売却を「合弁契約に対する違反」として国際商工会議所の仲裁機関へ差し止めを求めている。WD社の主張が認められれば、売却契約は白紙へ戻りかねない。

独占禁止法の審査も残る。コンソーシアムには半導体大手の韓国SKハイニックスも参加し、各国当局、とりわけ中国当局から問題視される可能性がある。SKハイニックスでは10年間は東芝メモリの議決権を15％以上持たない契約を結ぶことで経営への関与を薄めているが、審査の所要時間は判然としない。

東京証券取引所の規定には、債務超過となって1年以内に解消できなければ上場廃止とある。3月末までに債務超過を解消できなければ、上場廃止となってしまう。

そもそも「財界総理」こと経団連会長も輩出したほどの名門企業がなぜここまで転落したのか。

その疑問を解くカギの一つが15年4月に発覚した不正会計である。

当初こそインフラ関連事業についての疑惑だったが、やがて「インフラ関連の工事進行基準」「映像事業の経費処理」「パソコン事業の部品取引」「半導体事業の在庫評価」など数多くの事業での不正が明らかとなった。第三者委員会の指摘を受け東芝が認めた範囲だけでも、7期にわたる利益水増し額は2866億円に達し、累計2248億円分もの過年度決算修正を余儀なくされた。

不正会計に数多くの事業がかかわったことから見えてくるのは、採算悪化や赤字受注の常態化という各事業にとって重大な問題に、東芝はメスを入れられなかったということ。その意味では不正会計に手を染め始めたときから、すでに東芝は事業を営む組織としては転落していたのだ。

そして東芝を本当の危機へたたき落としたのは海外原子力発電事業だ。17年3月期に発生した9656億円もの当期純損失の主因は、米国の原子力発電子会社ウエスチングハウ

撮影：梅谷秀司

Leading Innovation »»

不正会計時の歴代3社長。西田厚聰氏（左）と佐々木則夫氏（右）の不仲も有名

ス（WH社）が3月に米国連邦倒産法第11章（通称「チャプター11」、以下「C11」と略記）を適用申請したことに尽きる。これで約1兆2800億円の関連損失を計上したのだ。

WH社が米国で受注した原子力発電所では建設費用が膨張していたが、顧客である電力会社とは一定価格で完成させるという契約を結んでいたため、その費用負担に耐えきれなくなったのである。

C11適用申請によりWH社は将来の建設費用膨張による負担から解放されたが、親会社保証をしていた東芝には電力会社へ約6500億円もの支払い義務が生じたうえ、WH社ののれんを含む出資持ち分の減損、さらには債権の減損も降りかかってきた。

■ すべては米国WH社買収から始まった
—東芝の財務12年間の軌跡—

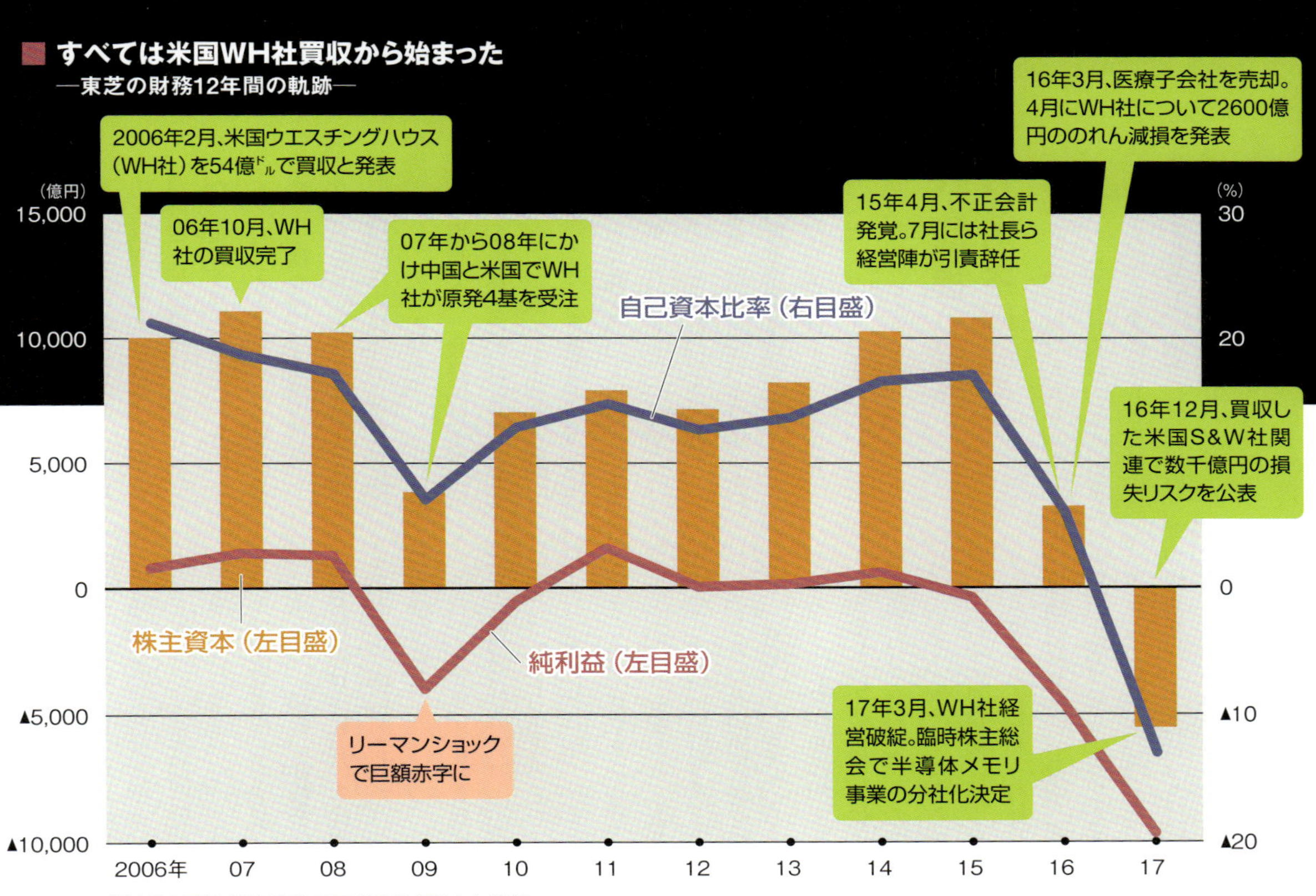
2006年2月、米国ウエスチングハウス（WH社）を54億ドルで買収と発表
06年10月、WH社の買収完了
07年から08年にかけ中国と米国でWH社が原発4基を受注
自己資本比率（右目盛）
15年4月、不正会計発覚。7月には社長ら経営陣が引責辞任
16年3月、医療子会社を売却。4月にWH社について2600億円ののれん減損を発表
16年12月、買収した米国S&W社関連で数千億円の損失リスクを公表
株主資本（左目盛）
純利益（左目盛）
リーマンショックで巨額赤字に
17年3月、WH社経営破綻。臨時株主総会で半導体メモリ事業の分社化決定
（億円）
15,000
10,000
5,000
0
▲5,000
▲10,000
（%）
30
20
0
▲10
▲20
2006年
07
08
09
10
11
12
13
14
15
16
17

（注）各3月期、過年度決算の修正を反映した数値

1兆円超の損失招いた2006年の巨額買収

「今から振り返ると非常に問題のある判断だった」——3月29日にWH社のC11適用申請について記者会見した東芝の綱川社長は、06年のWH社の買収についてそう総括した。

かつて原発再評価の機運が盛り上がり始めたころ、業界の老舗であるWH社が売りに出された。三菱重工業や米国ゼネラル・エレクトリック（GE）、日立製作所も参加した入札を勝ち抜き、WH社を落札したのが東芝だった。買収金額は54億ドル、当時の為替レート換算で6210億円だった。

この買収金額は業界関係者の度肝を抜いた。確かにWH社は燃料事業や技術力は一定の評価を得ていたものの、長らく経営不振を極め、企業価値は約2000億円というのが業界で一致した見方だったからだ。それまでWH社と提携していた三菱重工業の西岡喬会長も「理解に苦しむ」と語っている。

買収金額が吊り上がったのには理

由がある。東芝は2次入札で2700億円を提示しいったんは勝利した。しかし、「直後に連絡があり、ほかの日本企業が思い切った金額を出すので、3回目をやりたいと言われた」と当時社長だった西田厚聰氏は今年4月の取材で語っている。

「たとえば2700円で買おうとしたものが6210円となったら普通は買うのをやめるのでは」と問う記者に、西田氏は「それは経営というものがわかっていない考え。WH社を競合他社に買われてしまえば、ウチの原子力事業は潰れるしかない」と反論した。

確かに当時の東芝の原子力発電事業の状況からすれば、西田氏がWH社の買収にこだわったのは理解できなくもない（33ページ参照）。とはいえ、ここまでの高値には東芝社内でも懸念する声があった。電力担当でWH社の買収を提案した元副社長でさえ「2000億円が適正。2800億円までならいいが、それ以上は反対した」と証言するのだ。

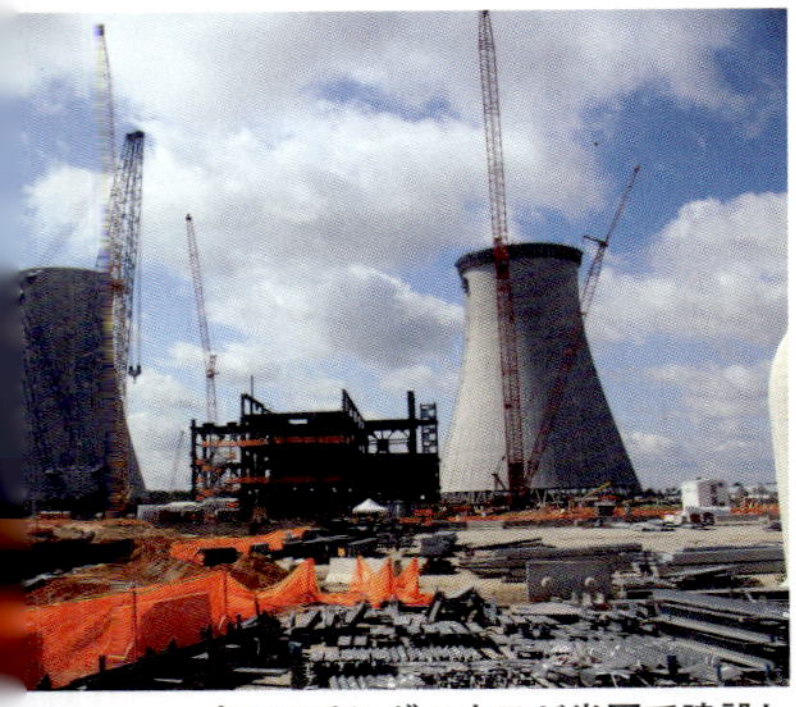

ウエスチングハウスが米国で建設していた原発。巨額の損失をもたらした

当時の経営陣では、岡村正会長はもともと反対だったが、発言力が弱く、西室泰三相談役は最初乗り気だったが、金額が高くなるにつれ口を挟まなくなったという。「三菱に負けるな」と檄を飛ばす西田社長を、交渉を担当していた佐々木則夫常務（当時。西田氏の後任で社長就任）が後押しして突っ走った。

記者の取材では、最終的に東芝に次ぐ価格を提示したのはGE・日立連合で、その金額は「4000億円程度」（関係者）。三菱重工業の入札金額はさらに低かったようだ。「（売り手の）英国BNFLにしてやられた」と東芝の元役員は唇をかむ。

当時の東芝の自己資本は約1兆円、自己資本比率は約20%と、日立製作所など同業他社より財務体質は脆弱だった。6210億円という買収金額は無謀に近かった。

のれん減損の恐怖 WH社の不調認めず

高値づかみの代償は大きかった。06年2月にWH社買収の基本合意を発表した際、「東芝はWH社株の51%以上を保有し、残りは共同出資者が保有する予定」としていた。しかし、水面下では誤算続きだった。

約2割の資本参加を約束していた丸紅に土壇場で逃げられた。勝俣宣夫社長（当時）が「平取の口約束なんて知らない」とドタキャンしたという。丸紅の元審査部門幹部は「投資基準に合わなかった」と語る。

ほかの出資者探しも難航。三井系の二木会で一緒の三井物産には、米国GE社の日本における代理店であることを理由に断られた。住友商事にも振られた。

それでも06年10月の買収完了時には米国建設会社のショー・グループ（20%）、原子力発電事業で協業するIHI（3%）が出資、翌年にはカザフスタンの国営ウラン会社カザトムプロム（10%）も加わり、東芝の出資比率は一時的には67%まで下がった。

このような共同出資者を探せたことで、54億ドルでも適正と考える仲間がいる——これが東芝の主張だった。ただ実際には出資は東芝による買い戻し契約付きだった。そのため12年にはショー・グループがその権利を行使、17年のC11後にはIHIやカザトムプロムも権利を行使した。

巨額の買収に伴い発生したのれんも東芝を悩ませることになる。

のれんとは買収した企業の帳簿上の価値を超えて支払った買収プレミアムのこと。東芝は買収後の07年3月期にはWH社関連で3507億円ののれんを計上。これ以外にも、ブランドネーム502億円（非償却）、技術関連無形資産1713億円（平均償却年数は22年）を計上している。

東芝が採用している米国会計基準では、のれんの年次償却は行わない。その代わり毎期のれんを評価し、価値が低下したと判断した場合、その分を減損しなければならない。つまりWH社の事業が思わしくなかった場合、まとめて1000億円単位で損失計上を迫られかねない。そのため、いかにWH社の事業が不調でも、それを認めにくくなったのだ。

そして原発ビジネスがバラ色ならよかったのだろうが、現実は厳しかった。

06年に東芝はWH社への投資額は17年で回収できると説明。そして07年には回収期間を14年へと短縮。08年には「15年までに全世界で33基を受注する」とブチ上げた。

確かに世界中には数百基分の原発計画があったが机上の計画が大半。安定電源を必要とする新興国は比較的熱心だが、新興国はカントリーリスクが高く原子力の規制や人材も整っていない。唯一、実現性が高かった中国は自国優先のため多くの受注を望める状況ではなかった。

先進国では経済的なハードルが想像以上に高かった。原発は稼働後の

Column

苦境の先に復興の幻
WH社を欲した理由

「ウエスチングハウス（WH社）の買収はその時点での最適な判断だった。他社に買われたら自分たちの原子力事業が危うくなる。だから、単純に『高すぎた』というような見方は間違いだ」――WH社を買収した2006年当時社長だった西田厚聰氏は今もこう語ってはばからない。今、WH社のため東芝が倒産寸前まで追い込まれている現状を見れば「最適な判断」だったとは言えない。ただ当時を振り返れば西田氏が焦った理由もよくわかる。

1960年代に原子力発電の推進へ舵を切った日本を、メーカーとして支えたのが東芝、日立製作所、三菱重工業だ。70〜89年に全国で計44基の着工があり、原発事業は前途洋々と思われた。が、86年のチェルノブイリ原発事故を契機に原発へ逆風が吹き出す。90年代の着工は6基に急減し、メーカーは事業の展望を描けなくなった。90年代末には東芝と日立製作所で事業統合が模索された。

2000年代に入って突如、原発が見直される。地球温暖化対策として二酸化炭素を排出しない原発が脚光を浴び、世界各地で新設計画が立ち上がった。「原子力ルネッサンス」だ。

海外原発の経験がなかった国内3社も海外進出を狙った。WH社が売りに出されたのはそんな時だ。世界で主流のPWRの始祖であるWH社を手に入れれば世界トップの原発メーカーになれる――こう考えたのは東芝だけではない。WH社と提携していた三菱重工業はもちろん、日立製作所も米国GEと入札に参加した。

熾烈な入札競争により買収金額が吊り上がった。競り落とした東芝には「勝者の呪い」がかかった。実際の事業環境は期待外れだったにもかかわらず、高値買収を正当化するために失敗を認められない。引き時を失ったことが悲劇を招いた。

■ 東芝による米国WH社買収で業界は一変した
―買収前後の国内外企業と軽水炉2炉型の勢力分布―

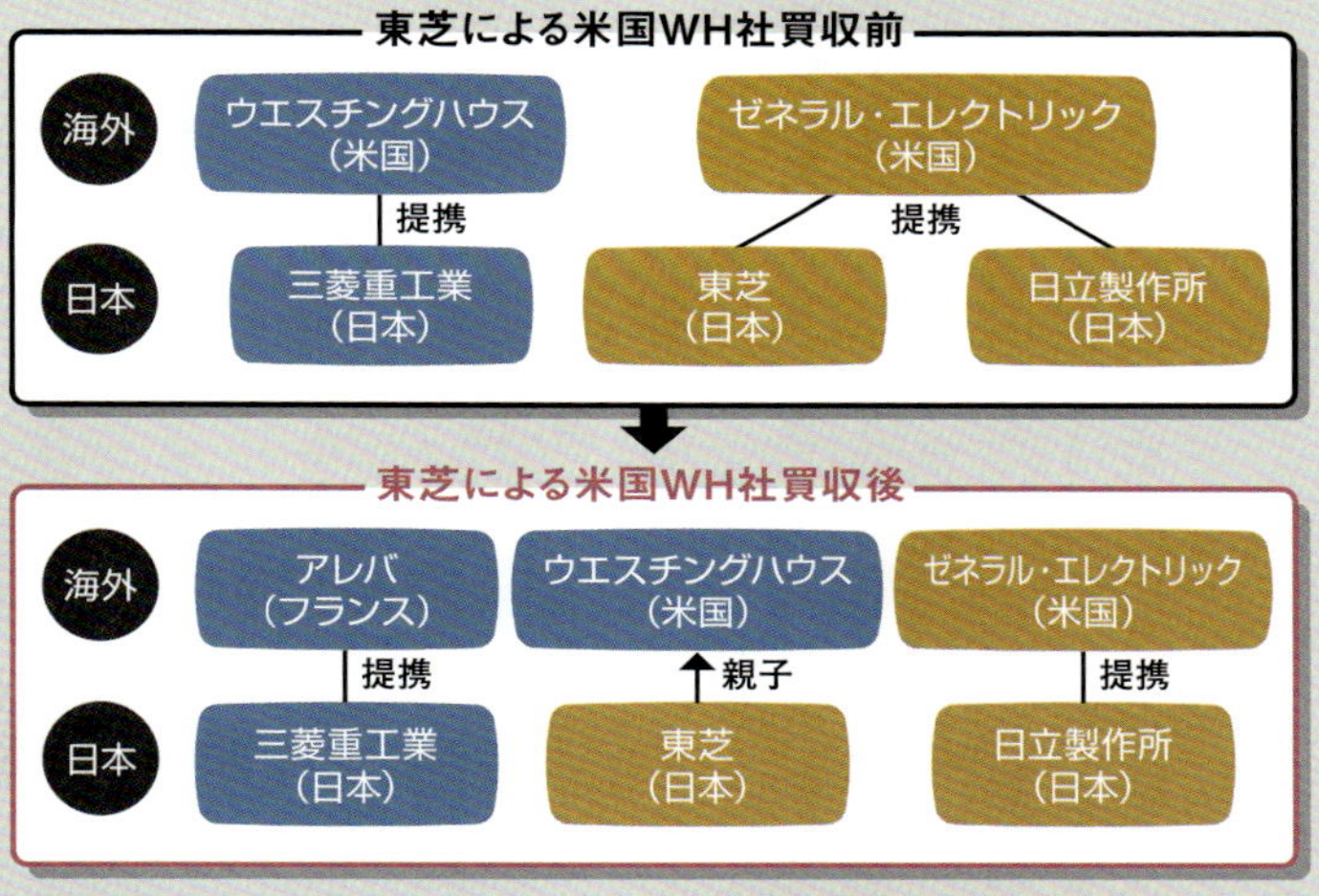

加圧水型炉（PWR）	沸騰水型炉（BWR）
・核反応で熱した高圧水により別系統の水から蒸気を作りタービンを回す ・米国WH社が開発を主導。三菱重工業やアレバは同炉型 ・日本では関電が採用。海外では主流	・核反応の熱で発生させた蒸気で直接タービンを回す ・米国ゼネラル・エレクトリックが主導して商用化。東芝と日立製作所が技術導入 ・日本では東京電力が採用

燃料コストは比較的低いが、巨額の先行投資が必要で収益貢献まで十年単位の時間がかかり、リスクや金利負担もあり民間企業の原発新設は難しかった。WH社の受注活動をした元副社長によれば、約30基の計画があった米国でさえ電力会社の熱意は高くはなかったという。「社長が公表した受注計画に根拠はなかった。現場で30基もの受注が取れると思っていた人はいなかった」。

安全性に優れるというたい文句の次世代炉で07年に中国で4基、08年に米国で4基を受注した。中国はWH社が設計と機器供給に徹する契約であり、リスクは限定的だったが、米国のプロジェクトはWH社とショー・グループのコンソーシアムが、決められた金額内で期日までに原発を完成させる固定価格の契約だった。

固定価格は原発に限らず、海外のインフラプロジェクトに多い。固定価格といっても、超過費用の原因次第で発注側と受注側のどちらが負担するかはケース・バイ・ケース。いかに有利な契約を結べるかがカギだが、早期の受注を求められる中でどこまで強気の交渉ができたか。

契約価格には予備費用も含まれていたし、ペナルティを払えば契約を破棄できる条項もあった。その金額は受注時点で「非常にリーズナブル、1基数百億円」（元役員）。予備費用を超えてコストが膨らんだ場合、撤退すれば痛手は軽く済んだはずだ。

しかし、WH社の事業は順調と宣伝してきた東芝に、プロジェクトを途中で投げ出す選択肢はない。のれん減損も迫られるからだ。

11年に東日本大震災そして福島第一原発事故が起き事業環境は一変した。だが、社長だった佐々木氏はそれまでの計画をわずかに修正しただけだった。実際には、米国でのプロジェクトは早くから変調を来していた。01年の同時多発テロを受け、米国は原発の安全規制を強化。WH社は原子炉の設計変更を余儀なくされたため着工自体が遅延していた。

ようやく着工にこぎ着けても、トラブルは多発した。米国での30年ぶりの原発新設、しかもまったくの新型炉の建設とあって現場は大混乱。プライドが高いWH社の技術者を東芝はコントロールできず、建設は遅れ、コストは膨れ上がっていた。

15年秋には超過コストの負担をめぐり、顧客である電力会社やWH社のプロジェクトパートナーだった原発建設会社CB&Iストーン・アンド・ウェブスター（S&W）らとの間で係争に発展していた。

当時の東芝にはWH社の不調を認めることは絶対できなかった。不正会計で7月に田中久雄社長、佐々木副会長、西田相談役などが引責辞任、9月に新体制で再出発したばかり。11月にはWH社による減損実施が報じられ、それを東芝は認めたものの、連結決算では減損の必要はないと強弁していた。

16年3月での医療機器子会社売却により16年3月期末での債務超過を回避できる見通しがついたことで、ようやく16年4月にWH社ののれん減損として2600億円の計上を発表したが、このときも東芝はWH社を含む原子力発電事業全体の事業性に変化はなく、格付け低下に伴う資金調達コスト上昇が減損の原因と主張していた。

名案のはずが迷案に 0ドル買収で奈落の底

一方、米国の苦境を脱する案としてひねり出されたのがWH社によるS&W社の買収だった。S&W社の親会社CB&Iは0ドルでS&W社をWH社に売却。電力会社は一定の負担増と工期延長を受け入れる。WH社はS&W社ごと完成義務を丸のみする。新たな契約金額内で原発を建設できれば、すべて丸く収まる名案のはずだった。

結果的にこの0ドル買収が東芝を奈落の底に突き落とした。買収から1年後の16年末、東芝はWH社のS&W社買収に関連する損失、WH社が負うことになる費用超過が数千億円規模で発生すると発表。2月にはその額は約6900億円に膨らんだ。

問題は費用超過が6900億円でとどまるかわからなかったことだ。さらに膨らめば東芝が負う損失は「底なし沼になる」（東芝役員）。それを避けるためWH社はC11を適用申請した。東芝は1兆2800億円でWH社を損切りしたのだ。

監査法人のPwCあらたはS&W社買収に絡んだ工事費用の超過は16年3月期に計上すべきだと主張したが、東芝が拒み、結局17年3月期決算が「限定付き適正」となった。

9割稼ぐ柱を手放し 描けない成長シナリオ

この状況で東芝が存続できているのはNAND型フラッシュメモリ事業というお宝が残っているため。東芝は東芝メモリに再出資し議決権40・2%を持ち、持ち分法投資利益を取り込む予定だ。しかし優先株の発行も多く、それが普通株に転換さ

半導体メモリなど事業売却で収益規模は縮小へ
—2017年3月期の数値から試算—

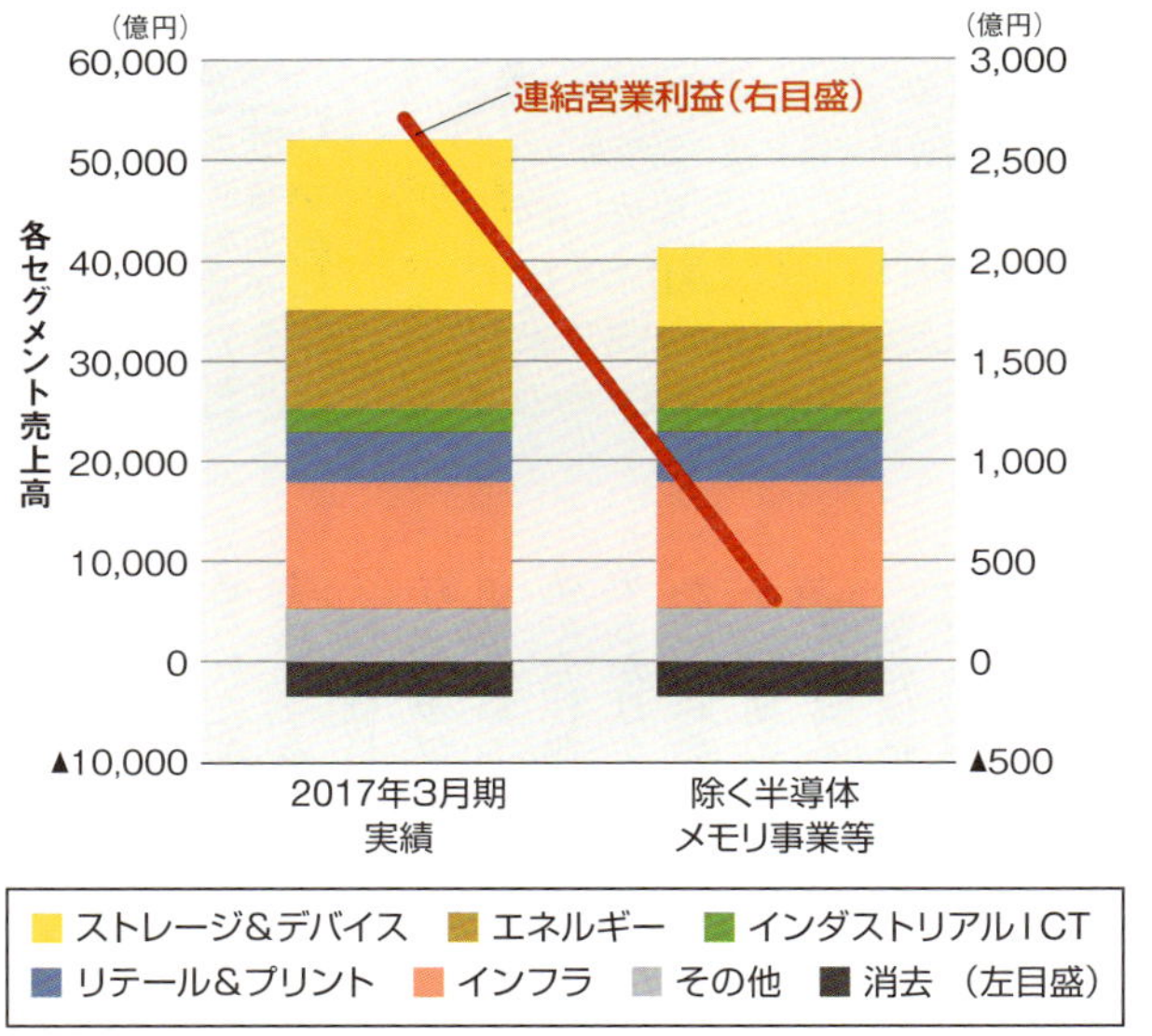

（注）「ストレージ&デバイス」からは東芝メモリ分、「エネルギー」からは2017年7月のスイス証券取引所上場を機に保有株式を売却したランディス・ギア分を差し引いて試算

Column

特別配慮で特注は脱却 上場維持へ、残る関門

やはり東京証券取引所は引き金を引くことはできなかった。

東証は10月12日で東芝の「特設注意市場銘柄」（特注）の指定を解除した。特注は内部管理体制に深刻な問題を抱えている企業について投資家へ注意を喚起するための制度。内部管理体制が改善できないと東証が判断した場合には上場廃止となる。

東芝は一連の不正会計で2015年9月に特注に指定された。1年後に管理体制を改善したとする確認書を提出したが、審査した東証はまだ問題が残るとして昨年12月に指定継続を決めた。その判断は正しかった。東芝が突如、米国の原子力事業に関連し数千億円の損失リスクがあると公表したのはこの8日後だった。

今年3月、東芝は内部管理体制確認書を再提出した。しかし、この時点で東芝の内部管理体制が改善できていないことは明らかだった。監査法人との意見の食い違いから16年4〜12月期の決算発表ができていなかったからだ。3月には米国ウエスチングハウスの破産法適用申請がなされ、17年3月期末に巨額の債務超過に陥った。

結局16年4〜12月期決算は監査法人が「結論なし」とする異例のものに。さらに17年3月期本決算も発表延期を繰り返した。規定より1カ月半遅れで提出した有価証券報告書の監査報告書は「限定付き適正」を得られたものの、内部統制監査報告書には「不適正」の烙印を押された。

これだけ不祥事を連発しても東証は退場を宣告できなかった。17年4〜6月期決算を期限内に提出するという、本来、当たり前のことができたことを理由に特注を指定解除した。特注による上場廃止は東証の判断による。社会的な影響や批判を恐れ、東芝を特別扱いしたと言われても仕方あるまい。

これで東芝の上場廃止リスクは債務超過の解消に絞られる。こちらは債務超過となってから1年以内に解消できない場合、上場廃止という明確な基準がある。

「18年3月末の債務超過解消が間に合わなくても、決算発表までに解消できれば上場廃止にできないのでは」（主要行幹部）といった声もあるが、日本取引所グループの清田瞭CEOは「救済措置はない。ルール通り」と特別扱いを否定する。

タイムリミットとなる18年3月末までに債務超過は解消できるか。

■ 東芝をめぐる上場維持と上場廃止のシナリオ

●特設注意市場銘柄の指定
内部管理体制などについて

「改善の必要性が高い」とされ、2015年9月15日に指定
↓
「相応の改善がなされた」と認められ、17年10月12日に指定解除
↓

●債務超過

2018年3月末までに解消できない → ✕ 上場廃止

2018年3月末までに解消できた → ○ 上場維持

撮影：尾形文繁

「上場を維持し、株主にはご迷惑をかけない」と綱川智社長は繰り返す

れれば、東芝への利益貢献は減る。

メモリなき後、「社会インフラを核に安定的な成長を目指す」（綱川社長）。縮小するとはいえ、売り上げ規模は4兆円。安定したインフラ事業なら、営業利益5％を稼ぐ青写真を描く。しかし過去15年で営業利益率が4％を超えたのは2期しかない。そのうち1期はWH社を非継続事業扱いにした17年3月期である。

「電力事業は急速に稼げなくなっている」（東芝幹部）。赤字が続くテレビやパソコンは近々のリストラが不可避。ハードディスク装置のように直近では利益が出ているが、近い将来苦しくなるのが目に見えている事業もある。昇降機や空調は安定的だが業界での地位は低く成長余地は乏しい。人材流出や現場のモチベーションダウンの悪影響も出そうだ。

加えて、投資家からの損害賠償請求は続いている。20年間で約1兆円の最大損失リスクがある天然ガスの液化契約のフリーポートもある。さすがに丸々1兆円が損失となる可能性は低いにしても、100億円単位の損失ならば起こりうる。

生き延びることができても、明るい未来は待っていそうにない。無謀なM&Aとその失敗から目をそらし続けた代償はあまりにも大きい。

（本誌：山田雄大）

海外企業買収が活発になされている。その帰結の一つとして、のれんの減損など巨額の損失計上を余儀なくされた事例も近年は目立つ。

東芝を債務超過にまで陥らせた米国原発企業ウエスチングハウス買収については、事業環境が極度に暗転してしまった特殊な事例といえる。

ただ日本郵政が2015年5月に6093億円で買収した豪州物流企業トール社の事例は、そうではない。買収後2年も経たない17年4月。トール社の買収により開始されていた「国際物流事業」について、「豪州経済の減速等を受け、前年実績を大きく下回る」というごくごく普通の景気変動を理由に、のれん3682億円、商標権241億円、有形固定資産80億円という計4003億円もの減損損失計上が発表されたのだ。実に買収金額の65・7%が消えた。

買収価格が高すぎたと総括はできよう。ただ、そもそも土地勘のないことを始めるには、本来、それなりの時間をかけて学ぶべきところを、「時間を買う」とばかりにあまりに速習しようとしたため、授業料が高くついた、ということだろう。

海外企業の買収で試行錯誤が続く理由

この日本郵政の事例は極めて示唆

Hot Issue

『会社四季報』で探す海外企業買収事例

近年とかく失敗事例も目立つ海外企業の買収。だが今や成長戦略を描くうえで、その必要性は高まるばかり。各社はいったいどの国のどんな企業を買収しているのか。

Part 1
会計最前線　成長戦略の扉を開く

的だ。いったい日本郵政がどのような要件を具備していれば、海外企業買収という手法を使いこなせたのだろうか。実は、その要件をきちんと示してくれる定説はまだない。

海外直接投資のうち、海外拠点を自分で一から構築するグリーンフィールド投資については、1977年に英国のジョン・H・ダニング氏が既存の理論をつなぎ合わせて提唱した「折衷理論」が代表的理論の一つ。

海外直接投資で成功する企業の要件は、①進出先についての土地勘がない不利を克服できるだけの技術や経営ノウハウ、ブランド力といった「企業特殊資産」を具備していること、②低廉な労働力や優遇税制などその進出先ならではの「立地上の優位性」を十分活用できること、③現地法人を自社グループの一部として自在に動かせ「内部化による優位性」を十分発揮できること——となる。

だが海外直接投資のうち、海外企業買収による手法には、そうした要件を示してくれる定説はない。だから独自の戦略が必要。ことに国内人口減に直面する日本企業には、成長のために海外企業買収戦略がひときわ重要だ。

では各社はどの国のどんな企業を買収しているのか。『会社四季報』で海外企業買収に関し特筆した上場企業について、次ページ以降の表に示した（選定基準などは右参照）。

まず、買収した側である日本企業は東証33業種中の27業種にわたる127社。そのうち社数の多い順に、①【サービス業】17社、②【化学】16社、③【機械】12社だった。

買われているのは米国、英国、豪州などの企業

次に、その日本企業に買収された海外企業は、46カ国にわたる254社だった。そのうち社数の多い順に、①米国70社、②英国25社、③豪州17社、④ドイツ14社、⑤シンガポール13社、⑥中国9社、⑦フランスとインドが各8社、⑨イタリアとオランダが各7社だった。

こうした海外企業買収の動向からは日本企業の成長戦略の一端が見えてくるはずだ。（本誌：石井洋平）

（注）『会社四季報』2017年3集 夏号（6月16日発売）と2017年4集 秋号（9月15日発売）で記事中に「買収」と表記した株式上場企業（夏号では掲載全3650社中9.1％の333社、秋号では掲載全3654社中9.4％の343社）のうち、原則として前決算期以降の海外企業買収（事業譲受や、合弁化または経営統合による子会社化なども含む）に関し特筆した企業を選定。それらの企業で16年以降に適時開示等がなされた案件（予定段階のものや買収オプション権取得を含む）を、事例として挙げた。

■ どの国のどんな企業を買っているのか——業種別 海外企業買収事例①【水産・農林業】～【ゴム製品】

買収した日本企業の証券コード・社名		買収された外国企業の本社所在地・社名・事業内容／そのほかの買収された企業の所在地			
【水産・農林業】					
1379	ホクト	米国	マッシュルーム ウィズダム社	きのこ原料由来サプリメント製造等	
【建設業】					
1417	ミライト・ホールディングス	シンガポール	Lantrovision社	LAN配線等の設計・施工・保守等	
1812	鹿島	豪州	コクラム社	豪州の準大手建設会社	
1911	住友林業	米国	ブルームフィールド・ホームズ社	分譲住宅の建築・販売	ほか豪州1
1916	日成ビルド工業	シンガポール	P-Parking International社	駐車場運営・管理	
1925	大和ハウス工業	米国	スタンレー・マーチン社	戸建て住宅事業	
1979	大気社	タイ	BTE社	配電盤製造	
【食料品】					
2282	日本ハム	ウルグアイ	Breeders & Packers Uruguay社	食肉処理および販売（牛肉）	
2501	サッポロホールディングス	米国	アンカー・ブリューイング・カンパニー社	ビール製造・販売	
2502	アサヒグループホールディングス	英国2、イタリア、オランダ、チェコ、スロバキア、ハンガリー、ポーランド、ルーマニア各1		ビール製造・販売	
2802	味の素	フランス	ラベリ・テレトル・スージェレ社	冷凍食品の製造・販売	
2899	永谷園ホールディングス	英国	Broomco社	フリーズドライ食品・パンの製造	
2914	JT	インドネシア	Karyadibya Mahardhika社	クレテックたばこの製造	ほかフィリピン1
【繊維製品】					
3205	ダイドーリミテッド	イタリア	Pontetorto社	婦人服、スポーツ向け素材の製販	
3401	帝人	米国	コンチネンタル・ストラクチュラル・プラスチックス社	自動車向け複合材料成形メーカー	
【パルプ・紙】					
3861	王子ホールディングス	マレーシア	Tele-Paper社	感熱紙・ノーカーボン紙の加工・印刷	
3863	日本製紙	米国	ウェアーハウザー社「液体用紙容器原紙事業」	紙容器・カップ容器用原紙の製造等	ほかインド、ベトナム各1
3941	レンゴー	ポーランド	TPMSポーランド社	重量物包装資材の製造・販売	
【化学】					
4004	昭和電工	ドイツ	SGL GE Holding社	黒鉛電極の製造等	
4088	エア・ウォーター	シンガポール	グローバルワイド インターナショナル社	病院等の内装設計・施工	ほかシンガポール1
4091	大陽日酸	米国	Air Liquide社「米国産業ガス事業」の一部	米国での産業ガス事業	ほかタイ、豪州各1
4185	JSR	スイス	Selexis社	バイオ医薬品の細胞株の構築受託	
4206	アイカ工業	タイ	Thai Chemical Corporation社	接着剤・可塑剤の製造販売	
4217	日立化成	米国	PCT社	再生医療用細胞の受託製造	ほかイタリア、ドイツ、タイ各1
4235	ウルトラファブリックス・ホールディングス	米国	Ultrafabrics社	合成皮革販売。持ち分会社から移行	
4452	花王	米国	コリンズ インクジェット社	インクジェット用インクの開発・製販	ほかスペイン1
4612	日本ペイントホールディングス	米国	Dunn-Edwards社	プロ向け建築用塗料を製造・販売	ほか中国1
4613	関西ペイント	米国	U.S. Paint社	自動車部品向け等の塗料の製販	ほかルクセンブルク、サウジアラビア、ウガンダ、ケニア、タンザニア各1
4911	資生堂	米国	ガーウィッチ社	「ローラ メルシエ」「リヴィーブ」ブランド	
4958	長谷川香料	米国	FLAVOR INGREDIENT HOLDINGS社	食品・飲料用の香料の製造販売	
4974	タカラバイオ	米国	WaferGen Bio-systems社	研究用試薬・装置の製造・販売	ほか米国1
4985	アース製薬	ベトナム	A My Gia社	住居用洗剤・芳香剤・殺虫剤等の製販	
7917	藤森工業	インドネシア	Kingsford Holdings社	医薬品の包装材料を製造販売	
7995	日本バルカー工業	米国	NISSHIN GULF COAST社	フッ素樹脂ライニング製品の製販	
【医薬品】					
2160	ジーエヌアイグループ	米国	Berkeley Advanced Biomaterial社	生体材料（代替骨）開発・製造等	
4503	アステラス製薬	ドイツ	Ganymed Pharmaceuticals社	バイオ医薬品企業。がん治療薬の研究	ほかベルギー1
4508	田辺三菱製薬	イスラエル	ニューロダーム社	中枢神経系治療薬の研究開発	
4541	日医工	米国	Sagent社	ジェネリック注射剤の販売	
4555	沢井製薬	米国	アップシャー・スミス・ラボラトリーズ社	ジェネリック医薬品	
4565	そーせいグループ	英国	MiNA (Holdings) 社	バイオ医薬。買収オプション権で契約	
4578	大塚ホールディングス	カナダ	デイヤフーズ社	植物由来原料での食品の開発・製販	
【ゴム製品】					
5101	横浜ゴム	オランダ	Alliance Tire Group社	農機・産機・建機用等のタイヤ製販	
5108	ブリヂストン	米国	ゲイコ　ウエスタン社	屋根向けの防水材・断熱材の製販	ほかフランス2、米国1
5110	住友ゴム工業	英国	Micheldever社	自動車・2輪車・農機用タイヤ等の販売	

どの国のどんな企業を買っているのか――業種別 海外企業買収事例② 【ガラス・土石製品】～【陸運業】

買収した日本企業の証券コード・社名		買収された外国企業の本社所在地・社名・事業内容／そのほかの買収された企業の所在地			
【ガラス・土石製品】					
5201	旭硝子	米国	CMC Biologics社	バイオ医薬品原薬の開発製造受託	ほかドイツ、タイ各1
5214	日本電気硝子	米国	米国PPG社「米国ガラス繊維事業」	樹脂強化用ガラス繊維の製造販売	ほか英国、オランダ各1
【鉄鋼】					
5440	共英製鋼	米国	BD ビントン社	棒鋼、鉱山向け鉱石粉砕用鉄球製販	
【金属製品】					
3434	アルファ	スウェーデン	ASSA ABLOY社	ドア開閉システム設計・開発・製造	
5929	三和ホールディングス	フランス	ノルスード・ジェスチョン社	産業用ドア製造・販売・施工等	
5999	イハラサイエンス	中国	南通木原配管	建機・産業車両用の油圧配管の製販	
【機械】					
6136	OSG	スイス	IMU DIES社（製造・販売事業譲受）	IMU ブランド製品（転造工具）製販	
6268	ナブテスコ	ドイツ	ITG Serienfertigung Fahrzeugteile社	商用車用コンプレッサー製造	ほかドイツ3
6287	サトーホールディングス	英国	DataLase社	レーザーによるマーキング原料開発等	
6301	コマツ	米国	ジョイ・グローバル社	露天掘り・坑内掘り向け鉱山機械	
6302	住友重機械工業	米国	パーシモン・テクノロジーズ社	ウエハ搬送用等の真空ロボット製造	ほかオランダ1
6305	日立建機	米国	H-E Parts社	マイニング・建機へサービスや部品供給	ほか豪州1
6324	ハーモニック・ドライブ・システムズ	ドイツ	ハーモニック・ドライブ・アーゲー	減速装置・メカトロ製品の開発・製造	
6333	帝国電機製作所	インド	Hydrodyne社	キャンドモーターポンプ製販等	
6370	栗田工業	米国	Fremont社	水処理薬品の製造・販売	
6409	キトー	イタリア	バイセンフェルス社	1540年設立のチェーン関連メーカー	ほか豪州1
6464	ツバキ・ナカシマ	米国	NN社「精密ベアリング部品事業」	精密ベアリング部品の製造・販売	
6480	日本トムソン	中国	優必勝（上海）精密軸承製造	精密ベアリング等の製造・販売	
【電気機器】					
4902	コニカミノルタ	米国	Ambry Genetics社	乳がん、大腸がん等の遺伝子診断事業	
6479	ミネベアミツミ	米国	C&A Tool Engineering社	精密機械金属加工メーカー	
6501	日立製作所	米国	アキュダイン社「サルエアー事業」	空気圧縮機などの製造・販売	
6594	日本電産	米国	エマソン・エレクトリック社「モータ・ドライブ、発電機事業」	産業用モーター、ドライブ、発電機	ほか米国2、イタリア2、ドイツ、ルーマニア、シンガポール各1
6652	IDEC	フランス	APEMグループ	スイッチ、ジョイスティック、キーボード等	
6723	ルネサスエレクトロニクス	米国	インターシル社	パワーマネジメントIC、アナログ半導体	
6753	シャープ	キプロス	SKYTEC UMC社	傘下企業でテレビ製造・販売	
6758	ソニー	米国	Funimation Productions社	米国での日本アニメのライセンス・配給	
6762	TDK	米国	InvenSense社	慣性センサーなどセンサーの製販	ほかスイス、ベルギー各1
6841	横河電機	ノルウェー	テックインベント2社	石油採掘現場等の配管への薬剤注入	
【輸送用機器】					
6201	豊田自動織機	米国	バスティアン ソリューションズ社	物流システムインテグレーター	ほかオランダ1
7220	武蔵精密工業	ドイツ	Hay Holding社	傘下企業が自動車部品等の製造・販売	
7272	ヤマハ発動機	米国	クレーコー社	燃料タンク等プラスチック製品の製販	ほか米国1
7279	ハイレックスコーポレーション	イタリア	Lames社	ウインドーレギュレータ、ドア等の製造	ほかスペイン1
【精密機器】					
4543	テルモ	米国	セント・ジュード・メディカル社「止血デバイス事業」	止血デバイス事業	ほか米国2
6376	日機装	米国	Cryogenic Industries グループ傘下企業	産業ガス・エネルギー産業用ポンプ等	
7701	島津製作所	フランス	Alsachim社	安定同位体試薬の製造	
7730	マニー	ドイツ	Schütz Dental社	歯科用器材の販売等	
7762	シチズン時計	スイス	Frederique Constant Holding社	各種時計類とその部分品の製販	
【その他製品】					
7911	凸版印刷	台湾	凌巨科技股份社	液晶パネル・モジュールの製販	ほかインドネシア1
7915	NISSHA	米国	Graphic Controls Holdings社	傘下で医療機器などの生産・販売	ほかブラジル、ベルギー各1
7966	リンテック	米国	VDI社	機能性フィルムの製造・販売	ほか米国、英国各1
【電気・ガス業】					
9551	メタウォーター	米国	アクア エアロビック システムズ社	水処理のエンジニアリング、サービス	
【陸運業】					
9024	西武ホールディングス	豪州	StayWell Hospitality Group社	ホテルを30（うち開発中12）運営	
9069	センコーグループホールディングス	シンガポール	スカイリフト社	国際航空輸送・国際海上輸送・倉庫業	

どの国のどんな企業を買っているのか――業種別 海外企業買収事例③【情報・通信業】～【サービス業】

買収した日本企業の証券コード・社名		買収された外国企業の本社所在地・社名・事業内容／そのほかの買収された企業の所在地			
【情報・通信業】					
3660	アイスタイル	米国	MUA社	美容・化粧品の口コミサイト運営	ほか台湾、マレーシア各1
3853	インフォテリア	英国	This Place社	企業HPやソフトのデザイン作成	
4307	野村総合研究所	豪州	ASG グループ	ITサービス	ほか豪州1
9613	NTTデータ	米国	米国デル社「ITサービス関連事業」	ITサービス関連	
【卸売業】					
8002	丸紅	米国	Creekstone Farms Premium Beef社	ブラックアンガス牛の処理加工・販売	
8012	長瀬産業	米国	Fitz Chem社	塗料・インキ向け原材料等の販売	
8032	日本紙パルプ商事	豪州	PagePack (AU) 社	BJ Ball グループとして紙等輸入販売	
8130	サンゲツ	米国	Koroseal Interior Products Holdings社	壁紙・壁装材の製造販売	
8140	リョーサン	中国・香港	Edal Electronics (易達電子) 社	半導体 (電子部品) 商社	
9869	加藤産業	マレーシア	Lein Hing Holdings社	日用雑貨 ・加工食品卸売業	
【小売業】					
2685	アダストリア	米国	Velvet社	アパレル	
3397	トリドールホールディングス	中国・香港	Jointed-Heart Catering Holdings社	雲南スパイシー麺の外食チェーン	
7532	ドンキホーテホールディングス	米国	QSI社	ハワイ州でスーパーマーケット運営	
7593	VTホールディングス	英国	Wessex Garages Holdings社	日産車などの自動車販売	ほかスペイン、南アフリカ各1
【銀行業】					
8308	りそなホールディングス	シンガポール	ASEAN FINANCE CORPORATION社	金融業務	
【証券、商品先物取引業】					
8601	大和証券グループ本社	米国	Sagent社	M&A・資金調達アドバイザリー	ほか米国1
8699	澤田ホールディングス	キルギス	キルギスコメルツ銀行	キルギス共和国における銀行業	
【保険業】					
8630	SOMPOホールディングス	英領バミューダ	エンデュランス社	米国等で農業保険など保険特殊事業	
8725	MS&ADインシュアランスグループホールディングス	英国	Amlin 社	ロイズ、再保険、欧州・アジア事業	ほかシンガポール1
【その他金融業】					
8586	日立キャピタル	オランダ	ノードリース社	自動車リース事業	
【不動産業】					
3528	プロスペクト	英国	The Prospect Japan Fund	日本株投資目的の会社型ファンド	
4666	パーク24	英国	National Car Parks社	英国での駐車場事業	ほかシンガポール、マレーシア、豪州各1
9816	ストライダーズ	インドネシア	Citra Surya Komunikasi社	広告代理店	
【サービス業】					
1954	日本工営	英国	BDP社	英国第2位の建築設計会社	
2154	トラスト・テック	英国	MTrec社	人材派遣会社	
2174	GCA	英国	アルティウム社	M&Aアドバイザリー事業等	
2181	パーソルホールディングス	シンガポール	ケリーサービス (シンガポール)	米国ケリーサービス社と合弁の子会社	ほか豪州2、インド1
2413	エムスリー	英国	AXIO Medical Holdings 社	医薬品情報データベース関連事業	ほか英国1
2427	アウトソーシング	米国	アメリカンエンジニアコーポレイション	国内米軍基地の空調・電気工事等	ほかドイツ1
4282	EPSホールディングス	中国	中国基因工程	傘下に医薬品開発・製造・販売会社	
4318	クイック	英国	Centre People Appointments社	現地日系企業向け人材紹介・人材派遣	
4324	電通	米国6、インド5、英国4、豪州4、カナダ3、ブラジル2、メキシコ2、スペイン2、フランス2、中国2、マレーシア2、ニュージーランド2、チリ1、オーストリア1、オランダ1、スイス1、スウェーデン1、チェコ1、デンマーク1、ドイツ1、台湾1、インドネシア1、シンガポール1、スリランカ1、トルコ1、エジプト1			
4653	ダイオーズ	米国	Blue Tiger Coffee社	オフィスコーヒーサービス、食品提供	
4781	日本ハウズイング	シンガポール	PROPELL INTEGRATED社	建築設備のエンジニアリング等	ほかベトナム2
4792	山田コンサルティンググループ	シンガポール	SPIRE Research and Consulting社	市場調査・コンサルティング	
6061	ユニバーサル園芸社	米国	セッジフィールド・インテリア・ランドスケープ社 (支店譲受)	植物の小売り、オフィス等への販売等	ほか米国1
8876	リログループ	米国	Associates for International Research社	海外転勤に関するデータ提供等	
9603	エイチ・アイ・エス	中国・香港	ミキ・グループ	旅行会社から手配を受託	ほか台湾1
9621	建設技術研究所	英国	Waterman Group社	エンジニアリング・コンサルタント	
9699	西尾レントオール	豪州	スカイリーチ社	高所作業機のレンタル事業	

成長加速のポイント 資産をどう活用する

毎日の仕事に役立つビジネス思考を身に付けるには、財務まで含めた会計の知識が土台になる。ROE、最適資本構成、投資の評価方法など基本の「キ」を押さえよう。

早稲田大学ビジネススクール教授●西山 茂

ROE（アールオーイー）―この言葉を耳にしたことのある人もけっこう多いのではないだろうか。経営陣が使う概念と思うかもしれないが、イチ社員としても投資家としても、知っていて損はない。むしろ〝会計力〟を身に付けるには必要なアイテムだろう。まずはその意味について確認したい。

ROE（Return《リターン》 On《オン》 Equity《エクイティ》：自己資本利益率）は、株主が提供した資金（Equity）に対して、どの程度の儲け（Return）が生み出されたのかを計算したものである。つまり、株主の立場から投資効率を評価する指標だ。具体的には当期純利益（儲け）を、自己資本（株主が企業に投入している資金を意味する。純資産とほぼ同じ）で割って計算する。

日本の上場企業の平均ROEは8％程度とされ、大手企業の平均がおおむね15～20％とされる米国、10～15％といわれる欧州と比較すると、やや低い。

ROEを高めたいという風潮が日本企業の間にも広がり始めている。『会社四季報』の調査によると、2016年秋の時点で、回答した上場企業の40％以上がROEを財務目標として掲げている。具体的な目標水準は、建設機械のコマツが10％、三菱UFJフィナンシャル・グループは8％台後半、日本を代表する大手製薬メーカーの1社であるアステラス製薬は15％以上など、おおむね8～15％程度となっている。

ROEが注目されるようになったのは、経済産業省が主導した「持続的成長への競争力とインセンティブ―企業と投資家の望ましい関係構築」プロジェクトで14年8月に発表された通称・伊藤レポートと、株主総会での議決権行使の助言会社ISSの影響が大きい。

伊藤レポートは、日本企業がROE8％を最低水準として収益力を高めるべきと提言した。またISSは、過去5年間の平均ROEが5％未満で改善傾向にない場合、経営トップ（通常は会長および社長）の選任議案に反対を推奨する基準を設定している。「企業への投資からこの程度の儲けは得たい」と投資家が期待している額を上回る利益を企業は生み出し、持続的な成長を目指すべきという考え方が背景にはある。結果、最低でも5％以上、基本的には8％以上のROEを確保しようという会社が増えているのだ。

同じ売上高の会社 効率がよいのはどちらか

目標達成には何がカギを握るのか。それを把握するために、ROEを三つの比率に分解する分析方法がよく使われる（41ページ図）。この式はもともと米国デュポン社が使い始めたため、デュポンシステムと呼ばれている。

「売上高当期純利益率」は文字どおり売上高に対する当期純利益率のことで、収益力の高低を表す。「総資産回転率」は、資産を効率よく使って売り上げを上げられているかどうかを示している。たとえば同じ100円の売り上げを上げるのに50円の資産が必要な企業と、10円の資産で済む企業では、後者のほうが効率がよい。最後の「財務レバレッジ」は、借入金や社債といった借金をどの程度活用しているかを表す比率である。自社の資金では100円しか投資する余力がなくても、借り入れをすれば200円の投資も可能になる。借金もうまく使えば成長のエンジンになるということだ。

ROEを高めるためには、この三つの数値を上げればよい（ただ、財務レバレッジだけは借金が増えることを意味するので、適切な水準に保つようにしなければいけない点に注意が必要だ）。

そしてこの三つの比率は、投資家目線での企業評価をベースとする、コーポレート・ファイナンス（企業財務）にも深く関係している。

最初の二つの比率を掛け合わせると、当期純利益／総資産になる。これは資産《アセット》（Asset）をどの程度効率よく使って儲け（Return）を上げているのかを表すROA《アールオーエー》（Return On Asset：総資産利益率）という比率だ。ROAを高めるには、投資効率の高い事業を選別して行っていくことが必要になる。その選別ツールが、投資プロジェクトの評価を行うNPV《エヌピーブイ》法やIRR《アイアールアール》法になる（43ページから解説）。財務レバレッジには「最適資本構成」という考え方が関係してくる。ROE向上のヒントを探るべく、ファイナンスの考え方をさらに詳しく見ていこう。

借金はコストかかるが税金安くなるメリットも

まず最適資本構成について解説したい。これは文字どおり、どこからおカネを調達するかの最適なバランスを指す。中でも「株主から預かったおカネ」と、借入金や社債といった「借りたおカネ」のバランスをどう考えるかが重要になる。ではどの程度が最適なのか？ それは借りたおカネを利用するメリットとデメリットから考えるとわかりやすい。

メリットは何だろうか。これは金利を支払うことによる節税効果と考えられている。

企業が生み出した儲けは、理論的には三つの関係者に分配されている。まず株主に配当などとして、次に借入金や社債で資金を貸し出した者（銀行や機関投資家など）に金利として、最後に国や地方公共団体に税金として分配される。このうち、企業に実質的に資金を提供しているのは資金を貸している者と株主である。この二つの関係者の取り分を増やすためには、税金の支払いを減らすことが望ましい。借り入れを増やして多く金利を支払えば、その分、利益が減って税金も減る。これが借り入れのメリットと考えられているのだ。

一方のデメリットは当然ながら、借り入れを返済できなくなる可能性が膨らみ、財務的にリスクが高まることである。このメリットとデメリットがほどよくバランスするところが、最適資本構成と考えられている。

では最適なバランスは、すべての企業で同じなのだろうか。結論から言うと、業種や事業の特徴によって変わってくる。

たとえば食品業界のように景気に左右されにくく業績が安定していたり、鉄道業界のように土地や不動産など価値が減りにくい資産を多く保有していて、かつ儲けが多く出ている場合は、借りた資金がある程度多くても一般的には問題ない。事業の安定度が高いのでリスクがそれほど高まらないからだ。儲かっていれば節税メリットも活用できる。

ROEを上げるとはどういうことか
—デュポンシステムによる分解式—

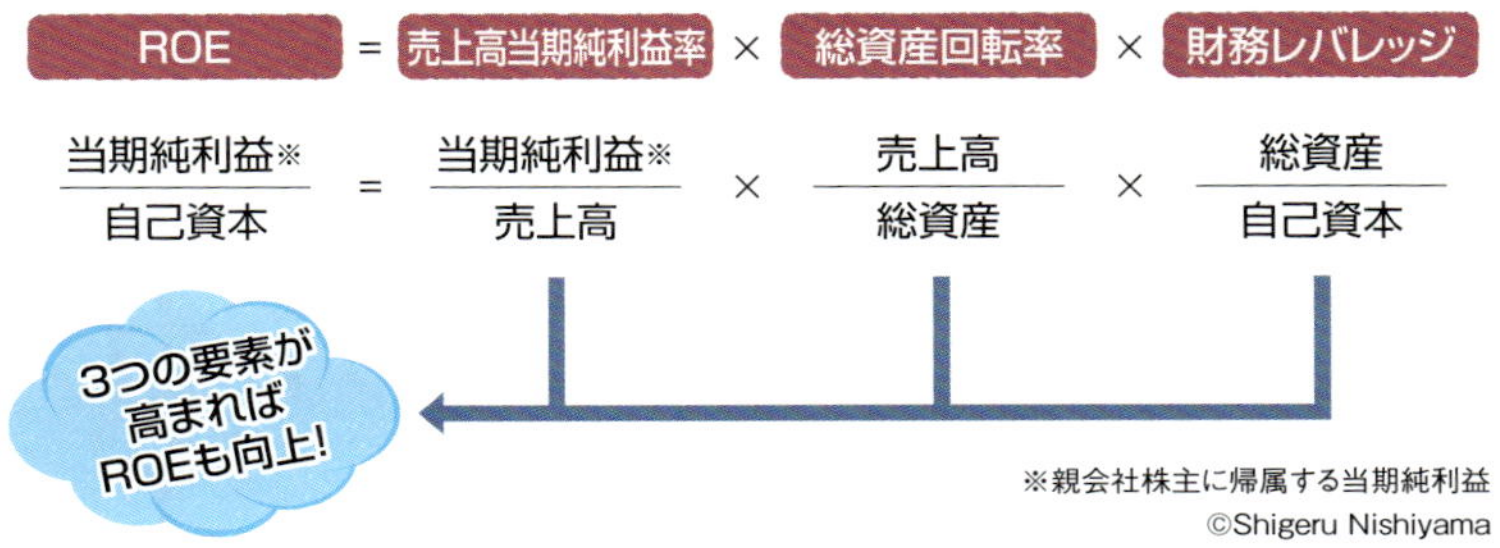

※親会社株主に帰属する当期純利益
©Shigeru Nishiyama

■ **企業はどのくらいのコストで資金調達しているのか**
―加重平均コスト（WACC）の概念図―

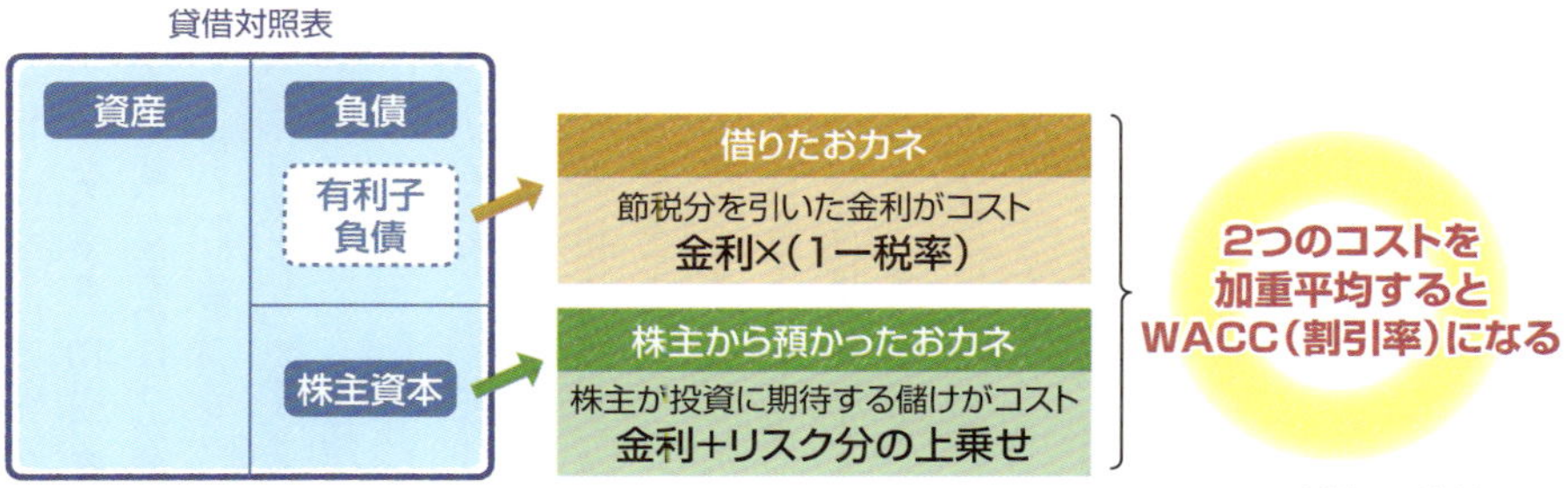
貸借対照表
資産
負債
有利子負債
株主資本
借りたおカネ
節税分を引いた金利がコスト
金利×（1－税率）
株主から預かったおカネ
株主が投資に期待する儲けがコスト
金利＋リスク分の上乗せ
2つのコストを加重平均するとWACC（割引率）になる

©Shigeru Nishiyama

逆に半導体業界のように業績に大きな波があるパターンや、ゲーム業界のようにアイデアが人の能力に依存していて移ろいやすく、かつ儲けの水準が低いような場合は、一般に借り入れは少ないほうがよいとされる。事業の不安定さを支えるために、借り入れを少なくして強固な財務体質にしておくことが望ましく、また儲けが少なければ節税を行う余地も限られるからだ。企業の状況によって最適資本構成は違ってくる。

少し細かく、同じ業種内の企業で比較してみると、通常は規模が大きく儲けの水準が高い企業は借り入れが少なく、業界内順位が下がるほど借り入れが多くなる傾向がある。

手元の資金・借金・増資どの順で使うべき？

企業が事業投資などを行う際に、まず手元にある資金を活用し、次に借り入れをし、最後に増資を活用する、という順番が望ましいというペッキングオーダー（直訳すると、突っつき順）理論も関連がある。最初に手元資金を活用するのは当然で、増資よりも借りた資金が優先されるのは、先ほど触れた節税メリットをある程度生かしたほうがいいからだ。

さらに増資は、借りた資金よりも一般に資本コスト（下段で解説）が高く、また財務基盤を強化させる手段と考えられるので、経営者が将来に不安を持っているというようなネガティブなメッセージを、株主に与えてしまう可能性がある。つまり、経営者と投資家の間の情報の非対称性（持っている情報の量や内容の差）を強める傾向があり、あまり優先的には使わないほうがいいと考えられている。

なお、資本構成を評価する指標として、借りた資金（Debt《デット》）と株主から預かった資金（Equity）の比率（デット・エクイティ・レシオ）が使われることがある。これは返済義務のある借りた資金が、返済義務のない株主資本と比較してどの程度の水準になっているかを示し、財務の安定度合いを計る一つの指標になっている。もちろん各社の状況にはよるものの、一般的には1：1の範囲に収めることが望ましいとされる。実際に日本企業の中にも、アサヒグループホールディングスのように、1：1程度の範囲まで借り入れを使って買収などに取り組んでいく、という方針を示している例もある。

株と国債どちらが魅力？カギはリスクの考え方

次に、41ページで触れた投資効率の評価はどのように行えばいいのだろうか。実際に投資プロジェクトの評価をするには、ポイントが三つある。①資本コスト（割引率）、②フリーキャッシュフロー、③具体的な評価方法（NPV、IRR、回収期間法）――順を追って説明する。

①資本コスト

資本コストとは、企業が銀行や株主から資金を調達するときにかかるコストのことである。貸し手側・株主側からみると、企業におカネを貸す・投資することで得たい「儲け」のことになる。

まず、銀行などから借りた資金のコストとは、簡単に言えば金利を指す。ただ、最適資本構成の欄で触れたのと同じく、金利は税金の計算上は費用になるので、税金が安くなるという恩恵がある。そのため、実質的な負担は金利から節税分を引いた「金利×（1―税率）」になる。

株主から預かっている資金のコストは、株主が株式投資から得たいと思っている儲け分を指す。株主が期待している儲けを企業が提供できなければ、株主は株式を売り、株価が下がってしまうからだ。

ちなみに、株主の要求する儲けは、金利とリスクの合計分と考えられている。このうち金利は、国債が基準になる。安定した先進国という前提で、仮に金利1％の国債を買えば、毎年確実に1％の儲けを確保することができる。株主はこの〝誰でも確実に稼ぐことができる金利〟くらいは、株式投資の儲けとして期待しているだろう。わざわざリスクを冒すのに国債以下の儲けしか出ないのであれば、みな株式は買わないから「リスクを取る分」の上乗せを金利に加える。国債よりも儲けが出る可能性がないと投資対象として魅力を感じてもらえなくなってしまう。

ここで、〝リスク〟という言葉の意味を確認しておこう。ファイナンスにおいてリスクとは、不確実性、変動すること、ブレること、といったことを指す。一般の人の中には、悪いことが起こるのをリスクとイメージしている場合があるが、本来の意味は違う。たとえば来年、損が出る（悪いことが起こる）のが確実に分かっている場合、これはリスクではない。どうなるかわからない、のがリスクである。だから儲かりそうな（よいことが起こる）場合でも、儲けが1億円でるのか、5000万円になるのかわからない場合は、リスクがあると表現する。

この金利とリスクを基に、株主が個々の株式に期待している儲けを推定する計算式としてCAPM《キャップエム》がよく使われる。

ある株式に期待される儲け＝リスクフリーレート＋（ベータ×マーケットリスク・プレミアム）

という計算式になるが、大ざっぱに意訳すれば、

A社の株主が欲しい儲け＝国債の金利＋（A社のリスク上乗せ分）

というこれまでの説明を当てはめたものになる。この計算式の中には、株価のブレの大きさを基に各企業のリスクを測定し、上乗せ分の大小を決めるベータ値というものが含まれている。このベータ値の違いによって、各企業の株主が期待している儲けの水準が異なってくる。

これら「借りた資金のコスト」と「株主から預かった資金のコスト」の二つを加重平均して計算したものが企業や事業の資本コストとなる。これをWACC《ワック》（Weighted Average Cost of Capital：加重平均資本コスト）と呼ぶ。（右上図）。一般に、日本企業の場合は5〜10％弱程度になっていることが多い。

②フリーキャッシュフロー

投資プロジェクト評価で押さえておきたいポイントの二つ目はフリーキャッシュフローだ。キャッシュフローとは、直訳すればおカネの流れ。つまり実際の現金の出入りを表すと考えるとわかりやすい。注意したいのは、会計で言う利益とは異なることだ。たとえばA社が今年度、設備投資を行って100万円を支払ったとする。設備は今後しばらく業績に貢献するものなので、会計上は費用を数年にわたって配分する。つまりこの投資は、一部しか今年度の費用にならない。だが、キャッシュフローとして考えれば100万円まるまるが今年度の支出になる。

フリーキャッシュフローをかみ砕いて説明すれば、企業が事業から生み出したおカネなどから、投資額を差し引いて残ったおカネのことである。銀行や株主に、金利支払いや配当として自由に分配できる〝余力〟とも言えるだろう。具体的には右下図にあるように、事業からの儲けである営業利益を出発点にして、税金を差し引くところから計算していく。詳しくは図を参照願いたい。

③投資プロジェクトの評価方法
（NPV、IRR、回収期間法）

さて、やっと具体的な投資プロジェクトの評価方法を説明できるところまでたどり着いた。頭が痛くなってきた読者もおられるかもしれないが、もう少々お付き合いいただきたい。投資効率の評価は、これまで説明した資本コスト（WACC）とフリーキャッシュフローを基に行う。具体的な手法には、NPV法、IRR法、回収期間法の三つがある。

評価方法の詳しい説明に入る前

フリーキャッシュフローは投資を考えるときのキモ

項目	金額	説明
営業利益	100	本業からの儲けをスタートにする
－法人税等（仮に30％）	30	営業利益に課税される税金を差し引く
＝税引後営業利益	70	
＋減価償却費他	20	会計上は費用でも実際にはキャッシュが出ないため加える
－設備投資額等	30	会計上は費用ではないが、実際にはキャッシュが出るため差し引く
－正味運転資本増加額	15	費用とキャッシュの動きのズレを修正する
＝フリーキャッシュフロー	45	事業から生み出されたキャッシュフロー

に、重要な概念についてもう一つ説明を加えたい。それは金銭の時間的価値である。たとえば今年稼ぐ予定の100円と、1年後に稼ぐ100円を比較した場合、早く稼いだおカネは、預金しておけば金利分だけさらに殖やせる。すぐ下の図のように、金利が10%の場合、今の100円は110%をかけ算して、1年後に110円になる。だから、今年の100円のほうが1年後の100円より価値がある、という考え方だ。さらに、今年の予測のほうが将来の予測に比べて確実性が高いというリスクの違いからも、今年のほうが魅力的であり、より価値がある。

逆に将来の儲けを現在の価値に置き換える場合（実際はリスクも含めて考えていくが）先ほどの10%の金利は割引率と呼ばれる数値になる。もう一度図を見てもらいたい。1年後の110円を110%で割ると、現在価値は100円になる。これを10%で「割り引く」と表現する。

実際には、原則としてWACCが割引率になる。同じ100円でもいつ稼ぐかで価値が変わるのだから、将来の100円は、WACC比率の分（投資家が期待する儲け分）、現在時点で考えると価値が減るのだ。

では、実際に投資プロジェクトの評価方法の説明に入ろう。

■割り引く・現在価値とは
—金利（割引率）10%の例—

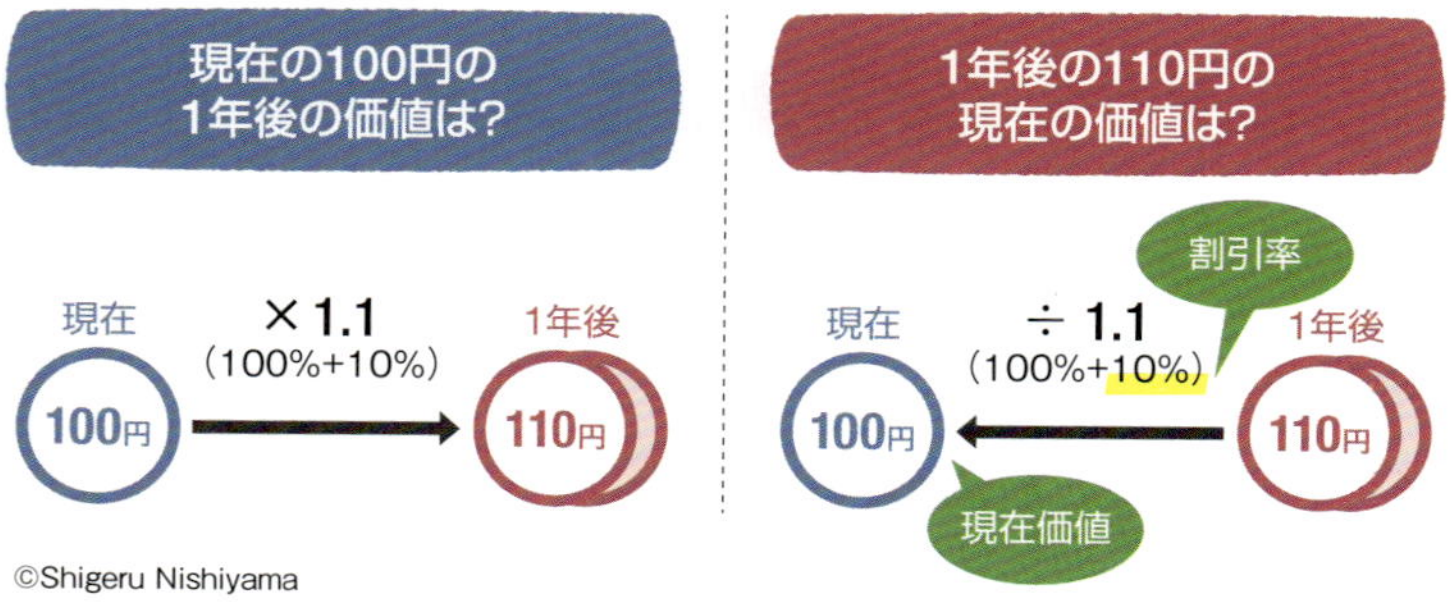

©Shigeru Nishiyama

まず一つめ、NPV（Net Present Value：正味現在価値）法は現時点での価値でいくら儲かるか、金額を基に考える方法である。下図にあるように最初の年（0年目）に100円の投資をして、翌年（1年目）から2、3年目にかけて、30、40、60円の儲けが出るような投資プロジェクトがあるとする。ちなみに投資の金額と3年間の儲けはいずれも各年ごとのフリーキャッシュフローの数字を使う（0年目は〈儲けゼロ—投資額100＝マイナス100〉、1年目は〈儲け30—投資額ゼロ＝30〉になる）。割引率（WACC）が10%であった場合この投資プロジェクトのNPVはどうなるだろうか。

まず各年のフリーキャッシュフローを現在価値に置き換えていく。最初の100円の投資は現時点で行うものなので、そのままの金額が現在価値になる。次に、1年目の30円は1年後に生み出される儲けなので、10%で割り引く（110%＝1・1で割る）。すると27・3円が1年目の儲けの現在価値になる。2年後に生み出される儲けは、10%で2回割り引くことになる（10%は年率なので、2年分割り引く）。同じように3年目は3回割り引く。計算された0年目から3年目までの現在価値を合計すると、5・4円。つまりこの投資プロジェクトを実行すると、10%の割引率を前提とした場合、現在価値で5・4円儲かることを意味している。マイナスでないかぎり儲けがでるという意味になるので、実行していいプロジェクトと判断できる。

このように、現時点での価値でいくら儲かるのかを基に評価するのがNPVである。プラスの金額が大きいほうがより儲かるということで、複数プロジェクトの比較もできる。

■投資プロジェクトのリターンの考え方はこれだ
—割引率10%でNPVを考えてみると…—

	フリーキャッシュフロー	×	現価係数	=	現在価値
0年目	▲100円	×	1	=	▲100円
1年目	30円	×	1／1.1	=	27.3円
2年目	40円	×	$1／(1.1)^2$	=	33.0円
3年目	60円	×	$1／(1.1)^3$	=	45.1円

→合計＝NPVは5.4円

※NPV>0：実行
NPV<0：却下

©Shigeru Nishiyama

次に紹介するIRR（Internal Rate of Return：内部収益率）法は、金額ではなく儲けの率（%）で評価する方法だ。IRRをごく簡略化した45ﾍﾟｰ図を見てほしい。このプロジェクトでは、0年目に100円を投資、1〜3年目は10円の儲けが出て、4年目にもともとの投資額と儲けを合計した110円が返ってきた。つまり年平均で10%の儲けがあったということになる。この10%こそが、IRRである。IRRがWACCを上回れば、資金調達のコストを支払っても利益が出せることになる。なお、IRRの算出方法は複雑なので詳細は割愛するが、エクセルのIRR関数を使えば簡単に計算できる。この例では0～4年目のフリーキャッシュフロー（マイナス100、10、10、10、110）を使って計算すると実際に10%になる。なおIRRは年平均で何%儲かるかの率であると同時に、NPV=ゼロになる割引率でもある。よってIRRでも時間的価値が考慮される。

先ほどNPVで評価したプロジェクトはどうだろうか。エクセルで計算すると、IRRは12・7%になる。WACCは10%だったので、IRRのほうが大きい。よって儲けが出るので、IRR法でもこのプロジェクトにはゴーサインということになる。なおIRRの場合、WACCを基に決めた率のことを、最低でも超えねばいけないハードルという意味で、ハードルレートと呼ぶこともある。

IRRは“儲けの率”のこと
—100円を投資したとき……—

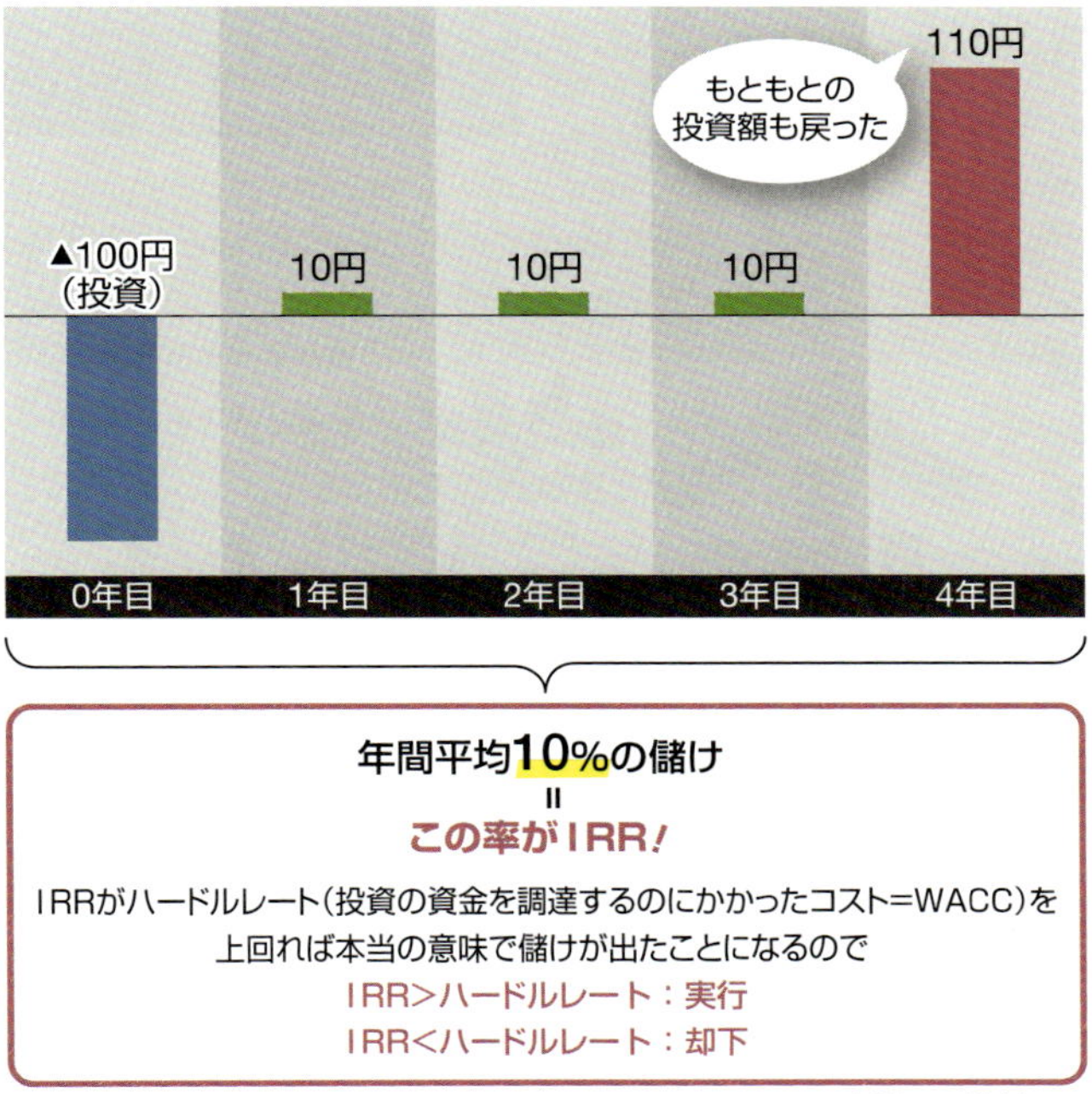

©Shigeru Nishiyama

将来の予測は慎重に シナリオは三つ準備せよ

最後に回収期間法を見てみよう。これは金額でも儲けの率でもなく、その名のとおり投資額を何年で回収できるかで評価をする。44ページのプロジェクトでは、1～2年目の儲けは合計70円。投資額の100円はまだ回収できていない。3年目の儲け60円を加えると、合計130円となり、回収ができている。つまりこの投資プロジェクトの回収期間は3年といえる。より細かく見ると3年目の儲けの半分の30円で、儲けの合計は100円となり投資額の回収ができているので、厳密には2・5年となる。あらかじめ5年で投資額を回収するという基準を決めていたとすれば、2・5年で回収できるこのプロジェクトは実行してOKと判断される。

なおいずれの方法も、最も重要なポイントはフリーキャッシュフローの将来予測である。将来予測をどう設定するかで、大きく結果が変わってしまう。もちろん完璧な予想は不可能であるが、市場の動向、競合の状況、自社の優位性などを十分に考えてできるだけ精度の高い予測を作成することが重要だ。さらに22ページの谷口氏の説明にもあるように、三つ程度のシナリオを基にいくつか予測を作成したり、販売数量など予想が難しい数字がよい方向・悪い方向に行った場合の想定をしたりすることも意味がある。

このように、最近注目されているROEとファイナンスの考え方には密接な関係がある。少々難しかったかもしれないが、どれも知っておくと、必ず役に立つ。冒頭で述べたように、決して経営陣だけが使うアイテムではない。自分のいる事業部単位、もっと細かいチーム単位でも当てはめられることだ。今後ビジネスで活用して、ROEと企業価値の拡大、そして自らの成長につなげていってほしい。

にしやま・しげる●1961年生まれ。公認会計士。米ペンシルバニア大ウォートンスクールでMBAを、早稲田大で博士号を取得。監査法人トーマツなどを経て現職。著書に『出世したけりゃ会計・財務は一緒に学べ！』など。

最強の会計力

Part 2

先進企業はどう会計指標を使っているか？

■ 業種別ROAマップ

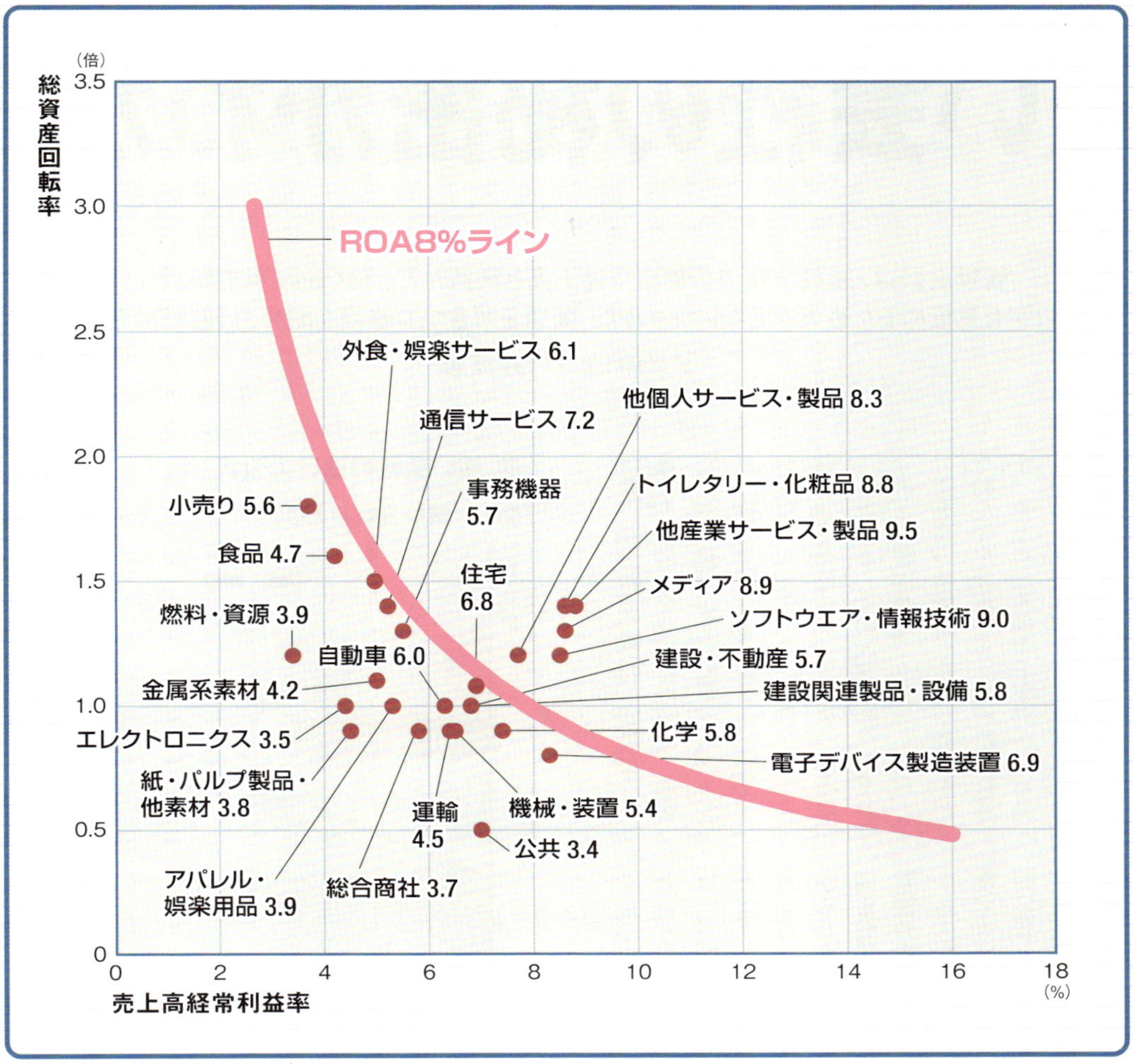

（注）業種は東洋経済31業種分類。銀行、証券、保険など金融サービスは除外。平均ROAが赤字のヘルスケア・医療も除外。ROAはさまざまな利益で計算されるが、ここでは経常利益÷総資産で算出。総資産回転率＝売上高÷総資産、売上高経常利益率＝経常利益÷売上高

先進企業は、結果ではなくプロセスを把握し強い経営を実現する。売上高や利益などは結果だ。売上高は客単価×顧客数で構成され、それはリピート率やシェアなど多くの要素で成り立つ。そうした要素を会計数字で表し、プロセスを分析することで、増収に必要な施策を見いだせる。

会計数字からは、企業の経営戦略やビジネスモデルも見えてくる。上掲のグラフは56ページからの「KPI（重要業績評価指標）活用法」で紹介されているROA（総資産利益率）マップだ。ROA（経常利益／総資産）は総資産回転率（売上高／総資産）×売上高経常利益率（経常利益／売上高）に分解できる。回転率と利益率の間には一般的に負の関係が成立し、優良企業のメドとされるROA8％は曲線ラインで表せる。

グラフでは前期実績ベースの業種別平均値をマッピングした。業種名の後の数字はROAの平均値を表す。前期に8％ラインを超えたのはソフトウエア・情報技術、メディア、トイレタリー・化粧品など5業種。自社の数字もマッピングして平均値と比べれば、回転率と利益率をどう改善する必要があるかがわかる。

本章では先進企業のケーススタディや、KPI調査結果を紹介する。

管理会計を使えば強い会社の秘密がわかる

管理会計は、損益分岐点の算出や売上高と利益がどう動くか推測するなど、経営数字を見極めるため欠かせないツールだ。問題を解きつつ基礎を固め、経営戦略を練ろう!

公認会計士●村井直志

損益分岐点分析は、短期的な利益計画を立てるために、適切な情報を提供する管理会計ツールだ。損益分岐点を、経費（COST）・営業量≒売上高（VOLUME）・利益（PROFIT）の関係から読み解こうとする。その頭文字からCVP分析とも呼ばれる。

売上高の増減で、経費や利益がどう動くかを分析する。その際に経費を、売上高と連動する変動費、連動しない固定費に分けて、見慣れた決算書をえぐる必要がある。

京セラ創業者の稲盛和夫氏がよく口にする「売り上げを最大に、経費を最小にすれば、儲けが生まれる」という、単純だが重要な経営の本質は、右図の〝強い会社の儲けの公式とは?〟で表現できる。縦軸に経費と利益、横軸に売上高をとり、原点から45度の角度で売上高線を引く。固定費線は、売上高にかかわらず一定額の線になる。固定費線との接点から、売上高に対する変動費率の角度で直線を引くと変動費線になる。固定費と変動費を合わせた総費用線と売上高線の交点が損益分岐点だ。

損益分岐点より売上高が大きいと利益が、少ないと損失が生じる。損益分岐点は利益と損失の分かれ目で、損益ゼロの売上高だ。利益を増やすには、売上高を増やすか、経費を下げて損益分岐点を左にずらし、利益ゾーンを増やせばいい。まさに「売り上げを最大に、経費を最小に」だ。なお図1は固定費の上に変動費を載せて総費用線を表し、図2は逆に変動費の上に固定費を載せているが、同じ意味だ。わかりやすいよう、2種類取り上げたにすぎない。

売上高線が45度になる理由は、売上高－経費＝利益という式を思い出せばいい。式を整理すれば、売上高＝経費＋利益となり、縦軸と横軸が等しい線で描けることがわかる。

■ 強い会社の儲けの公式とは?

図1　損益分岐点とは?

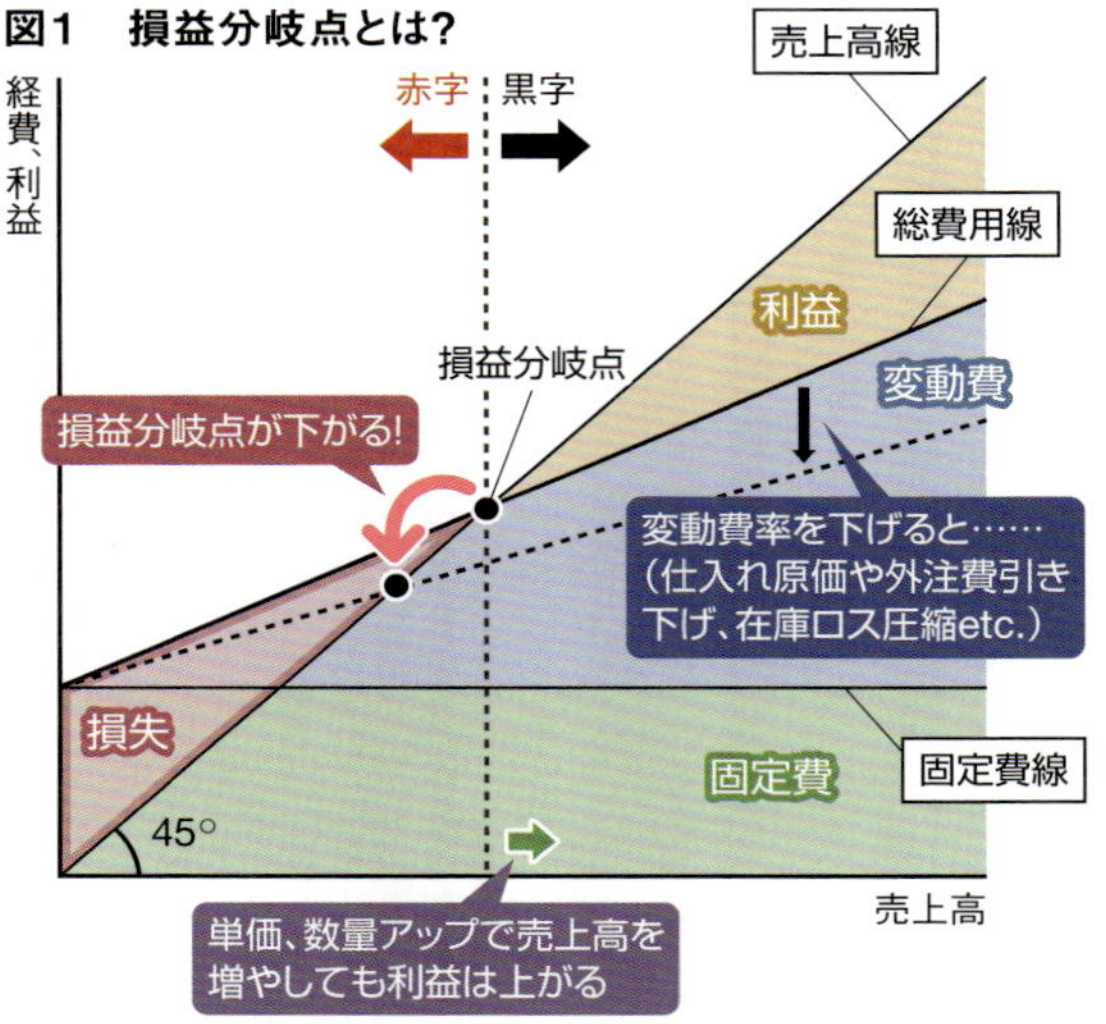

図2　限界利益とは?

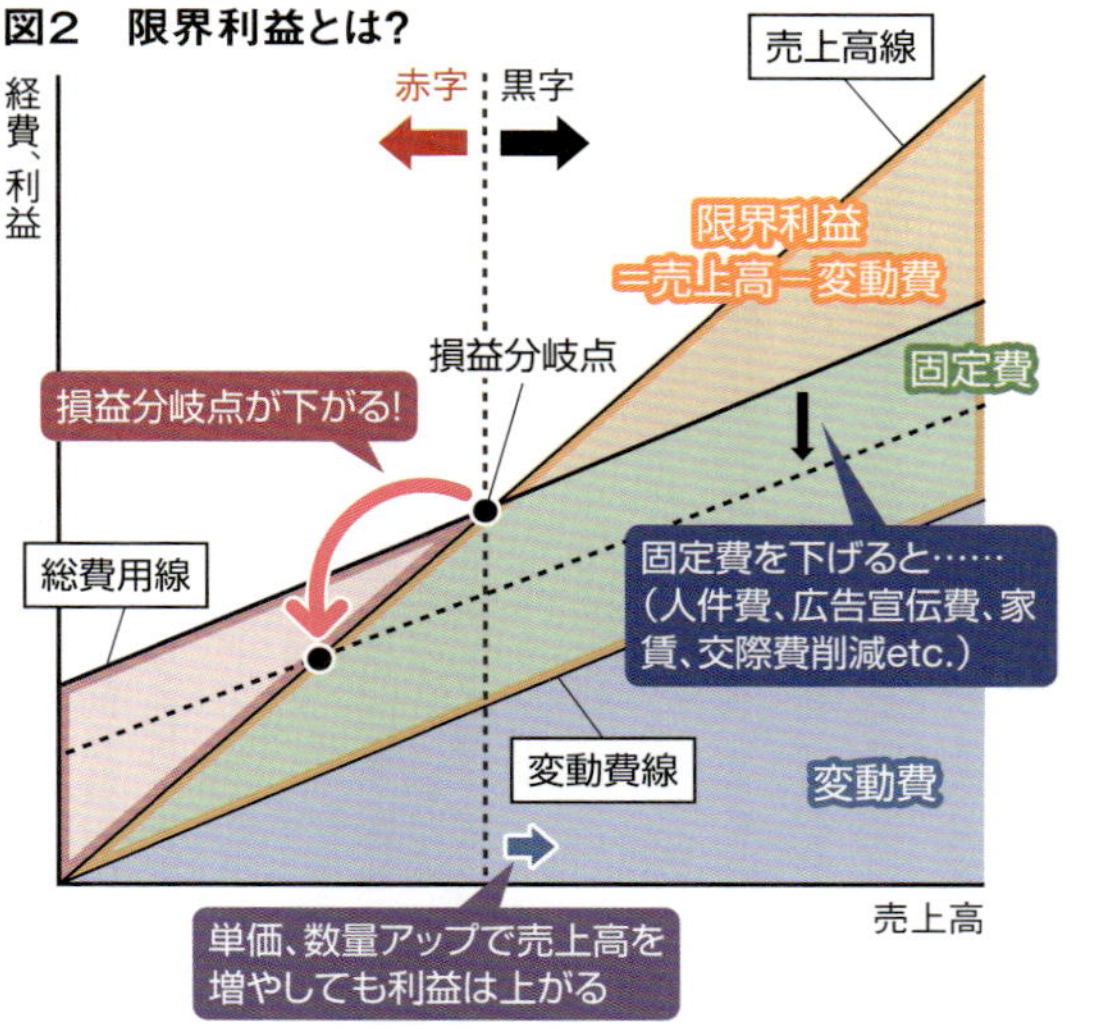

Question 1

売上高をいくらにすれば、赤字から脱するか？

▲150の赤字だが…

売上高	1,000
変動費	800
限界利益	200
固定費	350
営業利益	▲150

変動費率80%
（＝変動費÷売上高）
限界利益
＝売上高－変動費
限界利益率20%
（＝限界利益÷売上高）

固定費は短期的には変えられない

営業利益
＝限界利益－固定費

粗利率＝限界利益率も変えにくい

まず目標は損益トントン！

売上高	1,750
変動費	1,400
限界利益	350
固定費	350
営業利益	0

固定費350を吸収できる限界利益350を生むための売上高を考えればよい
→損益分岐点売上高＝固定費÷限界利益率
350÷0.2＝1750

現実の経営では、損益分岐点がここまで明確にわからず、何となくこの辺だろうということも多い。収穫逓減の法則が働く病院経営のように、損益分岐点が複数見られるケースもある。が、損益分岐点分析がわかれば、管理会計の思考回路がわかる。これから紹介するように、損益分岐点分析を柱に据えた成功例もある。基本を理解すれば、未来に思いを馳せることもできるようになる。

赤字解消プランはどう立てればいい？

損益分岐点分析を使えば、赤字解消シミュレーションができる。Q1（上図）は、営業赤字150をゼロにする、経費を売上高で賄える損益分岐点を求めようというものだ。

まず経費を売上高に連動する変動費と、連動しない固定費に固変分解する。方法は大別して3つある。①勘定科目から判断する科目別精査法、②データの高い点と低い点から計算する高低点法、③Excelで売上高と利益の散布図を作成し統計学的に処理する最小二乗法。数学的に説明しやすいのは③最小二乗法だが、実務的には①科目別精査法で変動費を決め、それ以外は固定費と考えるとわかりやすい。売上高と連動する経費＝変動費は現場が知っているだろうから、そうした経費を変動費とし、ほかは固定費とすれば十分だ。

損益分岐点分析では、限界利益という売上高の増減に応じ変動する粗利を計算し、粗利率＝限界利益率（限界利益÷売上高）を求める。損益ゼロは、売上高－変動費－固定費＝利益ゼロという状態。この式を変形すると、売上高－変動費＝固定費＋利益ゼロ。つまり売上高－変動費＝限界利益＝売上高×限界利益率＝固定費となる売上高を求めればいい。

Q1では、限界利益率が20％だとわかれば、固定費350を吸収する売上高は、固定費350÷限界利益率20％で求めればいい。それを計算すると、損益トントンには1・75倍の売上高が必要だとわかる。

売上高を増やすには、客単価と客数に分け、できる策を考える。客単価を上げるには一品単価の向上や、買上点数の増加などが課題になる。客数の面では、新規顧客には広告宣伝などによる露出拡大、既存顧客にはリピート率向上策などを考える。

一方、経費を減らすには、変動費と固定費に分けて分析する。仕入れ調達先の見直しなどで変動費を削減したり、キャッシュフローを生み出さない工場を売却するなどの固定費削減を模索する。

こうした視点を持ち、実現できそうなアクションプランを考え、損益トントンを目指す。これが、赤字を解消する事業構造改革の基本だ。

売上高と同じ割合で利益が伸びるわけではない

次は利益感度分析だ。売上高が10％アップしたら経費も利益も10％アップという具合に、数字を一律に扱い、予算を編成する会社を見掛ける。「売上高が10％＝100万円増える場合、営業利益率10％だと、100万円×10％＝10万円増益になる」という勘違いは、売上高や利益率を単純に見ていたり、2種類の経費の存在を無視しているために生じる。

損益分岐点による利益感度分析を使えば、Q2（50ページ上図）は変動費率（変動費÷売上高）40％と固定費500万円は、売上高の増減で変わらず、売上高が10％増えれば、営業利益は60％増えることがわかる。逆に売上高が10％減ると、営業利益は60％減る。この、売上高の変化が営業利益の変化に何倍影響するか表す指標を、営業レバレッジという。

売上高の増減と同じだけ利益が増減するわけではない。これは、売上高に連動し発生する仕入れ原価のような変動費と、売上高の増減にかかわらず一定額が発生する家賃のよな固定費の、2種類の経費に由来する。売上高が増減すれば、変動費は増減するが、固定費は変わらない。この関係を理解することで、基本的なマネジメントを行えるようになる。

経営の神様、松下幸之助氏は、商売の基本を「利益を上げるためには仕入れ値以上の価格で売る」と説いた。これは、100円で仕入れたものを100円以上で売って、購入にかかる仕入れ原価のような変動費を回収しなければ事業は成り立たない、という商売の基本を説いたと解釈できる。こう考えると、売上高から変動費を引いて求める限界利益がゼロ以下であれば、その事業は撤退を考える必要があるといえる。

Q3（下図）は、AからCの3事業のうち、BとCは赤字だ。このうちCは、松下氏が指摘した「仕入れ値以上の価格で売る」ができなかったため、限界利益段階で赤字となっている。ゆえに、Cは事業撤退を視野に入れ、出血を止める必要がある。

一方、Bはまだ限界利益で黒字だ。Bに代わるものがあれば、そちらに経営資源をシフトする選択肢もあるが、なければBで固定費全額を回収できないものの、20だけでも回収できているのでB事業は継続したほうがいいと判断できる。そのうえで固定費削減などの施策を考えるべきだ。「固変分解」は、事業撤退の判断基準も提示してくれる。

売れ残りが与える悪影響 刺し身と客室は同じ

ここで、損益分岐点分析を応用して面白い価格戦略を実践している、2社の事例を見てみよう。

駅中ビジネスのパイオニア、青山フラワーマーケットには、一般的な花屋にある銀色の保管箱が創業当初なかった。胡蝶蘭などを保管する保管箱があれば、電気代もかかるし、スペースに賃料もかかる。確かに胡蝶蘭の粗利は高いが、そうバンバン売れる花ではなく、在庫回転率も悪い。そこで「保管箱は無駄だ、いっそなくそう」、そう考えたという。

保管箱がなければ、賃料という売上高の増減と関係なく発生する固定費を削減できる。その分、一般の花屋より売値を安くできる。安ければ売れる、売れるから新鮮な花を仕入れられる。結果として、顧客の満足度が増すという好循環が生まれた。

Q4（51ページ上図）で、1本700円のバラは高すぎると消費者が感じれば、売れ残ることになる。花の売れ残りは、収益に悪影響を及ぼす。売れ残りを考慮した値付けをすれば、さらに高い1000円でなければ目標利益を確保できないという悪循環に陥る。仕入れ価格を変えられなければ、固定費を削減しよう――こう発想を変えられれば、バラを1本500円で売ることができる。

次はアパホテルの事例だ。標準となる部屋料金を決める一方、店長に裁量権を与え、面白いビジネスをしている。空室を避けるため、店長権限で通常価格の半値以下で部屋を売ることもあるという。

空室はその日に売れなければ、販売機会を失う。スーパーの刺し身と同様、消費期限がある。だから売れ残らないよう、値引きしてでも売り切る。値引きの判断基準は、限界利益だ。つまり、変動費が最低価格を決める。松下氏が指摘する「仕入れ

Question 2 ■ 売上高が変わると利益はどうなる？

売上高が10%減ると……			現状			売上高が10%増えると……	
売上高	900	▲10%	売上高	1,000	+10%	売上高	1,100
変動費	360		変動費	400		変動費	440
限界利益	540		限界利益	600		限界利益	660
固定費	500		固定費	500		固定費	500
営業利益	40	▲60%	営業利益	100	+60%	営業利益	160

変動費率40%、限界利益率60%、固定費500は不変として考えればいい！
1−変動費率＝限界利益率も覚えておこう！

営業レバレッジ6倍（限界利益÷営業利益）とは、売上高の変化が、営業利益の変化に6倍影響があるということ

Question 3 ■ 事業の集中と選択はどこで見極めればいいか？

事業	A	B	C	その他	合計
売上高	800	500	400	400	2,100
変動費	600	480	420	300	1,800
限界利益	200	20	▲20	100	300
（限界利益率）	25%	4%	▲5%	25%	14%
固定費	40	30	20	20	110
営業利益	160	▲10	▲40	80	190
（営業利益率）	20%	▲2%	▲10%	2%	9%

事業セグメント別のほか、顧客や販売地域なども検証対象になる

Bは固定費が限界利益を上回っているので、固定費を削減する等、Bの存続を検討すべき

限界利益率0以下は出血状態。Cは事業中止を検討すべき

Question 4

顧客目線の価格設定とは？

当初の設定

売上高	（700円×100本）	7万円
仕入高	（100円×100本）	1万円
限界利益		6万円
固定費	（家賃）	5万円
営業利益		1万円

売れ残りを考慮すると…

売上高	（1000円×［100－売れ残り30本］）	7万円
仕入高	（100円×100本）	1万円
限界利益		6万円
固定費	（家賃）	5万円
営業利益		1万円

バラ1本が1000円？
高すぎる！

固定費を削減できれば…

売上高	（500円×100本）	5万円
変動費	（100円×100本）	1万円
限界利益		4万円
固定費	（家賃）	3万円
営業利益		1万円

1本500円で売っても
目標利益を達成できる！

値以上の価格で売る」必要があることを踏まえれば、限界利益ゼロとなるまでは、戦略的値引きは可能だ。まず変動費を回収し、固定費は後から回収すればいい。限界利益は、限界ギリギリの利益でもある。

そもそもホテル業は、売上高に応じてかかる変動費は多くない。消耗品代、クリーニング代など、ビジネスホテル1室当たりの変動費はせいぜい1000円程度。最初に回収すべき変動費が少ない分、半値以下という思い切った戦略的値引きで、短期的に稼働率を上げることが可能だ。

ただ、値引きで未回収となった固定費は、どこかで回収する必要がある。そのためホテル側は、飲み物やペイテレビなど「ついで買い」という、おまけの収入を得る仕組みも用意する。

また、毎日すべての部屋で値引き販売をしていては、顧客が値引きを当たり前に感じ、デフレ圧力につながる。だから、強い経営を行うホテルは、すべての客室を値引き対象にはしない。部屋数を「限定」したり、インターネット「限定」で販売するなど、値引きが当たり前にならないよう工夫している。

しかもアパホテルでは、マラソン大会などの大きなイベントがある日は、通常価格の1・8倍などと高めの価格に設定する。需要があれば値上げもできるという算段だ。

需要を無視した操業度引き上げはリスク大

工場が操業度を上げることはいいことだ、一般にそう考えられている。しかし数字を読めれば、現実は異なることに気づく。

固定費の取り扱いを間違え、「目いっぱい作ってしまおう」という発想の下、誤った経営判断が頻発していることは、あまり知られていない。

Q5（52ページ図）を見てほしい。固定費4000万円は、売上高が増えようと減ろうと、必ず発生する機械リース料、工場建物の減価償却費のような経費だ。にもかかわらず〝ありがちな損益シミュレーション〟のように、稼働率の違いで製品1個当たりの固定費に差が生じるように見える。稼働率100％の場合は4万円、80％の場合は5万円という具合だ。

〝製造数量＝販売数量＝A〟と仮定すると、Q5では経費＝変動費単価5・6万円×A個＋固定費4000万円となる。ここで、数量Aが1000個と800個の場合、それぞれの経費総額を計算してみよう。

［Aが1000個の場合］
5・6万円×1000個＋4000万円＝9600万円

［Aが800個の場合］
5・6万円×800個＋4000万円＝8480万円

これを製造数量で割ると、Q5④のように、製品1単位当たりの製造原価に明らかな差が生じる。

［Aが1000個の場合］
9600万円÷1000個＝9・6万円

［Aが800個の場合］
8480万円÷800個＝10・6万円

この結果から「稼働率を高め、可能なかぎり製品を作れば、単位当たりの製造原価を安くできるぞ！」とする、経営判断は正しいだろうか？

実際にビジネスを行ううえで、計画どおりに販売できることはまれだ。一般に原材料などの購買→生産→販売とビジネスプロセスは流れる。理想は購買＝生産＝販売としたいところだが、計画どおりに販売できなければ、悪い在庫である罪庫が山積する。つまり、固定費を生産個数で割って〝1個当たり固定費〟で考えてはいけない。販売を基準に考えなければ、過剰生産から罪庫を抱える危険を生んでしまう。

数字を読めれば赤字事業への対応も違う

問題を解決するには、Q5のように損益分岐点売上高9091万円を算出し、損益ゼロに持っていくには、910個販売する必要があることを突き止めなければならない。

稼働率100％に比べ80％の場合、製品1個当たりの固定費が上昇してしまうように〝見える〟から、無理してでも「1000個作って、製造単価を引き下げたほうがいい」と考えるのは、プロダクトアウトの思考にほかならない。

生産量が増えれば、製品1個当たりの固定費負担が低くなるという〝見かけのコスト〟にだまされてはいけない。見かけのコストにだまされ1000個作れば、実際の需要は800個しかないため、200個は売れ残り、罪庫になる。当然、こうした不良在庫にも倉庫料はかかるし、何しろキャッシュが罪庫という形でとどまり、資金繰りに悪影響が及ぶ。

さらに〝ありがちな損益シミュレーション〟は、別の問題も生み出す。稼働率80％で480万円もの赤字となれば、「即、生産中止！」というミスも起きやすくなる。もし、実際に生産中止という経営判断が下されれば、4000万円もの固定費負担だけが残ってしまう。

別の見方をすれば、損益分岐点売上高910個より110個も少ない、800個しか販売できないとしても、限界利益は4・4万円×800個＝3520万円を稼ぎ出し、固定費の88％を回収している。いきなり生産・販売をゼロにするより、当面は継続しつつ、販売数量の回復、経費削減の施策を打つべきだ、と数字を読める人は考える。

ただ、中長期的に見ても黒字化が難しいと経営判断されれば、対応も異なる。ルノーのカルロス・ゴーン会長兼CEOが、かつて日産村山工場を売却したように、病巣全摘が必要になる。数字を読めない経営者は、リストラでクビを切られる人のことばかりを考えるが、経営で大切なのはリストラで残った人をどう守り、組織を動かし、立て直すかだ。この実行プロセスを数字で管理することが、あるべき経営管理になる。

星野リゾートの星野佳路社長も、「数値で管理すべきは、結果よりプロセスである」と言っている。

数字が実現する常識に縛られない経営

戦略的値引きについて、最低価格＝限界利益と先述したが、俺の株式会社という外食チェーンは別の視点で価格戦略を考えている。

同社の主力業態である、俺のイタリアンの特徴的なメニューの一つが「原価率300％」という、ありえない特売品だ。これは1000円の売価に対し、原価3000円、差引利益▲2000円という、売れば売るほど損をする、普通は考えにくい値付けになっている。なぜ、こうした異常な値付けができるのか？

飲食店の食材コストは、売上高の3割程度が一般的だ。1000円のラーメンであれば、原価は300円程度。差額700円から、アルバイト代や家賃などの経費を捻出し、残った分が店の儲けになる。

俺のイタリアンを、店とは反対側の軸から見ると、実に面白いことがわかる。つまり、消費者にとって原価3000円のメニューが1000円で食べられるなら、当然の反応として「あの店の、これは安くて、うまい！」という口コミが発生する。すると、そのメニューを目当てに人が集まる。そしてメニューや行列は、今やSNSで瞬時に伝わる、いわゆるバイラルマーケティングと呼ばれる口コミ宣伝につながる。要す

Question 5

■ 稼働率を上げたら利益が出る？

（単位:万円）

ありがちな損益シミュレーション	稼働率100%の場合	稼働率80%の場合
生産個数	1000	800
①1個当たり売価	10	10
②1個当たり変動費	5.6	5.6
③1個当たり固定費（※）	4	5
④1個当たり総原価＝②＋③	9.6	10.6
⑤1個当たり利益＝①－④	0.4	▲0.6
800個販売したら利益はこうなる？	320	▲480

1個当たり固定費という考え方が間違っている！

※固定費を生産個数で割って、稼働率100%で4000万円÷1000個、80%で4000万円÷800個と比べてはいけない。需要量を考慮して、損益シミュレーションをする必要がある。

↓

固定費4000万円を回収するために必要な売上高を損益分岐点分析で計算してみると……

（単位:万円）

1個当たり売価	10
1個当たり変動費	5.6
1個当たり限界利益	4.4
→限界利益率（1個当たり限界利益÷1個当たり売価）＝44%	
固定費	4,000
→損益分岐点売上高＝固定費÷限界利益率＝9,091	
損益分岐点販売個数➡910個（端数切り上げ）	

実際に800個を作り800個が売れたときの損益は

（単位:万円）

売上高	8,000
変動費	4,480
限界利益	3,520
固定費	4,000
営業利益	▲480

Question 6

高付加価値化して利益を出す方法はわかるか？

	一般的なイタリア料理店	店舗面積を小さくして、回転数を上げる	店舗面積を小さくして、回転数を上げ、得られた儲けを食材コストに回し、顧客へ還元する
①客単価（円）	10,000	5,000	5,000
②定員（人）	10	5	5
③回転数（回）	1	4	4
④顧客数（人）＝②×③	10	20	20
⑤売上高（円）＝①×④	100,000	100,000	100,000
⑥変動費率（%）（食材コスト等の売上高に占める割合）	30	30	60
⑦変動費（円）＝⑤×⑥	30,000	30,000	60,000
⑧限界利益（円）＝⑤－⑦	70,000	70,000	40,000
⑨固定費（家賃等）	60,000	30,000	30,000
⑩営業利益（円）＝⑧－⑨	10,000	40,000	10,000

大衆の手に届く客単価

定員が違えば、店舗面積＝家賃＝固定費に影響する

回転数の高さがキーワード

売上高は同じ

食材コストを30%から60%に高め、高付加価値化

面積が小さければ、家賃を安くできる

儲けを顧客に還元

るに、原価率300%というメニューは、広告宣伝の性格を秘めている。

　もちろん、原価率300%というメニューを無限に提供できるわけではない。無限に提供すれば、赤字が雪だるま式に増えてしまう。だから、先着20人までというように、限定で提供することになる。

　一方、店側にすれば2000円という支出自体は、広告宣伝費でも、破格メニューの提供でも、どちらも同じ支出金額になる。が、SNSの影響が増す現代社会では、原価率300%メニューのほうが、チラシを配るより、はるかに破壊力を持つ。こうした工夫が、俺のイタリアンの躍進につながっている。

　立ち飲みスタイルも、俺のイタリアン躍進のキーワードだ。今ではいす席もあるが、創業当初は立ち飲みを売りにした。「イタリアンで、立ち飲み?」、当初は意外感を持って受け取られたが、その理由は客単価×定員×回転数で説明がつく。

　Q6（上図）のように一般的なイタリア料理店といえば、顧客1人当たり売上高1万円のように、客単価は高価格帯が普通だ。これを大衆食堂のようにもっと安く提供できないかと考えた。安くて、おいしければ、客が増える。そう踏んで俺のイタリアンが採った策は、従来より低価格とする代わりに、客数を増やすという戦略だった。売上高10万円を目標にするなら、1万円×10人でも、5000円×20人でも達成できる。

　だから、いすやテーブルを思い切ってなくした。いすがあれば入店客数に限界が生じる。そこで、立ち食いそば屋のイメージでイタリアンを思いついたという。立ち食いスタイルであれば客同士が融通し合って極限まで入店客数を増やすことも可能だ。しかも、立ち食いでワインを飲めば疲れる。だから、客はあまり長居もせず、酔い潰れる前に店をあとにする。「安くて、うまい」と評判が立てば、別の客が店にまたやって来るという好循環が生まれる。

　つまり、俺のイタリアンは回転数を上げることで商売を回すビジネスモデルなのだ。ここで回転数とは、店が何回満席になるかをいう。1万円×10人×1回転も、5000円×5人×4回転も、どちらも売上高10万円だが、儲けという点では大きな違いが出ることに注目してほしい。そもそも、客10人分のスペースを準備するより5人向けにしたほうが店舗面積を削減でき、その分だけ家賃などの固定費を減らせる。固定費を減らせれば、同じ売上高でも儲けは大きくなる。こうして得られた儲けを食材コストに回せば「安くて、うまい!」という顧客の反応を、もっと広げられる。

　俺の株式会社の坂本孝社長は、こう言っている。「単価がいくらで、お客様がどのくらい来店されて、経費がいくらで、だったらどこまで原価を上げられるかという、けっこう単純な計算でしたが、結果には驚きました」。坂本社長のビジネスも、損益分岐点分析を出発点にしている。

マイナスの管理会計 不正会計の防ぎ方

数字の悪用ともいえる横領と粉飾。東芝事件など、在庫を使った不正会計も後を絶たない。が、痕跡は必ず残る。数字と現場を重視すれば、不正の予防や、早期発見は可能だ。

管理会計の基本は、稲盛和夫氏の言う「売り上げを最大に、経費を最小にすれば、儲けが生まれる」を理解することにある。実は、これをちょっと裏返してみると、まったく違った側面が見えてくる。

つまり、経営にかかわる数字を使って利益を上げよう！というプラスの管理会計がある一方で、数字を使って、利益を上げているように見せかけよう！というマイナスの管理会計も存在するという点だ。

現金商売という横領リスクの高いビジネスをマネジメントし、世界展開する会社を作った人がいる。人件費などのコストから、1時間6000円の売上高が必要と計算しつつ、動作研究などを通じ10分＝1000円カットを考案した、QBハウス創業者の小西國吉氏がその人だ。

彼は言う。「大銀行でも不正を働く人はいる。全国にある店を任せようとする以上、チェックする仕組み作りが必要」。顧客には券売機でチケットを買わせ、理容師にはそのチケット番号などを入力しなければ、散髪時の切りカスを飛ばすエアーウォッシャーが動かない仕組みを導入した。これは、現金の流れと来店客数をつねに把握する内部不正防止装置でもある。

横領と粉飾の痕跡は数字・データに残る

不正会計には、横領と粉飾がある。このうち、現金などが不正に持ち出される横領の痕跡は「入出残《いりでざん》」の異常点、バランスシートでは現預金などの勘定科目の異常として表れやすい。対するマネジメント側は、少なくとも現金出納帳の入出金データから異常点を把握し、現金実査を行って残高を検証する必要などがある。

一方、架空売り上げなどで業績をよく見せかけようとする粉飾も痕跡を残す。実際は納品が終わっていない、来期に計上すべき売上高を前倒ししているような場合は売掛金の水増し、すでに納品を受けた仕入れにもかかわらず、買掛金を未計上で済ませようとしているなどの変化に表れることが多い。

そうした痕跡を発見するには、売上債権回転期間（売上債権÷平均月商）や仕入債務回転期間（仕入債務÷平均月商）を、過去と比べるなど、異常点を把握できるだけの会計直観力を身に付ける必要がある。

原材料や商製品の在庫は、横領と粉飾のどちらの不正会計の手口にも使われる、リスクの高い勘定科目なので、注意が必要だ。在庫は、倉庫から持ち出され、横流し＝横領されることがある。また、架空在庫を計上し、過大な利益を計上するという古典的な粉飾も後を絶たない。東芝事件の粉飾の手口にも使われた。

商品のような在庫は、購入後、販売によって払い出される。ただ現実には、本編で触れたとおり〝購入＝販売〟となることはまれだ。たとえば55ページ図のように、購入100に対し、払出80、期末に売れ残りの在庫残高20などが計上されるのが一般的だ。こうした「入出残」の関係に着目しながら、数字は見る必要がある。不正会計の実行者は「在庫を増やせば、利益が出る」ことを知っているからだ。

仕組みはこうだ。粉飾をもくろんだ不正実行者は、本当の在庫20を70に水増しする。すると「入出残」の関係に従い、購入100に対し、在庫残高70とカウントさせることで、差し引きの払出＝売上原価を30に圧縮できる。つまり売上高はそのままに、在庫を増やすことで、売上原価を圧縮し、差引の利益を増やすことができてしまうのだ。

重要性を増す数字と三現主義

では、マネジメントはどう対応すればいいのか？

第一に管理会計で用いる、損益分岐点に代表される数字に習熟することだ。在庫回転期間（在庫÷平均月商）も過去と比較して異常な伸び方をしていないか、検証する。また同時に、粗利益の変化も確認したい。一般に売上高が減れば粗利益も低下するが、異常に改善している場合は、架空売上高や在庫の水増し計上、あるいは仕入債務の未計上の可能性がある。

第二に、商品の抜き取り検査などの実地棚卸がある。期末に倉庫へ出向いて在庫をカウントし、帳簿在庫との一致を確かめる地道な作業のことだ。この実地棚卸の意味を、単に在庫の数量を数えるだけと考えている読者も多いと思うが、それは違う。「単価×数量」が数字の本質だとわかれば、実地棚卸は在庫数量を数えるだけではないことに気づくはずだ。

仮に帳簿残高として計上されている1億円の在庫が1個、雨ざらしの中で保管されていたとすれば、「この在庫は使えるのか？　売れるのか？」、こう思うのが普通だ。筆者が伝承する異常点監査技法は、在庫が保管されている現況に注目する。

商品在庫が段ボールの中に保管されっぱなしで、その段ボールがホコリを被り、蜘蛛の巣が張っているとすれば、長期滞留の罪庫ととらえ、資産性を検討する必要がある。

このように実地棚卸という作業は、単に在庫数量を数えるだけではなく、在庫単価を評価するという側面を併せ持っていることを知っておかなければ、マネジメントは務まらない。実は、こうした実地棚卸の基礎知識を持ち合わせていない会計士も少なからずいる。だから、不正会計の兆候を見逃す。

それに対して、たたき上げの創業社長は違う。稲盛氏は、京セラアメーバ方式の「当座買いの原則」で在庫の発生自体を極力排除しようとする。「必要なものを、必要なときに、必要なだけ購入する」「資材購入品は当座買いの原則に基づき、購入した時点ですべて経費に計上する」、こうした工夫で、無駄や不正が起きるリスクを取り除こうとする。

楽天の三木谷浩史会長兼社長や、ニトリの似鳥昭雄会長など、挙げればきりがないが、自ら起業した経験を持つ創業社長は、異口同音に数字と三現主義が重要だと言う。

数字をコミュニケーションツールに、現場を見て、現物に触れて、現況を把握する三現主義を徹底していれば、東芝の粉飾事件のような間違いは起きるはずがない。

■ 在庫を見なければ、本当の利益はわからない

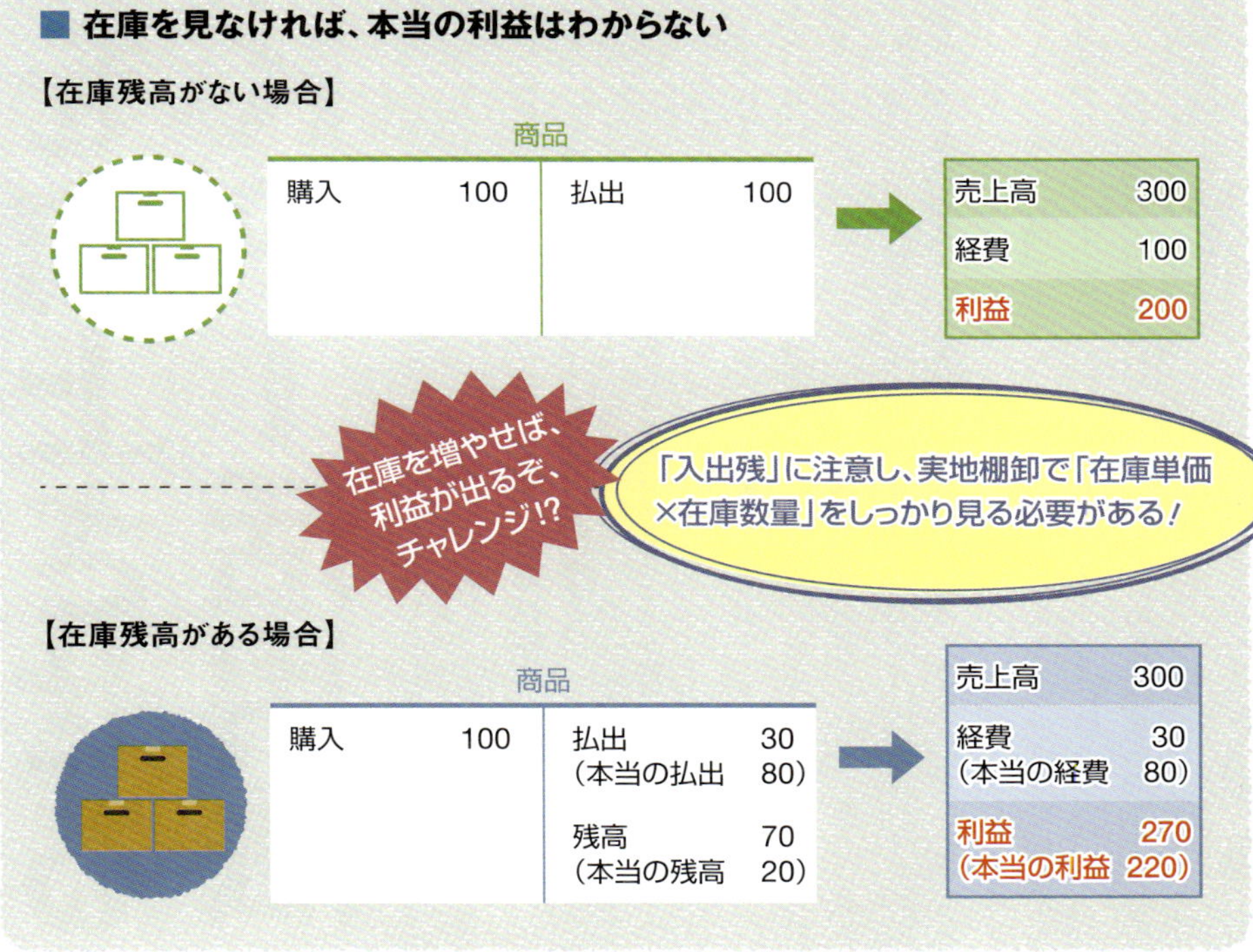

むらい・ただし●税務事務所、監査法人、コンサルファームなどを経て公認会計士村井直志事務所開設。経済産業省認定経営革新等支援機関。価値創造機構理事長。主な著書に『経営を強くする会計7つのルール』。連絡先 info@value.or.jp

企業価値を向上させる会計指標KPI活用法

会計指標を使ったKPIは会社の強みや弱みなどのビジネスモデル分析、今後の戦略構築に有効なツールになる。スタートトゥデイ、ジンズ、ピジョン、東京急行電鉄などを例に解説する。

早稲田大学ビジネススクール客員教授●大津広一

企業の経営理念や、中期経営計画で、「企業価値の向上」が語られて久しい。「株主価値」と言うと株主偏重、金儲け主義に受け取られかねないが、「企業価値」と言えば単に数値だけでない、社会貢献や雇用創出といった企業の存在意義を包括したニュアンスを持たせられる。「企業価値」は、株主に限らず、従業員や金融機関など、あらゆるステークホルダーに訴求できる使い勝手のよい言葉として、重宝されている。

会社の究極の目的は株価を上げることでも、借金を完済することでもない。ゴーイングコンサーン（継続企業）として、未来永劫にわたり存続することで、経営理念や企業ビジョンを実現することだ。そもそも存続しなければ、いかに立派な理念やビジョンも実現できない。

では、企業が存続するにはどうしたらいいか。その手段が「企業価値の向上」にほかならない。それはお題目でも、企業の目的でもない。企業の目的であるゴーイングコンサーンたるために、絶対不可欠な条件だ。

企業価値向上の代替指標としてのKPI

企業価値は定量的に算出できる。企業が将来にわたって稼ぎ出すフリーキャッシュフロー（FCF）を源泉に、現在ベースの価値に換算するため、リスクに見合った適切な割引率で割り引いて考える。

57㌻図の算定式の各要素を見れば、損益計算書や貸借対照表に表れる項目の改善が企業価値向上につながることがわかる。ただ、その算定には予測が入り込み、実際の企業活動で、企業価値が向上しているかを計測することは容易でない。

このため企業価値の向上を、社内外の人間が理解できる言葉で表現し、単年度ベースの目標と実績管理に活用でき、さらに自社でコントロールできる指標という条件を満たすものとして、会計指標をKPI（重要業績評価指標＝Key Performance Indicators）の目標に掲げる意義が高まる。

たとえばROE（自己資本純利益率）は企業価値算定式の分子にある税引後営業利益を高める一方で、分母の資金調達で有利子負債を有効活用すれば高められる。ROA（総資本利益率）やROIC（投下資本利益率）は分子前半の営業利益を高めつつ、後半の設備投資や運転資金を圧縮することで向上できる。このように会計指標を用いたKPIは、企業価値向上をよりわかりやすく単年度ベースで表せる。

KPIは自社が重要と考える会計数値の組み合わせで、無数に存在しうる。57㌻図は代表的な10のKPIについて、企業価値算定式との関係をまとめた。ここから4つのKPIの意義と注意点などを解説する。

ROE重視の経営が声高に叫ばれる背景

経済産業省が2014年8月にまとめた「持続的成長への競争力とインセンティブ—企業と投資家の望ましい関係構築」、いわゆる伊藤レポートは、価値創造企業は資本コストを上回る企業であり、水準は個々で異なるが、グローバルな投資家との対話では8％を上回るROEを最低目標とすべきと断じた。

当期純利益を自己資本で割って求めるROEは、興味深い指標だ。分

会計指標を用いた企業価値向上の施策

企業価値 ＝ $\Sigma \frac{FCF_n}{(1+WACC)^n}$ ＝ Σ 株主・金融債権者に属するFCF／株主・金融債権者の要求リターンで割り引く ＝ 株主・金融債権者にとっての企業価値

分子を高める施策

- 企業価値向上へ⑧フリーキャッシュフロー（FCF）を高める
- 営業CFを高め、⑨EBITDAマージンを向上させる
- 総資産を圧縮し②ROAを向上する
- 投下資本を圧縮し③ROIC、⑦EVAを向上する

フリーキャッシュフロー（FCF） ＝ 営業利益 ×（1－税率）＋ 減価償却費 － 追加設備投資 － 追加運転資本

- 営業利益を高め、①ROE、②ROA、③ROIC、④売上高営業利益率を向上させる
- ⑤売上高、⑥EPS、⑦EVAを成長させる
- 実効税率を下げる
- 利益を高めるための適切な設備投資を行う
- 売上債権、棚卸資産、仕入債務を適切に管理する

分母を低める施策

- 金利の低い有利子負債に借り換える
- 有利子負債を有効活用し資本コスト（WACC）を下げる
- IR活動で“不確実性”を下げ、WACC全体の水準を下げる

⑩DEレシオ（負債資本倍率）を向上し①ROE、⑥EPSを向上させる
WACCを下げ⑦EVAを成長させる

代表的な10の会計指標

①ROE　②ROA　③ROIC
④売上高営業利益率　⑤売上高　⑥EPS
⑦EVA　⑧フリーキャッシュフロー
⑨EBITDAマージン　⑩DEレシオ

子の当期純利益は、分母の自己資本にある利益剰余金として内部留保されるため、利益を稼ぐ企業ほど分母が膨らみ、ROEは伸び悩む。そこで日本経済の活性化を命題に、企業に過度な利益の内部留保を行わせず、内部留保してきた利益を放出させるには、ROEは打ってつけだ。みなが最低8%というのはリスクとリターンの関係を考えれば、いささか乱暴だが、伊藤レポートは学者の論文ではない。国の指針である以上、ROE重視に向き合い、目指せないなら明確な説明責任が求められる。

58ページ図のようにROEは3要素に分解できるため、会社の決算書を俯瞰すると同時に、分析の足掛かりをつかむのに有効だ。たとえばエクイティスプレッド（ROE－株主資本コスト）を重視した資本効率改善に向け、「ROE10%以上の水準の維持・向上」を目標とするアサヒグループホールディングスの16年12月期ROEを分解してみよう。

ROE11%＝収益性5・2×効率性0・88×財務レバレッジ2・40

たとえばこんなイメージをする。

①国内トップシェアを誇る、収益性の高いスーパードライを持つアサヒだが、売上高純利益率5・2%なら売上高営業利益率は10%未満だ。国内市場の成熟化が足を引っ張っているのだろうか？

②酒税が含まれるため売上高が膨張ぎみになるビール業界で、総資産回転率0・88倍は、貸借対照表がそうとう膨らんでいる。M&Aによる資産の先行拡大の影響だろうか？

③財務レバレッジ2・40倍の逆数に当たる自己資本比率は42%程度と算出できる。これは国内企業の平均的水準で、安全性は確保されているが、ROEの牽引役ではない。

ROEの分解から得た大局観を基に、収益性がもう一歩の水準にある理由、売上高より貸借対照表を膨らます資産は何か、財務体質の健全性はどの程度の資本金や利益剰余金で実現しているかなど、アサヒの強みや課題を掘り下げられる。ROEは決算分析のスタートにも有効だ。

アサヒのROEは、収益性、効率性、財務レバレッジがバランスよく貢献しているが、どれかが突出しているわけではない。見方を変えれば、この程度のバランスでROE2ケタは十分達成できる。ROE8%未満の企業は、確かに収益性、資産の効率化、適度な株主還元と有利子負債の活用において、何らかの怠慢が発生している可能性があると見ることもできる。こうした見方をすれば、伊藤レポートが日本企業の競争力の強化と日本経済の活性化を目指して、ROEに重きを置いたことに、一定の理解を示すことができる。

スタートトゥデイ

ROEの牽引役は高い売上高利益率か？

アパレルECサイト「ZOZOTOWN」を運営するスタートトゥデ

イの17年3月期のROEは72・7%と驚異的な高さだ。3要素に分解すると次のようになる。

ROE72・7%＝収益性22・3×効率性1・69×財務レバレッジ1・93

理屈から考えるとROE72・7%は、同社の株式を1年余り保有すれば、キャピタルゲインとインカムゲインで、投資額を回収できることになる。実際に株価は16年以降、1年足らずで約2倍に上昇した。

現金商売が中心で、店舗は持たない経営の小売業だから、総資産回転率が1・5倍を超えるのは一般的。財務レバレッジの1・93倍を逆数にすると自己資本比率52%は高い（財務レバレッジは低い）。そのため、この2要素がROEを牽引しているようには思えない。牽引役は、小売業ながら売上高純利益率22・3%に達する高収益性だろう。さて、この推測は正しいだろうか。

ZOZOTOWNの売り上げの大部分は、各ショップの商品販売高ではなく、その販売額に一定の手数料率を掛けた受託手数料だ。これは、同サイトが、各アパレルメーカーにオンラインサイトを提供するビジネスモデルで、大部分の在庫リスクを負っていないためだ。在庫リスクを負った企業が商品販売高を売上高と認識するため、リスクを直接負わないスタートトゥデイは、受託手数料のみを売上高に計上する。売上高がサイト上の商品販売高ではなく手数料のため、売上高純利益率が高く見えるのは必然だ。そこで、スタートトゥデイが別途開示している17年3月期商品販売高2120億円を基に今一度、ROEを3分解しよう。

ROE72・7%＝収益性8・0×効率性4・68×財務レバレッジ1・93

自らが商品の開発や製造をせず、ファーストリテイリングのような自社PB商品も持たないスタートトゥデイが、売上高純利益率8%を達成しているのは立派だ。徹底的なユーザー目線のサイト作りや豊富な品ぞろえ、リーズナブルな価格提供で、集う若者を中心とした顧客層に引かれ、1000店近くのショップがZOZOTOWNに出店している。

同サイトで培ったeコマース関連のノウハウは、ユナイテッドアローズなどが自社で開設するECサイトの開発や、運用受託ビジネスへ展開している。この姿は、単なるECサイト運営にとどまらず、ノウハウとインフラの外販という戦略的な事業展開を行ったアマゾンのAWS（Amazon Web Services）に近い。

実際のサイトの商品販売高で再計算すると、高ROEを実現しているのは、圧倒的な総資産回転率4・68倍だとわかる。工場を持たない小売業だが、それに輪をかけてオンラインで事業展開するスタートトゥデイにはリアル店舗への投資が発生しない。受託ショップであるため、保有する商品在庫も極限まで抑えられる。17年3月期末の総資産557億円のうち4割に相当する220億円が現預金で、データセンターも賃借を活用し投資を限定している。

このようにサイトの商品販売高で、ROEを3要素へ分解すると、真の優位性や収益構造、投資への姿勢などを的確につかめる。ROEは株主の利回りであり、伊藤レポートを機に、強く意識されるようになったKPIだ。ROE自体が重要なわけではないが、中長期的にROEが高まる企業こそ、株価上昇や増配につながることも事実だ。

企業はROE分解で、重要な収益性、効率性、財務レバレッジの3要素を包括議論でき、自社の戦略を議論する際の土台としても有効だ。伊藤レポートが望むからではなく、自社をゴーイングコンサーンとして発展させるためのツールとして、企業にはROEを有効活用しながら自社のあり方を議論し、対外的な目標を語っていくことが望まれている。

保有資産の稼ぐ力を見極めるROA

政府は17年6月に「未来投資戦略2017」を公表し、ROA（総資産利益率）の改善を新目標に掲げた。前述したROEの3要素のうち、三つ目の財務レバレッジを除いた2要素で計算するのがROAなので、ROE向上の重要なコンポーネントでもある。ROAが重要指標として新たに掲げられた理由は、よりビジネスの本流である収益力強化と

■ ROEとROAは決算分析のスタートに有効だ

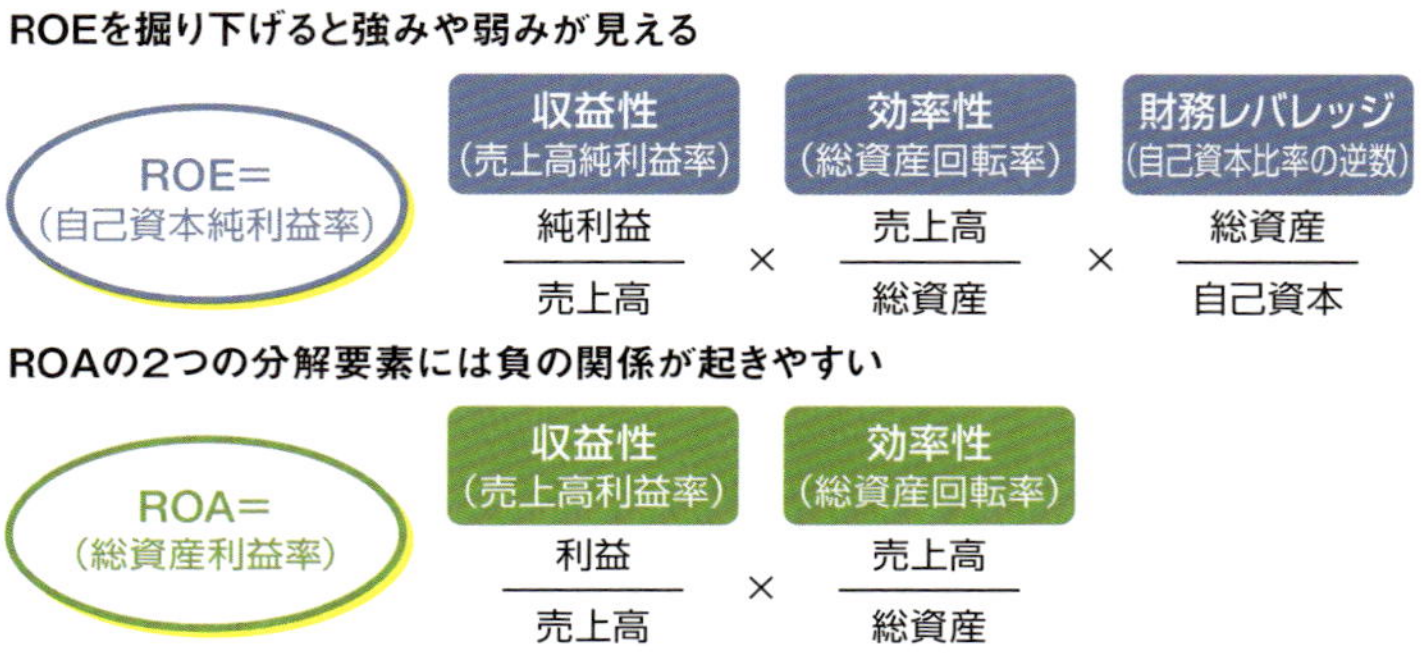

ROAマップでROA10%を実現する負の曲線を描くと…

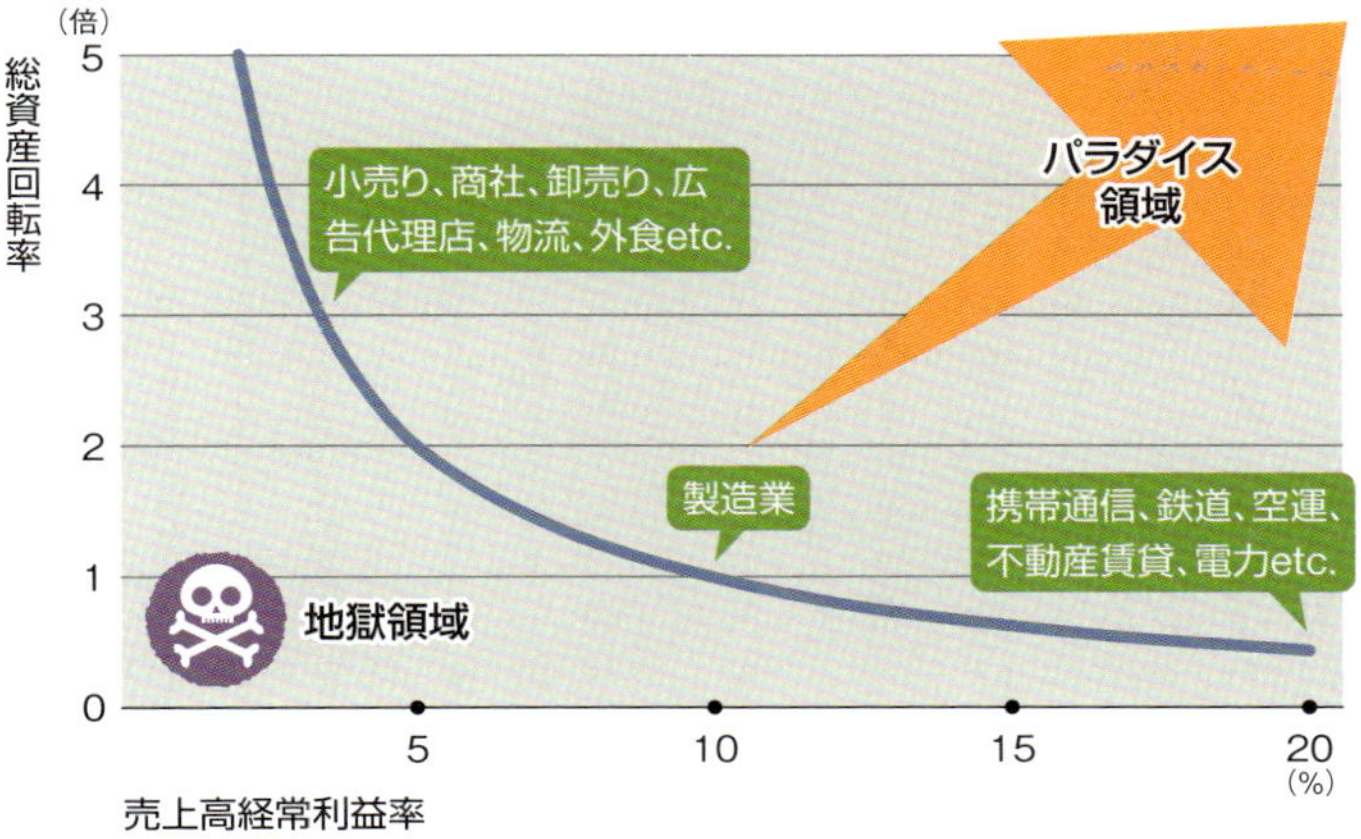

資産効率化で、グローバル競争力を持つ企業として進化することが、日本企業に求められるためだろう。

ROAは売上高利益率（営業利益、経常利益、純利益など、さまざまな利益が用いられる）と総資産回転率を掛けて計算する。一般的には両者には負の関係が生じる。高収益企業は高い利益率を実現するため、一定額の投資を必要とするので資産が膨らみ総資産回転率は低くなりやすい。代表的業種は通信、鉄道、空運、不動産賃貸、電力などで、巨大設備を保有するサービス業だ。

一方で薄利ながら高回転で補う薄利多売の業種には、小売り、商社、卸売り、広告代理店、物流、外食などがある。他社が製造した商品を仕入れて販売するだけでは高マージンは期待できないが、規模の拡大で一定利益の追求を図る。製造業は極端な薄利でも巨大な装置産業でもない、中間に位置する業態とみられる。

経常利益を用いたROAで10%を超えると、資本コストを十分に上回る優良企業と判断する傾向が強い。上のグラフはROA10%を実現するためのもので、このグラフ上にいればよいとみられる。理想は利益率も高く回転率も高い企業（パラダイス領域）だが、そんな魅力的な事業は簡単には存在しないというのが、これまでの概念だった。

ジンズ
パラダイス領域を切り開く製造小売業

だが今、製造小売業と呼ばれる新たなビジネスモデルが増えている。アパレルではファーストリテイリング、ZARAを運営するインディテックス（スペイン）、H&M（スウェーデン）、家具ではニトリホールディングス、靴ではABCマート、眼鏡ではジンズなどが代表例だ。最近は国内コンビニ業界も自らを、製造小売業と呼ぶことが増えている。

彼らはあくまで自社の工場を主体的には持たないため、小売業だ（インディテックスとニトリは戦略上必要とされる工場を一部保有）。そのため、縦軸の総資産回転率が高い。一方で彼らを製造業と呼ぶのは、本来は製造業が行う企画・開発・デザイン・研究といった上流の活動を自ら行ったり、パートナーシップを組み主体的に行うためだ。この結果、横軸の売上高経常利益率も高い。

製造小売業は一見、わかりにくい言葉だが、小売業の高回転率と、製造業の高利益率をROAマップで確認すれば、ビジネスモデルを的確に表している。筆者は、ROAこそ製造小売業が自社の優位性を語るべき重要なKPIだと、提唱している。

眼鏡の製造小売業であるジンズはホームページで、企画・生産・流通・販売を自社で一貫して行うことで、中間マージンやブランド料金などの無駄なコストを大幅にカットすると同時に、顧客の声を反映した製品作りを可能とし、高品質な眼鏡を適正価格で提供すると掲げる。

ジンズの16年8月期決算のROA（経常利益ベース）は、次のように分解できる。

ROA14・2%＝収益性7・8×効率性1・82

17年8月期で3期連続増収増益（経常利益）を見込むジンズだが、売上高経常利益率は7・8%と2ケタに達していない。もともと眼鏡製品の売上総利益率は高く、製造小売業で展開するジンズの同比率は74・8%と、非常に高い。

一方で小売業の3大販管費となる人件費（眼鏡製品は販売員の個別対応が必要で、正社員化も進行中）、賃借料（商業施設でも、人の往来が多いポイントに重点出店）、広告宣伝費（著名タレントを積極的に活用したプロモーション）に多額の投資を行っている。海外への先行投資もかさみ、売上高経常利益率は直近でピークを打った13年8月期の16%からは下がっているものの、小売業としては十分に高い水準にある。

総資産回転率は小売業らしく1・82倍の高水準を実現しており、持たざる経営の真骨頂だ。ROAは20%を超えた13年8月期に比べれば一服したものの、利益率と回転率の両立は立派な水準だと評価できる。

ROA（経常利益ベース）で10%を目指すなら、これを利益率と回転率でどう実現するか。両者で高い水準を実現することが必ずしも目指すべきところではない。が、製造小売業や、ネット上で事業展開をするスタートトゥデイなど、両者で高い水準を維持する企業と競合し、辛酸をなめている企業であれば、ROAの構成要素を比較し、自社の優位性を今後どう発揮していくか、議論することには価値がある。競合する以上、「自社と違うビジネスモデル」では片付けられない。ROAを起点とした自社の決算の考察は、多くの示唆を与えてくれるはずだ。

個別事業の収益性に焦点を当てるROIC

アサヒグループホールディングスは中期経営方針で、エクイティスプレッドを重視した資本効率向上と同時に「ROICを活用した事業管理、事業ポートフォリオの再構築」を掲げる。アサヒにかぎらず、ソニー、JXTGホールディングス、日本航空など、「全社はROE、個別事業はROIC」を目標に掲げる企業は年々増え続けている。ROEは株主へのアピールにはなるが、個別事業を管理するには大きすぎる指標だ。個別事業ごとに売上高、費用、投下資本を精緻に見極め、目指すべき収益性を確保できているかを判断するには、ROICがより適切だ。

61ページ図のようにROICを分解すると、ROAと似ている。各社が個別事業ごとに算式を精緻に設定できる点がROICのメリットだが、それはROICをわかりにくくする要因ともなる。多くの企業はROICを目標としながら、その算式を開示していない。ROICは自社で算式を設定する、いわば管理会計の世界だ。自社の損益管理や評価手法をわざわざ外に開示する義務はないが、目標としながら算式を開示しないのでは、外部ステークホルダーには伝わらない。社員もどこまで重要性を認知しているか、疑問である。

米国ウォルマートなど、海外ではROICを重視する企業は一般に算式を外部に開示する。その算式を見ることで、企業が何を重視し、自社をどう評価してほしいと考えているか、思想までが伝わってくる。

ピジョン
計算式をすべて開示するグローバル企業

ROICを目標に掲げ、かつその算式を開示する数少ない日本企業に、育児用品を手掛けるピジョンがある。ピジョンは毎年の決算説明資料で、61ページ図のようなPVAツリーを開示する。PVAは、ピジョン流EVAでPigeon Value Addedの略。PVAはROICとWACC（資本コスト）に分解され、ROIC（純利益ベース）16・3％がWACC5％を大きく上回ったことを確認できる。算式が示すように、ROICをWACC以上にすることは、EVAをゼロ以上にすることに等しい。

育児用品で国内首位のピジョンは、製品品質に対する信頼を武器に、中国でも高い成長と収益力を実現している。ROICツリーから、売上高営業利益率16・9％と投下資本回転率1・6倍という製造小売業を彷彿させる両者の牽引で、高ROICを実現していることがわかる。

あいまいになりがちな投下資本は、運転資本（ピジョンは売上債権＋棚卸資産－仕入債務で計算）と固定資産に現金他資産・負債を合算し算出している。好業績企業で、ROICの負担になりがちな保有現預金も、投下資本に入れて計算していることを確認できる。これがWACC5％を11ポイント超上回るのだから、完璧ともいえるKPI設定と情報開示姿勢だ。

ROICは管理会計の指標であるため、自社に合うよう、算式に工夫をすればするほど複雑になり、結果として社員に浸透しないで形骸化するケースも見受ける。ましてや外部に開示するなどもってのほかと考える企業は多いのかもしれない。

しかし、ピジョンの例は読者にどう映るだろうか。「ROICは複雑だし企業秘密だから外に開示しない」のではなく、「重要で社員に理解してほしいから外部にも開示する」という考え方はないだろうか。外部に開示されれば、社員は重要だと気づく。業績評価や賞与に連動するとなれば、なおさら理解へ懸命になる。

「全社はROE、個別事業はROIC」がブームになっているように感じる今、単なるブームで終わらせないためにも、あえてROICの算式の開示を企業に提言したい。そうでなければ、経営企画や財務部の自己満足で、社内にすら浸透しない、KPIに陥りかねない。業績の牽引役には、到底至らない可能性も高い。

既存事業の利益創出力を測るEBITDA

ROEやROICと並び、最近、KPIに掲げる企業が一気に増えた指標がEBITDA（税金・利払い・減価償却前営業利益）だ。計算式は企業間で若干異なるが、営業利益に減価償却費を足し戻し、既存事業の利益創出力を求める。設備投資が先行したり、M&Aが実行されると、償却費が発生して会計上の営業

ピジョンは毎年、PVAツリーを公表している

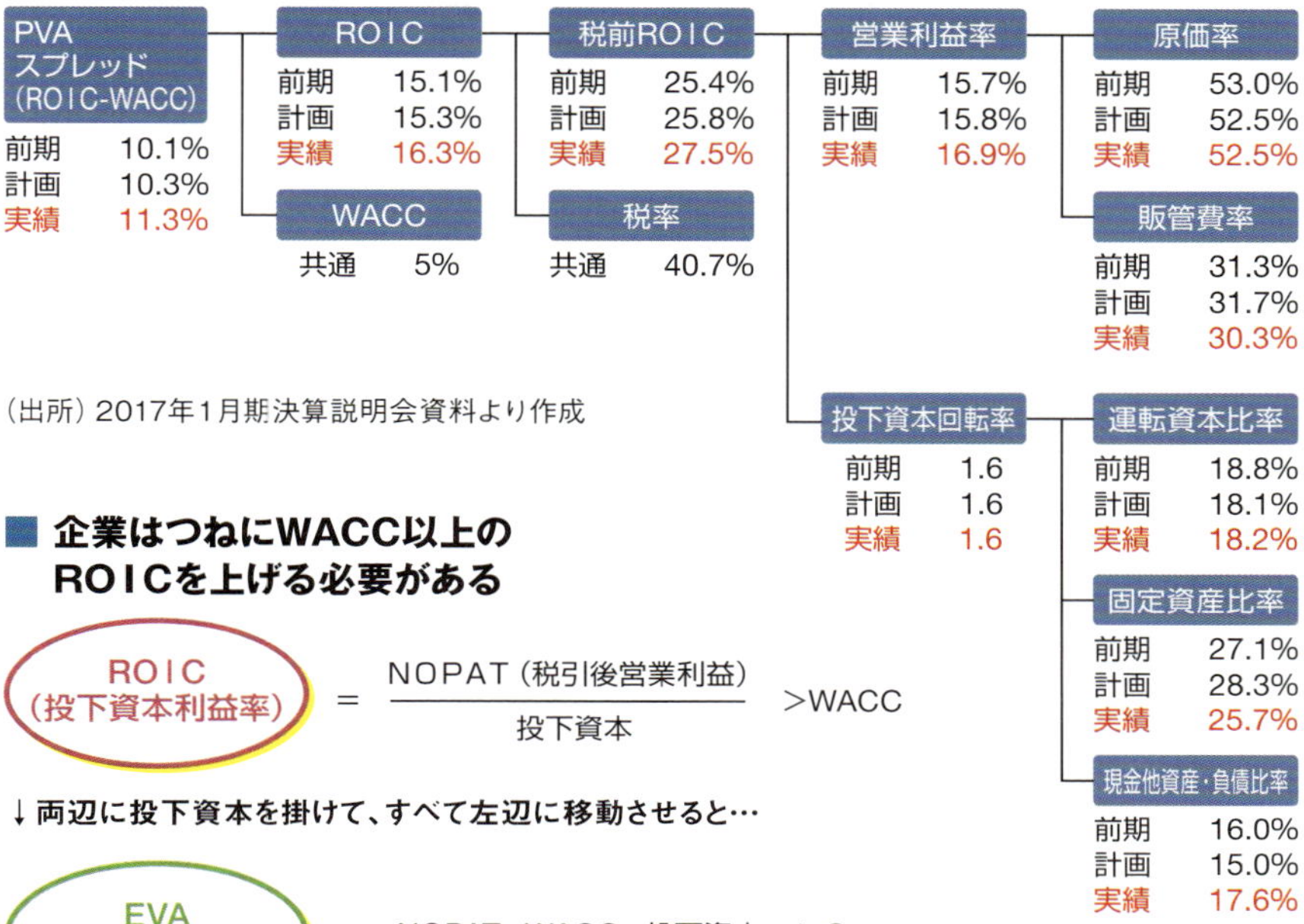

（出所）2017年1月期決算説明会資料より作成

企業はつねにWACC以上のROICを上げる必要がある

ROIC（投下資本利益率） ＝ NOPAT（税引後営業利益）／投下資本 ＞WACC

↓両辺に投下資本を掛けて、すべて左辺に移動させると…

EVA（経済的付加価値） ＝ NOPAT－WACC×投下資本 ＞0

利益は低迷しかねない。が、償却方法は国や企業、会計基準で異なる。

　そこで事業の利益創出力を同じ目線で評価するために、ＥＢＩＴＤＡが選ばれる。設備投資負担を理由にＥＢＩＴＤＡを語る３大業種は、通信、鉄道、不動産だ。大型Ｍ＆Ａを理由に語るのは、個別企業によるが、両者の特徴を持つソフトバンクグループの孫正義社長が、決算発表でＥＢＩＴＤＡを中心に業績や競争優位性を語るのは納得性が高い。

　ＥＢＩＴＤＡを売上高で割った値を、ＥＢＩＴＤＡマージンと呼び、事業の収益性を表す。金融機関や格付け機関は、純有利子負債をＥＢＩＴＤＡで割った値で、健全性を評価する。アナリストやＭ＆Ａ従事者は、企業価値（株式時価総額と純有利子負債の和）をＥＢＩＴＤＡで割った値を使って、株価の適正価格を類推する。このように、ＥＢＩＴＤＡはあらゆる企業活動の局面や、外部ステークホルダーが行う企業評価のツールに活用される。

東京急行電鉄
安定性と期待、含み益で健全性を確保

　東京・渋谷で大型再開発を進める東京急行電鉄も、ＥＢＩＴＤＡを軸に決算を説明する。東急はＥＢＩＴＤＡ＝営業利益＋減価償却費＋固定資産除却費＋のれん償却費＋受取利息配当＋持ち分法投資損益と定義し、22年度にＥＢＩＴＤＡ２０００億円、有利子負債／ＥＢＩＴＤＡ倍率５倍台を目標に掲げる（16年度はＥＢＩＴＤＡ１７４３億円、有利子負債／ＥＢＩＴＤＡ倍率５・７倍）。

　有利子負債／ＥＢＩＴＤＡ倍率５倍台は低くない。有利子負債と株式時価総額を合わせた企業価値をＥＢＩＴＤＡで割った倍率は、上場企業では５～７倍程度だ。有利子負債のみで５倍台に達してしまうと、その分、株価は低迷しかねない。が、東急電鉄が持つ安定した収益性、沿線価値向上に向けた先行投資への期待、さらに東急電鉄自ら作り上げてきた沿線不動産の含み益を考えれば、許容範囲といえる。

　丸の内の再開発を続ける三菱地所は19年度に、ネット有利子負債／ＥＢＩＴＤＡを８倍台半ばとする目標（16年度7・7倍）だ。一般企業なら、ここまで有利子負債を調達できない。すでに三菱地所の有利子負債は２兆円を超えるが、同時に賃貸等不動産の含み益が同程度ある。実質無借金に等しければ、ＥＢＩＴＤＡで稼ぎ出す企業価値は、すべて株主価値と考えられる。株主も、含み益による有利子負債の拡張を通じたＥＢＩＴＤＡの成長は、歓迎だろう。

　ＥＢＩＴＤＡは損益計算書だけで計算され、貸借対照表を必要としない。そのため資金調達面からの評価をおろそかにしているようにも見られるが、売上高、有利子負債、企業価値それぞれとの比較により、収益性、健全性、株価の妥当性を評価できる優れたＫＰＩだ。成長企業こそ、収益力に結び付いた先行投資であることを実証するには、最適な指標だといえる。

Step UP

ROAを分解して自社の競争優位性を探る

【演習問題】 ROAをブレークダウンしよう！

STEP1

ROA
（経常利益／総資産） ［　　］%

10%より高いか低いか？

STEP2

売上高経常利益率 ［　　］%

10%より高いか低いか？

	売上比
Q1.売上原価	［　　］%
Q2.売上総利益	［　　］%
Q3.販管費	［　　］%
Q4.営業利益	［　　］%
Q5.営業外収益・費用	［　　］%
Q6.経常利益	［　　］%

STEP3

総資産回転率 ［　　］倍

1倍より高いか低いか？

	売上比
Q7.現預金	［　　］%
Q8.売上債権	［　　］%
Q9.棚卸資産	［　　］%
Q10.有形固定資産	［　　］%
Q11.のれん	［　　］%
Q12.その他資産	［　　］%

ここではROAを使って、決算書分析の演習をしよう。

本編ではジンズを取り上げたが、ROAを重視するのは小売業だけではない。タイヤ販売で世界トップシェアを誇るブリヂストンは、中期経営計画で、継続的に確保すべきKPIの一つとして、ROA6％（純利益ベース）を目標に打ち出す。世界26カ国に180以上の生産・開発拠点を持ち、150を超える国々で事業展開する製造業の雄だ。バリューチェーンの拡大による成長と同時に、ROAをKPIとして打ち出すことで、利益を伴う持続的な成長を、ステークホルダーにコミットメントしているととらえられる。2016年12月期のROAは7・1％、売上高純利益率8％、総資産回転率0・89倍で、資本コストを上回る水準を達成しているとみられる。

自分で分析する際は、59㌻に掲載したROAマップを作って、少なくとも3年、できれば10年分のデータをマッピングしよう。たとえば自社の決算書が入手できない場合は、競合や顧客企業、または自分の好きな商品やサービスを提供する企業で始めてみるといい。ROAの数値を円の大小でマッピングするとわかりやすい。理想は右上のパラダイス領域に向かって円が大きくなるケース。反対に左下の地獄領域に向かって円が小さくなるのは望ましくない。

次に上表を埋める形で、売上高経常利益率と総資産回転率の構成要素を、対売上高比率で分解してみよう。

利益率や回転率を牽引、または圧迫しているのはどの構成要素か。たとえば競合他社や業界平均に比べ著しく総利益率が低いなら、それは売価、製造原価のどちらが要因か、また製造原価なら、原材料、労務費、減価償却費のどの費用の割合が多いのか。ROAという大きな数値から始めて細かな勘定科目レベルへブレークダウンしていくことで、自社の優位性や劣位性を探っていく。

この際、単に数値が高いからいい、低いからダメと短絡的に結論づけないことが重要だ。たとえばEDLP（Everyday Low Price）と

勘定科目の見方は事業や企業戦略によって異なる

高い比率がROAを向上させるケース	勘定科目（記号は右ページに対応）	低い比率がROAを向上させるケース
付加価値戦略を反映した高い比率	Q2. 売上総利益	低価格戦略で薄利だが、規模拡張で利益額と回転率を確保
人件費、広告宣伝費、研究開発費などへ資金投下し、高い総利益率を実現	Q3. 販管費	販管費圧縮で販売・間接部門のローコスト経営を実現
健全な経営を反映した多さで、今後の投資余力を十分に確保	Q7. 現預金	事業や株主還元に向け、現預金は有効活用された結果のスリム経営
回収サイトを長めに設定し顧客との関係性を維持・向上、取引拡張	Q8. 売上債権	早い回収サイトで資金繰りを改善し企業活動に有効活用
大量発注による原価低減、内製化でコスト削減、機会損失を防止	Q9. 棚卸資産	陳腐化の防止、保管コストの低減を進め、資金繰りの改善へ結び付ける
内製化による原価低減、最新設備への投資で製品価値向上	Q10. 有形固定資産	外注や設備の有効活用で原価低減へ結び付ける

いった低価格戦略を打ち出す企業は、総利益率は一般に低く、販管費率を抑制することで利益を確保する。低価格戦略の企業が付加価値型戦略の企業より総利益率が高ければ、戦略がうまく機能していないとマイナス評価すべきケースもある。

その場合、なぜ戦略がうまく機能しないのか、考える必要がある。市場や顧客と戦略に齟齬《そご》があったのか、戦略は正しくても、自社の遂行能力に問題があったのか。今後、戦略の修正は必要か、どんな打ち手を採るべきで、それに顧客や競合はどう反応するか。そして今後の戦略に見合うKPIはどう設定するか。

ROAマップで分解すれば、これまでの企業活動を振り返り、今後の戦略を構築する武器になる。すべてのKPIは自社を考え、自社を語り、そして将来を創造するためのパワフルなツールでなくてはならない。

KPIを開示することの本当の意味

販管費も同様だ。製造コストやサービスコストではない販管費が競合より多いと、批判を受けやすい。が、販管費が多い＝非効率な販売や間接部門と決めつけるのは短絡的だ。人件費、広告宣伝費、研究開発費など、具体的にどの販管費が多いのか（What?）、なぜか（Why?）、どういった意味があるのか（So What?）への考察なくして問題と断定はできない。

たとえば、商社や卸に依存せず、自社で販売部門を保有すれば、販管費に人件費が膨らむのは当然だ。その結果、中間マージンを抜かれず、かつ顧客と直接コミュニケーションし、収益性の高い新製品比率を向上できれば、すばらしい販管費率の高さだ。特定のコストが多くても、高ROAの持続性に結び付くなら、自社の優位性の源泉と考えるべきだ。

同様のことが貸借対照表上の資産についてもいえる。現預金、売上債権、棚卸資産、有形固定資産などが高い値であること、低い値であることが、それぞれROA向上に結び付くケースを上表にまとめた。自社のROAの高低が、損益計算書の各費用、貸借対照表の各資産の高低により、どう生み出されているかを考察する際の参考にしてほしい。

ROAマップは、ROICに置き換えて個別事業ごとに分析することも可能だ。オムロンはROICを利益率と回転率に分解し、さらに売価コントロール、自動化率、不動在庫月数、設備回転率など、現場レベルのKPIに落とし込んでいる。

戦略があってのKPIであり、その逆はない。KPIの設定が目的ではなく企業活動で活用し、企業価値を高め、そしてゴーイングコンサーンとして存続していくことが企業経営の目的だ。KPIが形骸化しないためにも意思決定の局面で活用し、コミュニケーション言語として積極的に対外的に開示して、できるかぎり現場レベルのKPIへつなげていくことが期待される。

会計指標を用いたKPIが仕事をしてくれるわけではない。だが、KPIを巧みに活用する経営は、企業の道筋を定め、社内外からの信頼を勝ち取り、企業価値の向上へ結び付く着実な進路を示してくれる。

企業として中長期的にどうありたいか。これが明確であるならもちろん、揺らいでいるときこそ、徹底的な議論で導かれた道筋を、KPIとして具体化して開示していくことは、社員をはじめとするあらゆるステークホルダーに対する、経営陣のコミットメントなのである。

おおつ・こういち●慶応大学理工学部卒。米国NY州ロチェスター大経営学修士（MBA）。旧富士銀行、バークレイズ証券等経て03年よりオオツ・インターナショナル代表。著書に『企業価値を創造する会計指標入門』。連絡先ko@otsu-international.com

ニトリホールディングス

22の指標で決算チェック 超効率経営を積極推進

ニトリホールディングス（HD）は22に及ぶ経営効率項目を独自に設定し、超効率経営を実践している。

同社は、国内を中心に家具・インテリアを販売する「ニトリ」や生活雑貨主体の小型業態「デコホーム」などを500店舗以上展開する国内最大手の家具小売りチェーン。ほとんどの商品を自社で企画し自社工場で生産、販売する川上から川下まで一貫したSPA（製造小売業）モデルが強みとなっている。

北海道で創業したニトリHDは地方郊外の路面店を中心に全国展開を進めてきた。近年では東京・銀座や新宿、渋谷（下写真）など都心部へも積極出店。売上高は2017年2月期実績で5129億円（前期比12％増）、営業利益は857億円（同17・4％増）となり、30期連続増収増益を達成した。

「お、ねだん以上。」の低価格戦略や人口密集地への出店で認知度が向上したことで、17年2月期は客数が大きく増加、既存店売上高は前年比5・5％増となった。今18年2月期も9月度までの累計で同2・6％増と、既存店の勢いにカゲリはみられない。

ニトリHDの快進撃は主要経営効率を逐一分析し、つねに改善や改革を行っていることも要因の一つといえるだろう。四半期決算ごとに開催する決算説明会では、必ず22の主要経営効率項目の結果を発表し、達成できたものと達成できていないものを分けて勝敗表を作っている（左ページ表）。この表では直近5年間の推移と目標数字を一目で比較できるようになっている。

四半期ごとに勝敗を開示 見えてくる強みとは

全社連結でみると「損益分岐点売上高比率」の低さはニトリHDの強みだ。費用（変動費や固定費）と売上高が均衡する損益分岐点以上の売上高を稼ぎ出すことで初めて利益が得られるため、この値が低いほど収益力が高く、経営が安定していることを示す。直近5年間は65％前後で推移しているが、一般的にはニトリHDが目標としている80％未満が安全水準とされている。

家具・インテリア販売事業では「坪当たり営業利益高」や「坪当たり在庫高」といった店舗に関する指標が盛り込まれている。小売業では限られた売り場面積で、いかに効率的に稼ぐかが重要だ。都心部への出店を加速しているニトリHDの場合、坪当たりの家賃比率や人件費負担などコストは増しているにもかかわらず、坪当たり営業利益高15万円以上（年間）という目標を17年2月期に達成した。

この要因は商品の入れ替えが順調に進み売り場の鮮度が向上したことや、為替予約などの手当てが奏功し商品の原価率の上昇を抑えることが

郊外から都心部への出店を加速させているニトリ（写真は渋谷店）。家賃などのコスト高を経営効率化で吸収している

経営指標で勝ち負けを明確に
—ニトリが掲げる経営効率の主要指標と目標—

基準	番号	効率項目	単位	目標	評価	2017年2月期	2016.2	2015.2	2014.2	2013.2
全社連結（12カ月累計）	1	総資本経常利益率	%	15%以上	○	19.4	18.3	18.7	20.9	22.6
	2	総資本回転率	回	2回以上	×	1.14	1.12	1.15	1.28	1.27
	3	営業収入経常利益率	%	10%以上	○	17.1	16.4	16.3	16.4	17.8
	4	1株当たり純利益高	円	100円以上	○	540.9	425.1	376.1	350.3	325.8
	5	自己資本当期純利益率	%	15%以上	○	16.6	14.7	14.9	16.8	18.7
	6	自己資本構成比率	%	60%以上	○	80.7	79.5	76.4	76.8	73.6
	7	インタレスト・カバレッジ	倍	20倍以上	○	1,457.8	967.3	676.5	485.1	327.1
	8	総売上高増加率	%	10%以上	○	12.0	9.8	7.7	11.1	5.4
	9	経常利益高増加率	%	10%以上	○	16.7	10.4	7.0	2.1	5.1
	10	総売上高総利益率	%	48%以上	○	54.2	53.2	52.3	52.0	55.2
	11	損益分岐点売上高比率	%	80%未満	○	65.0	65.6	65.3	64.9	64.2
家具・インテリア販売事業	12	売場販売効率	万円	95万円以上	○	98.1	93.8	91.5	90.3	88.2
	13	商品回転率	回	9回以上	×	5.5	5.4	5.5	6.0	6.0
	14	販売資産回転率	回	2.9回以上	○	4.0	4.0	4.1	4.5	4.4
	15	利潤分配率	%	20%以上	○	32.4	33.0	31.3	33.8	32.4
	16	不動産費分配率	%	25%未満	○	21.1	21.7	22.5	22.3	22.2
	17	販促分配率	%	6%以下	×	6.01	6.1	6.4	6.2	7.2
	18	労働生産性	万円	1000万円以上	○	1,900	1,843	1,847	1,911	1,978
	19	従業員1人当たり売場面積	坪	60坪以上	×	36.6	38.2	39.6	42.0	42.1
	20	坪当たり営業利益高	万円	15万円以上	○	15.1	13.4	13.1	13.4	14.0
	21	坪当たり在庫高	万円	9万円以下	○	8.1	8.1	7.9	7.1	6.5
	22	平均従業員年齢	歳	30〜35歳	○	33.4	33.3	32.8	32.6	31.6
評価成績						18勝4敗	14勝8敗	13勝9敗	15勝7敗	14勝8敗

（出所）ニトリホールディングスの決算資料を基に東洋経済作成

できたためだ。また、都心店は店舗の家賃こそ高いが、来店客数が多く坪当たり売上高が高いため、家賃負担をカバーできる好循環を実現している。

坪当たり在庫高については、目標とする9万円以下を達成し続けている。現在の家具・インテリア事業では、ベッドやテーブルといった家具よりもキッチン用品などの生活雑貨の売上構成比率のほうが高い。家具の比率は約40%で、年々下がり続けている。生活雑貨は家具に比べて商品回転率が高いことから、坪当たり在庫高の抑制につながっているようだ。

高い労働生産性と在庫の高速回転を実現

近年、長時間労働の是正などの「働き方改革」が求められ、労働生産性の向上が各社共通の経営課題となっている。この労働生産性についてもニトリHDは社内目標をクリアし、業界平均を大幅に超える実績を上げている。

労働生産性とは従業員1人当たりの付加価値額のことで、従業員がどれだけ効率的に働いているかを示す指標だ。ニトリHDでは年間売上粗利益を年間平均従業者数（1人＝2000時間で換算）で割ることで労働生産性を算出している。

ニトリHDの場合、労働生産性は年間2000万円に近い水準になっており、目標を大きく超えている。目標の1000万円自体、経済産業省の経済センサス（16年）によって算出した小売業平均の約2倍の水準であり、労働生産性の高さからもニトリHDの強さが見て取れる。

一方で、目標を達成できていない指標の一つが商品回転率だ。商品回転率は（売上高÷平均在庫）で計算することが多いが、ニトリHDでは売上高の代わりに売上原価を使って算出している。家具・インテリア事業の17年2月期の商品回転率は5・5回だったが、これは1年間に在庫が5・5回転したことを意味する。365日÷5・5回＝66・3日なので、平均して約2カ月分の在庫を持っている計算になる。目標とする9回以上の商品回転率では40・5日分の在庫になり、きわめて高いハードルといえる。現在のニトリHDの商品回転率でも、すでに業界トップの水準にある。

たとえば、ニトリHDよりも価格帯が高く、大型のショールームでの新築まとめ買い需要が大きい大塚家具の場合、16年12月期実績では約8カ月分の在庫を抱えており、商品回転率は2回に満たない。価格帯や商品構成の違いこそあれ、16年12月期には過去最大の赤字を計上し現在も業績の悪化が続く大塚家具に比べて、ニトリHDの経営効率の高さは明らかだ。

17年2月期の評価成績は18勝4敗となったニトリHD。チャレンジングな目標も含まれているが、22勝0敗となるまで改善、改革の手は緩めない。連続増収増益記録の継続に向け、さらなる超効率経営を目指している。

（本誌：菊地悠人）

花王

業界で群を抜く高ＲＯＥ ＥＶＡ経営で営業益急成長

花王のＲＯＥが上昇している。２０１６年度は18・6％に達し（67ページ図）、同業のユニ・チャーム11・4％やライオン11・2％を大幅に上回る。中期経営計画で掲げた30年のＲＯＥ20％目標も、前倒し達成が視野に入ってきた。

だが、意外にも花王が重視するのはＲＯＥではなく、１９９９年に導入したＥＶＡ（経済的付加価値＝Economic Value Added）だ。

ＥＶＡは、資産効率を明確化するとともに収益性も表す経営指標。花王ではＥＶＡを「真の経済的利益」と位置づけ、ＲＯＥより重視している。計算式はシンプルで、税引き後営業利益から資本コストを差し引くことで算出する（（税引き後営業利益÷投下資本－資本コスト率）×投下資本、でも算出可能）。

その理由について、花王の会計財務部門統括の山内憲一執行役員は、二つのポイントを挙げる。「ＥＶＡはＲＯＥと違い金額で示せる。またＲＯＥは自己資本のみだが、ＥＶＡは他人資本も加えて見られる」。

ＥＶＡは絶対額で示すため、目標設定も容易で社内に浸透しやすい。また貸借対照表と損益計算書を合わせて見る点や、配当金も明確にコストとして考える点に特徴がある。

「ＥＶＡは導入当初、事業部別に切り分けて活用していた。だが設備投資などは事業部でまたがることもあり、資本をどう切ればよいかを悩んでいた。その結果、資本コストは事業部で切るのではなく、全社で一本化して見ることにした」（山内執行役員）。

ただ税引き後営業利益は事業部別で算出し、さらにＭ＆Ａや設備投資、事業撤退などの個別案件は資本コストも分けて算出している。

現在、毎年の役員賞与はＥＶＡ連動だ。「花王のＥＶＡマネジメント」と題された冊子を経理部門や管理職に配布し、研修などで活用することで、認知度・理解度の向上を図っている。

ＥＶＡを基盤に 脱デフレ型経営を推進

花王のＥＶＡ導入の契機は、人員削減にも着手するほどの海外事業の不振だった。そこで、米国で流行していたＥＶＡを現地子会社が導入、99年からは花王本社も取り入れた。ＥＶＡを商標登録するスターンスチュワート社のコンサルを受けＥＶＡを導入した会社は、国内初だった。

花王のＥＶＡ経営には四つのポイントがある。第一は持続的な利益成長につながる事業への投資だ。計画期間の税引き後営業利益が資本コストを累計で上回るプロジェクトや事業に対しては、積極的に投資を行う。第二は収益改善。投下資本を増やさずに税引き後営業利益の増加を図る。第三は整理回収で、ＥＶＡがマイナスで改善の余地がみられない事業や投資からは投下資本を回収する。第四が資本コストの低減だ。

もっとも、当初から順調だったわけではない。ＥＶＡは07～10年に急降下している。08年のリーマンショック後の販売不振や、09年の食用油「エコナ」撤退により、税引き後営業利益は大幅に落ち込んだ（67ページ図）。が、10年を底にＶ字回復を遂げ

「メリーズ」「ビオレ」快走を背景に
花王のＥＶＡは増加が続く

る。「メリーズ」や「ビオレ」「キュレル」「めぐリズム」の拡販による利益改善が寄与した。牽引力にはEVAの第一のポイントであり、花王が「脱デフレ型成長モデル」と呼ぶ戦略があった。研究開発や設備投資などへ積極投資を行い、そこで稼いだ利益を再投資に向ける──これは特にサニタリーで奏功した。

サニタリーが含まれるヒューマンヘルスケア事業の資本的支出（設備投資関連が大半）は、13年度136億円だったが、15年度311億円、16年度417億円（IFRS基準）と急増中だ。この効果で同事業の16年度業績は13年比で売上高は3割増、営業益は1・5倍に急拡大した。

■ 足元で企業価値の向上が顕著に

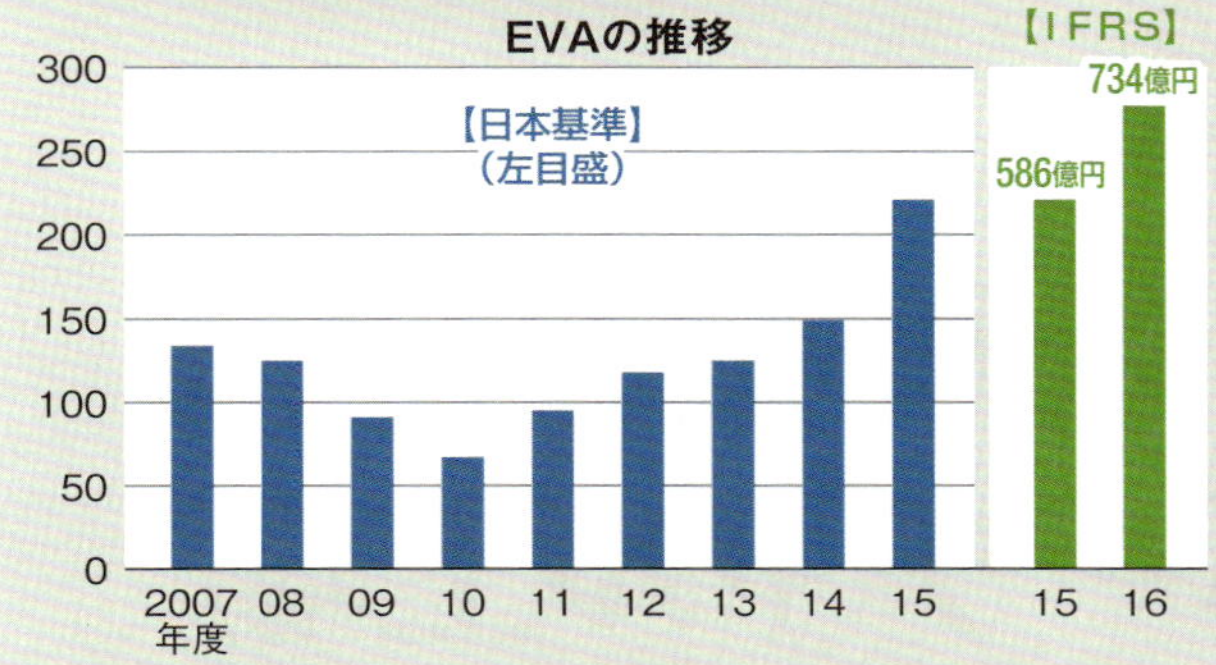

（注）2011年度までは3月期、2012年度以降は12月期、2012年度は決算期変更のため9カ月決算。日本基準は2000年度を100として指数化、2015年度からIFRS移行

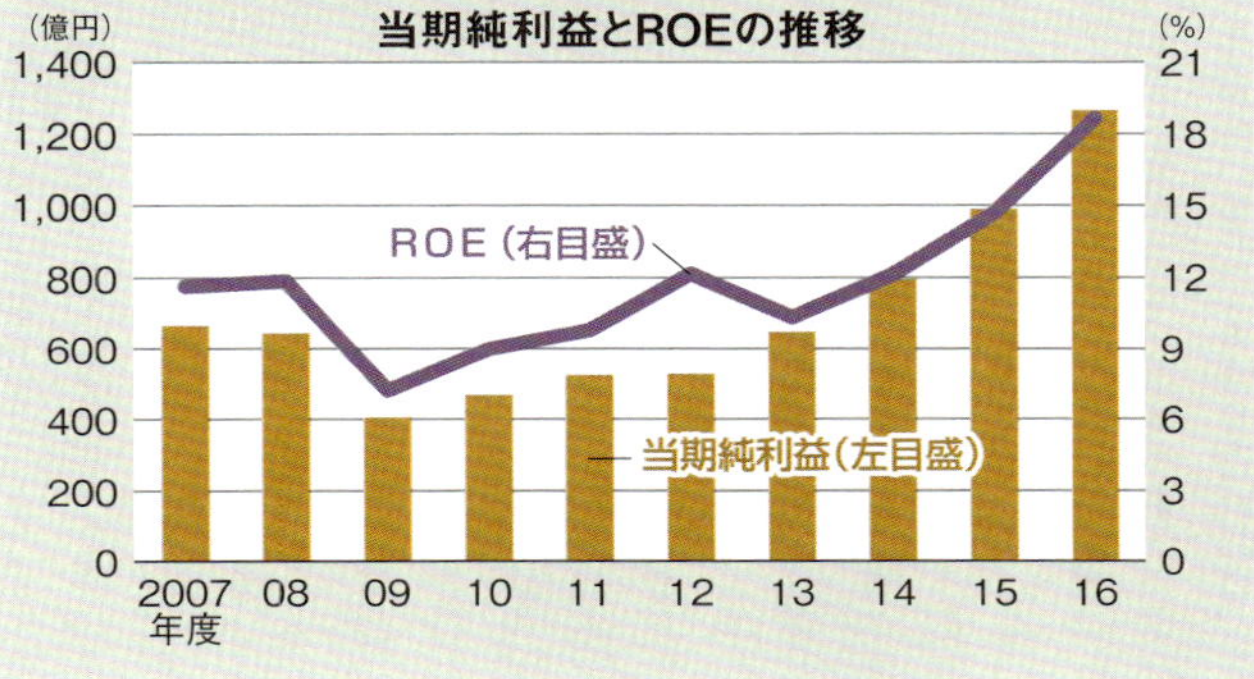

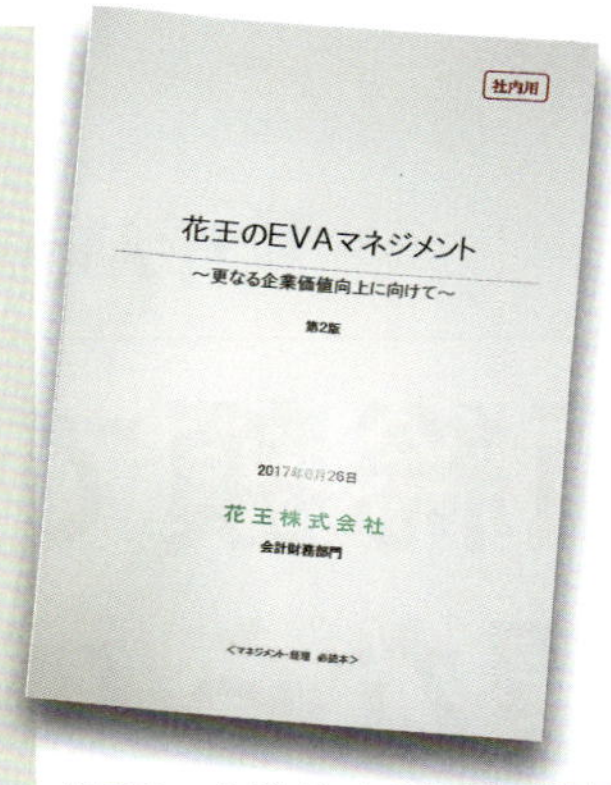

経理やマネジメントの社員に配布される「花王のEVAマネジメント」

花王のEVA経営は、内製部門など細部にも行き届いている。たとえば、脂肪酸の生産。脂肪酸は日用品などの原料であり、従来は国内の自社工場と輸入品で賄っていた。しかし脂肪酸は安定性の保持が難しく、海外からの購入品は品質が一定しない。このため脂肪酸の原材料を調達するインドネシアで現地生産を検討。ここで投資尺度に用いたのが、EVAだった。試算すると、現地生産によるコスト削減効果もあり、EVAは黒字になる見込みとなった。

これらを受け、花王は脂肪酸では異例の約100億円の大規模投資を決めた。現地油脂製造会社と19年に合弁会社を設立し、原料から完成品までの一貫生産体制を構築、アジア市場での成長加速を狙う。

化粧品事業の挽回なるか試されるEVA経営

花王のEVAは近年右肩上がりで、これにROEも連動してきた。だがEVA経営にも大きな課題が横たわっている。それは化粧品事業だ。

花王は06年にカネボウ化粧品を買収したが、13年に同ブランドの美白化粧品が白斑被害を引き起こし、社会問題化した。痛手を負った化粧品事業再建に向け、15年から「ソフィーナ」「カネボウ」の2大ブランドで化粧品改革を本格化させているが、まだ効果は出ていない。

子会社カネボウ化粧品の業績は厳しい。06年の買収時は年商1200億円規模だったが、16年度は873億円だ。営業利益も06年度156億円に対し、16年度は38億円にまで落ちている（単独決算、日本基準）。

17年度第2四半期決算も、カネボウの「suisai」や、泡が薔薇の形になるエビータの「ビューティーホイップソース」は、インバウンド需要を取り込めていない。

この事態を挽回すべく、今秋にはカネボウ「DEW」、ソフィーナ「エスト」から化粧水や乳液などの新製品を投入している。「上期は苦戦したが、年間で考えると、クリスマス商戦で挽回し、17年度も通期では黒字を確保できる」と、山内執行役員は年末商戦に期待を寄せる。

花王は中期経営計画「K20」で、化粧品を成長の柱にすることを宣言している。山内執行役員は「19年度には一連の化粧品改革の成果が出てくる」と見通す。06年にカネボウ化粧品を買収して以降、花王はまだ化粧品事業で大きな成果を出せずにいるのが現状だ。逆に最大の足かせになってしまっている。ここを改善し、EVA、さらにはROEをさらに上昇気流に乗せられるか。花王のEVA経営が試される。（本誌・若泉もえな）

サイバーエージェント

時価総額で新事業を評価 有望ならバーチャル上場

M&Aを駆使しながら業容を拡大していく企業が多いIT・ネット業界において、異色の存在といえるのがサイバーエージェントだ。

1998年の創業以来一貫して、企業買収や事業譲受をほとんど行わず、社内発新規事業の育成を重視する経営スタイルで拡大。現在はネット広告代理事業、ブログ運営などのメディア事業、ゲーム事業の3本柱で、グループ企業数は約90社、売上高3106億円、営業利益367億円（2016年9月期）という業界屈指の高収益企業に成長している。

「トレンドの移り変わりが激しいネット業界では、新規事業が企業の生命線。少しでも乗り遅れれば、先行する他社に市場を総取りされてしまう可能性が高い。だから新規事業への挑戦を社内の文化として定着させるべきと考えてきた」。同社で投資育成事業を管轄する中山豪常務は、社員による新規事業立ち上げを推進する理由について、そう語る。

とはいえ、ゼロから事業を創出・育成するのは決して楽ではない。そもそもアイデアや立候補者が出ない、事業が立ち上がっても軌道入りするまで時間がかかる……といった悩みがついて回る。サイバーエージェントにも新規事業育成に苦戦し、上場初年度の2000年から4年間、営業赤字が続いた過去がある。中山常務は「会社全体として新規事業を管理する仕組みがなかった」と、当時の問題点を振り返る。

全子会社のランクを常時社員の目にさらす

そうした経験から同社が編み出したのが、「CAJJプログラム」という独自の社内制度だ。名称は「サイバーエージェント（CyberAgent）事業（Jigyo）人材（Jinzai）育成プログラム」を縮めたもの。事業創出と成長を促進し、撤退基準に照らして各事業を管理する仕組みとして、04年に開始した。

これに加え昨年からは、原則設立2年以内で収益化前の事業向けに「スタートアップJJJ」（三つめのJは「時価総額（Jikasougaku）」の頭文字）を開始。ごく黎明期の事業まで細かくフォローできる体制を整えた。

両制度が対象としているのは、サイバーエージェントのほぼすべての子会社と、孫会社など一部のグループ会社（監督する本体役員の判断などで任意参加）。足元では約50社をCAJJ・スタートアップJJJの仕組みを用いて管理している。

具体的には何をする制度なのか。端的に言えば、各社の事業を四半期

「上場」したマクアケの中山亮太郎社長（上）とクラフトエッグの森川修一社長（下右）。サイバーの藤田晋社長（下左）も祝福

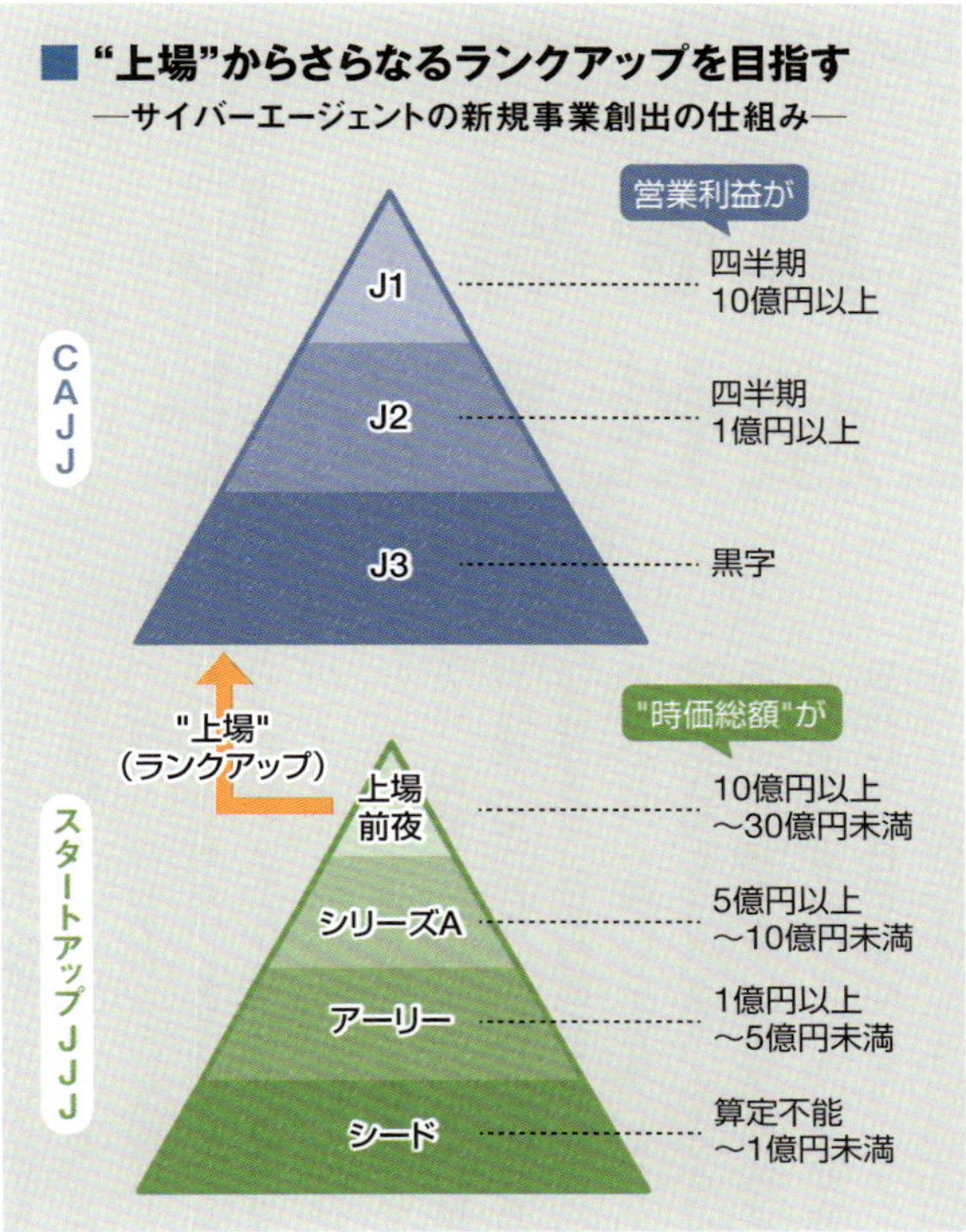

ごとにランク分けし、全社員の目に"さらす"ことだ（左図）。

まずCAJJでは、四半期の営業利益を10億円以上稼ぐ「J1」、1億円以上稼ぐ「J2」、それ以下だが黒字を達成している「J3」という3クラスに対象企業を分類。さらに「2四半期連続で減収減益になったら撤退」という基準も設けている。

この分類・変動があることで、対象企業は互いにランクの入れ替わりを意識し切磋琢磨する。ランクアップというわかりやすい目標は、社員のモチベーション維持にも役立つ。逆に、ランクが下がれば早期に軌道修正の手を打つきっかけになる。各社経営陣の貴重な道しるべとなっているわけだ。

撮影：今井康一

制度を社内で「はやらせる」重要性を力説する中山常務

現に、この制度が始まってから「事業立ち上げ数自体が増えた。ビジネスモデルの行き詰まりを察知するのも早くなり、撤退基準に触れるずっと前にテコ入れされるようになった」（中山常務）という。

CAJJの最大の特徴は、ランク分けの指標を営業利益一本に絞っている点だ。ネット企業の場合、サービスのユーザー数、アプリのダウンロード数、あるいはROEやROAといった会計指標など、さまざまなKPI（重要業績評価指標）を使い分けながら事業評価を行う例が少なくない。これには利点もあるが、「ルールが複雑になればなるほど、制度自体が社内ではやらなくなってしまう」（中山常務）。多様な事業を抱えるサイバーエージェントでは、全社への貢献度を表すシンプルな指標に統一するほうを重視している。

黎明期の事業を埋もれさせない工夫

一方、スタートアップJJJは四半期の営業利益ではなく、サイバーエージェントの経営陣が中心となり算定する時価総額を評価指標とする。時価総額には売上高・営業利益に加え、市場拡大の可能性や競合状況などを反映。投資育成期間にマッチした仕組みといえる。

これが新設される以前は、CAJJの中で「J10」まで細かくランクを分けていたこともあった。だが、「各社の経営陣が全体の中での自分たちの位置を把握しにくい」（中山常務）と判断。現在のように制度を二つに分け、それぞれ別の基準で評価するスタイルに落ち着いた。

スタートアップJJJの最高ランクに上がると、その次にはCAJJへと"上場"することができる。社内制度上のバーチャルな上場ではあるが、社員集会では鐘を突くセレモニーまで行い、実際の上場さながらの盛り上げようだ。これもやはり、制度に対する社内の注目度を上げ、「はやらせる」ための工夫である。

制度開始から半年余りが経過した今年6月には、クラウドファンディングサービスを運営するマクアケと、スマートフォン向けゲームを手掛けるCraftEgg（クラフトエッグ）の2社が、スタートアップJJJからCAJJへの上場を果たした（68ページ写真）。

サイバーエージェントは現在、テレビ朝日と協業するネットテレビ局「AbemaTV（アベマティーヴィー）」の育成に邁進中だ。動画分野に照準を合わせ、中長期での成長に向けた大胆な投資ができるのも、独自の仕組みで培ってきた、新規事業に挑戦する企業文化があるからだろう。

（本誌・長瀧菜摘）

ハマキョウレックス

独自の日次決算を導入し現場主導で生産性を向上

ムダを徹底的に排除し、生産性を上げるにはどうすればよいのか。この課題に、独自の日次決算を導入し40年以上にわたって取り組んできたのが物流一括受託（3PL）大手のハマキョウレックスだ。同社では日次決算を「収支日計表」と呼んでいるが、創業2年後の1973年に経営危機に陥った際、大須賀正孝会長（当時社長）が銀行融資を受けるための窮余の一策として考案。これが起死回生策となり、2017年3月期までの10年間で、連結経常利益は4倍と高成長を遂げている。大須賀会長にその仕組みを聞いた。

――収支日計表とはどのようなものですか。

生産性を上げるために何をやればよいのか、その答えを出すものだ。答えがわかれば人は前に進める。何をどれだけ売って、経費がどれくらいかかったのかを日々計算すればムダはなくなる。どのようなところにも気がつかないムダが10％程度ある。これは毎日、収支日計表をつけるとわかってくる。月次だと月末に締めて結果が判明するまで、さらに1カ月半くらいかかり後手に回ってしまう。

――四半期決算、本決算との関係は。

収支日計表は、あくまでも生産性を上げるために現場からの創意工夫を引き出すのが目的。作成の負担が大きければ、それ自体がムダなコストになってしまう。四半期決算、本決算の処理とは連動させず簡略化している。

――具体的には、どのような項目で構成されているのですか。

トラック配送を例にとれば、人件費や燃料費以外にもさまざまな費用がかかってくる。トラックの減価償却費、車検・保険料、管理費、修理代などだ。修理代は前年実績を日割にして、概算で1日当たりの経費を弾き出す。運賃収入から諸々の経費を引けば、1日にどのくらい利益が出ているのかわかる。収支日計表によって、大型トラック1台が1日休むと約2万円の赤字になることも明らかになる。そうなるとトラックを遊ばせないために顧客開拓するなど、現場が工夫するようになる。

――全国99カ所（17年6月末）で運営する物流センターごとに作成されているのですか。

物流センターの作業内容に応じて班単位で作っている。それをセンター長が毎日まとめるわけだ。顧客に

■ 収支を毎日明確化することで予算達成を図る
―ハマキョウレックスの収支日計表―

2017年9月			予算（合計）	見通し（合計）	9月1日
売上					
営業原価	人件費	社員			
		パート			
		福利厚生費			
		賞与・退職金			
		社会保険料			
		小計			
	運賃	社内			
		貸切			
		路線			
		小計			
	他経費	家賃			
		固定費			
		変動費			
		小計			
営業原価計					
営業総利益					

ここがポイント！

①期初に年間、月間、1日当たりの予算を作成、表中の予算（合計）は月間

②見通し（合計）は直近の物流量などを考慮し毎月作成、作成後も日々の業務の状況に応じて適宜修正

③予算対比で当日に差違が発生した場合は原因を明確化（物量、人員投入量など）、翌日の態勢を整える

【記入方法】社員の人件費は、月額を稼働日数で割って記入。固定費（トラックの減価償却費・リース料・保険料ほか）は365日で割って記入。変動費（燃料費・タイヤ・チューブ費・車両保守費・高速代・人材派遣費ほか）は発生した日に記入

撮影：梅谷秀司

おおすか・まさたか●1941年生まれ。71年に浜松協同運送を設立。92年現社名に変更。2012年全日本トラック協会副会長。13年浜松商工会議所会頭。07年より現職。

よって作業内容や扱う物量は異なる。現場で考えて作成するため、収支日計表の内容はセンターごとに千差万別だ。

――収支日計表で最も重視しているポイントは何でしょうか。

予算対比の実績数値だ。予算を達成できない状況が続くようだと早急に手を打たなければならない。そのような場合は物流センターの責任者に直接電話して話を聞き、すぐに対策を講じる。

――収支日計表では予算と見通しをつねに対比。その日の予算が達成できなかったときは翌日に挽回するために態勢を整えるのですね（右ページ図参照）。日替わり班長制度、アコーディオン方式など、現場ではさまざまな工夫も行っています。

生産性を上げるためのキーワードは三つ。収支日計表、全員参加、コミュニケーションだ。日替わり班長制度は社員、パートの分け隔てなく交代で班長を務めて収支日計表を作成するもので、経営への参加意識、コスト意識を高める効果がある。アコーディオン方式は、みんなで話し合って勤務スケジュールを調整し、その日の物量に応じて最適な人員配置を行うものだ。

――13年7月に社員による10億円強の架空売り上げや2900万円の着服が発覚しました。収支日計表では未然に防ぐことはできなかったのでしょうか。

架空売り上げは物流センターの責任者が成績をよく見せようとしたのか、採算割れの仕事を適正料金で受注したように見せかけたものだ。取引先への請求金額に対して入金ずれが発生した時点で問いただしたが、近いうちに入金されるという回答だった。だが、入金ずれが積み上がり、これはさすがにおかしいと取引先に直接確かめて発覚した。それ以降は現場の担当者ではなく、経理の責任者同士が確認した場合以外の入金ずれはいっさい認めない方針に変え、不正は再発していない。架空売り上げは収支日計表とは関係のない話だ。

現場が自ら考えることで問題解決策が見つかる

――04年に買収した近物レックス（旧近鉄物流）は収支日計表を導入しても、経常利益が黒字転換するまで4年かかりました。

企業文化が異なるのだから、時間がかかるのは当たり前。やり方を押し付けると現場が混乱する。利益を出そうと焦って、早く全部やってしまえというのは逆効果。収支日計表も段階的に導入してきた。

――予算と実績との乖離をチェックするというお話がありましたが、現場から予算達成は難しいと言ってきた場合はどうされるのですか。

そういうときは私も一緒になって考える。たとえば社員、パートも含めて100人規模の物流センターが前年比1000万円の増益を目指すとしよう。1000万円といえば大きい数字に見えるが、月で割ると80万～90万円、日割だと約3万円だ。1日に1人300円、つまり約20分だけ段取りを工夫して人件費を削減すれば目標は達成できる。こう説明すると、無理だと言ってきた担当者から「やれます」という答えが返ってくる。このように現場で自信が出ればしめたもの。もう一段の生産性改善につながっていく。

――そもそも予算作成でも現場からの積み上げを重視されていますね。

上から一方的に現場に指示を出しても、「はいわかりました」と言うだけで、誰も本気で動かない。自分たちで考えて、自発的にやろうという意識が働かなければうまくいかない。本社は利益成長を促すムード作りをするだけだ。誰にでもわかるようにやり方を説明して、できるという自信を持たせる。そのためのツールとして収支日計表は非常に有効だ。

さらに、わが社では1泊2日の社内勉強会「大須賀塾」を毎月開催している。これも現場の自主性、やる気を引き出すのが目的だ。

（本誌・和田浩司）

成長企業の
最強ノウハウ

KPI（重要業績評価指標）

目標達成度のモノサシ 有力企業のKPIを大公開

経営プロセスの中で、目標の達成度合いを評価するため継続的に測定される指標がKPIだ。Key Performance Indicatorsの頭文字を取ったもので、重要業績評価指標などと訳される。

たとえば小売りチェーンが「10％以上の売り上げ成長を目指す」という経営目標を立てたとする。売り上げを拡大させるためには「来店客数」を増やし、「購買率」を高め、「平均客単価」を引き上げる必要がある。そこで、この三つをKPIとして継続的にチェックし、数値を改善させるための施策を打ち出していく。店舗数の増加は売り上げ増に直結することから「新規出店数」をKPIとするケースもあるだろう。こうしたKPIを使って経営の現状を適宜、確認することが、結果として10％以上の増収という目標達成につながることになる。

このようにKPIは経営目標そのものではなく、その目標を達成するための経営プロセスをモニタリングする指標だ。

死亡災害件数など CSR関連の指標も

したがって、どのような経営目標を立てるのか、それをどのような施策によって実現しようとするのかによって、会社が採用するKPIはさまざまだ。当然ながら、業種、業態による違いもある。先ほどは小売りチェーンを例に挙げたが、製造業では経営目標に応じて「製造原価率」や「設備効率」「不良品発生率」「新製品売上高比率」といった指標もKPIとして考えられるだろう。

『会社四季報』では年4回の刊行ごとに上場企業にアンケートを実施しているが、2017年4集秋号（9月15日発売）では、各社が最も重視しているKPIについて調査した。有効回答を得た会社のうち、売上高上位の会社についてまとめたのが74ページ以下の表だ。なお、指標の表記については、おおむね回答どおりとしている。

原則として連結ベースの企業グループ全体についてのKPIを質問したこともあってか、「売上高」「営業利益」「営業利益率」「ROE」「ROA」など基本的な経営指標を挙げる会社が多かった。「フリーキャッシュフロー」や「CCC（キャッシュ・コンバージョン・サイクル、仕入れによる現預金支出から売り上げによる現預金回収までの期間）」などのキャッシュフロー関連指標や、「有利子負債」「D／Eレシオ」「自己資本比率」など財務面の健全性を示す指標も散見される。

建設では業績の先行指標である「受注高」（長谷工コーポレーションなど）、小売りでは「新規出店数」（すかいらーく）、「既存店売り上げ伸び率」（セブン＆アイ・ホールデ

■ 売上高がトップに
―会社経営上、最も重要だと思われる経営指標―

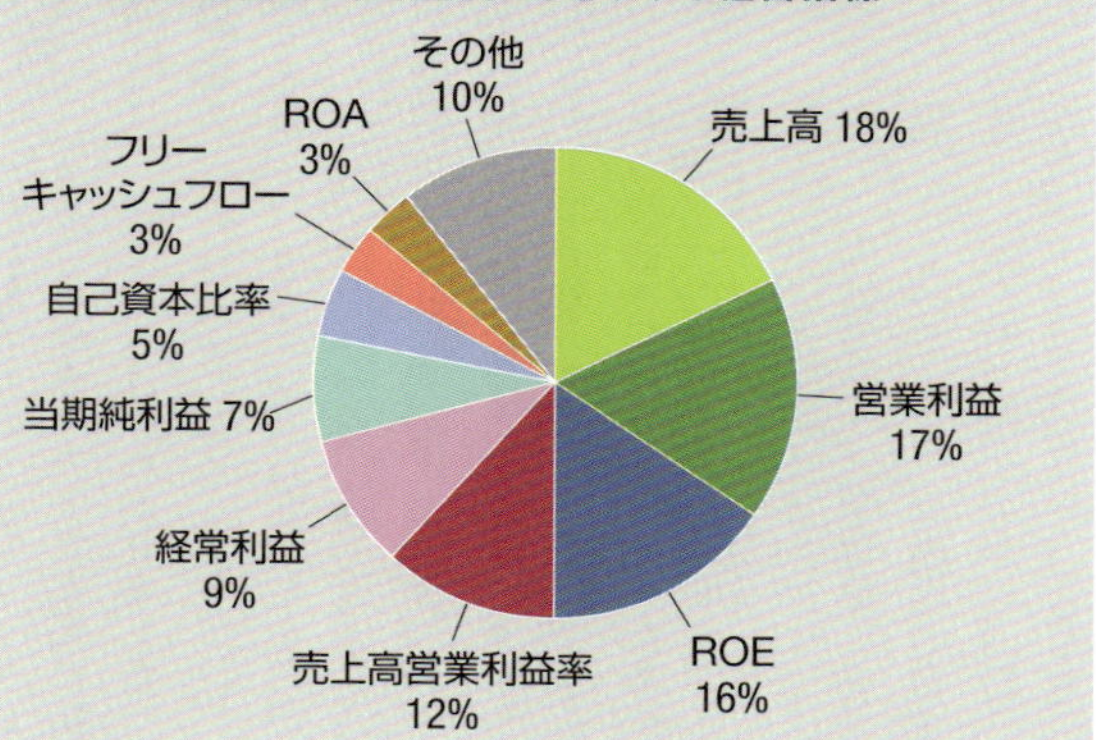

（注）有効回答社数1236社。最大三つまでの複数回答。各項目について延べ回答数を集計して作成
（出所）『会社四季報』2017年4集アンケート調査

■ シナジー効果が新規事業のポイントに
—新規投資やM&Aを判断する際に最も重視する経営指標—

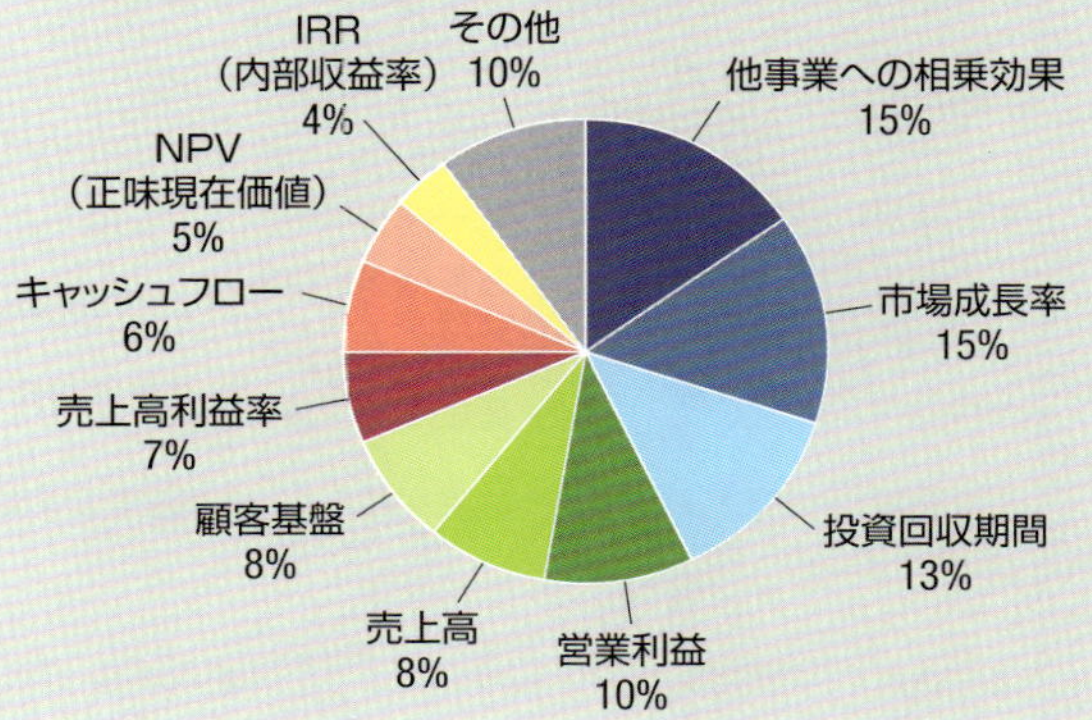

(注)有効回答社数931社。最大三つまでの複数回答。各項目について延べ回答数を集計して作成
(出所)『会社四季報』2017年4集アンケート調査

■ 既存事業では営業利益を重視
—既存事業の評価で拡大、維持・継続、縮小、撤退を決める際に最も重視する経営指標—

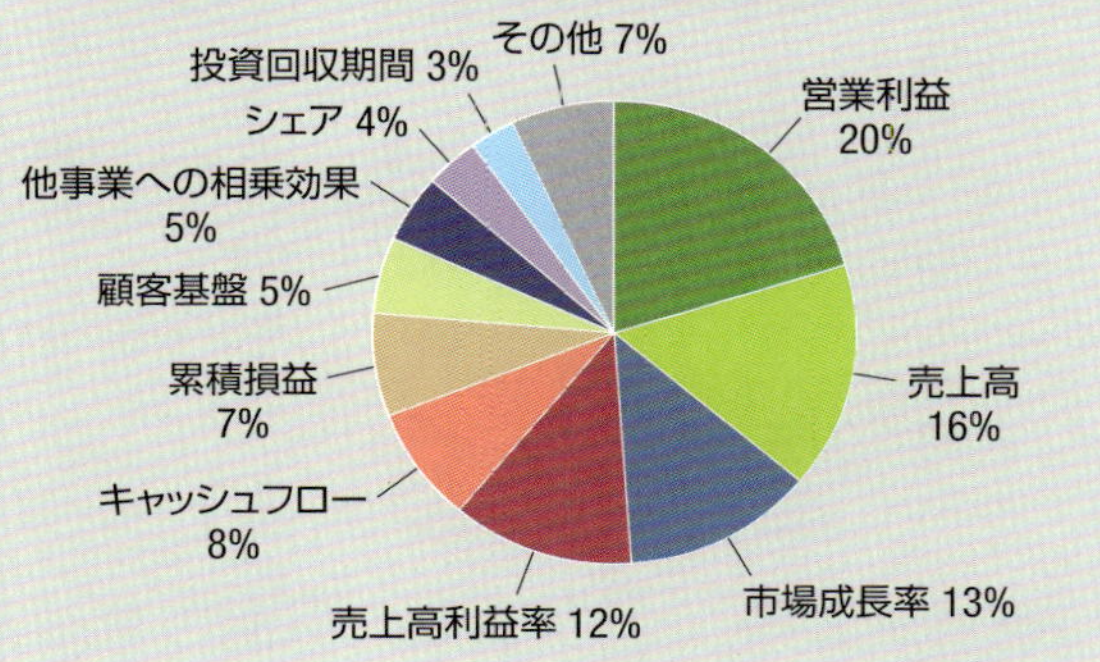

(注)有効回答社数930社。最大三つまでの複数回答。各項目について延べ回答数を集計して作成
(出所)『会社四季報』2017年4集アンケート調査

ィングスなど)、「買い上げ客数」「買い上げ品目数」(ニトリホールディングス)が挙がるなど、業種ごとの特徴もみられる。KDDIの「au経済圏」(オンラインコンテンツから実店舗決済、両方にまたがるコマース・金融などを含む、au顧客基盤上の経済圏)のように、独自の指標を採用している会社もある。

そのほか「コンプライアンス研修受講率」「お客様満足度調査」「死亡災害件数」(大成建設)や「施工段階のCO_2排出量」(大林組)、「重大・準重大災害件数」「クレーム件数」(エクセディ)など、コンプライアンスやCSR(企業の社会的責任)関連のKPIを挙げる会社もあった。KPIを知ることは、各社の経営方針や戦略、スタンスを理解するうえで参考になるだろう。

早稲田大学ビジネススクール客員教授の大津広一氏は、企業が存続するためには「企業価値の向上」が不可欠であるとし、「企業価値の向上を、社内外の人間が理解できる言葉で表現し、単年度ベースの目標と実績管理に活用でき、さらに自社でコントロールできる」会計指標をKPIに用いることの重要性を強調している。KPIを経営にどのように生かすかについては、56ページの大津氏論文をご覧いただきたい。

新規投資ではシナジーを追求

ところで、『会社四季報』17年4集秋号のアンケートではKPIと合わせて「会社経営上、最も重要だと思われる経営指標」や「既存事業の評価で拡大、維持・継続、縮小、撤退を決める際に最も重視する経営指標」「新規投資やM&Aを判断する際に最も重視する経営指標」についても調査している。その結果も、ここで紹介しておこう。

「会社経営上の重要経営指標」の集計結果は72ページ図のとおりだ。「売上高」「営業利益」「ROE」がトップ3となった。成長するための原動力として、やはり売り上げが重要であると考える企業が多いことが見て取れる。営業利益は本業での稼ぎを表す基本的な利益指標だ。ROEは企業の収益性を測る指標として重要視する企業が近年増えているが、本アンケート結果でもそれを裏付ける結果となった。

「既存事業の評価指標」と「新規投資やM&Aの判断指標」については、同じ選択肢の中から選ぶ方式でそれぞれ回答してもらったが、集計結果からは両者の違いが明らかとなった(上図参照)。

「既存事業の評価指標」では「営業利益」「売上高」「市場成長率」がトップ3。既存事業については、きちんと利益を稼いでいるかどうかが評価基準として重視されていることがうかがえる。

一方、「新規投資やM&Aの判断指標」では「他事業への相乗効果」と「市場成長率」が同率の1位となり、「投資回収期間」がそれらに続く結果となった。「他事業への相乗効果」が1位となったのは、既存事業とはまったくかけ離れたものではなく、研究開発や生産、あるいは販売面で既存事業とシナジー効果が得られるような新規事業であれば、少ないリスクでリターンを得られる可能性が高く、社内や株主の理解も得られやすいと考える会社が多いからだろう。

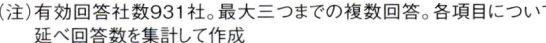

有力企業が評価に使う指標はこれだ！①

―各社のKPI（重要業績評価指標）―

コード	社名	重要業績評価指標（KPI）		
1419	タマホーム	ROE	営業利益率	D/Eレシオ
1719	安藤ハザマ	売上高4000億円程度	営業利益率定期的に5%以上	ROE 10%以上
1720	東急建設	営業利益率	受注時利益率	
1801	大成建設	コンプライアンス研修受講率	お客様満足度調査	死亡災害件数
1802	大林組	施工段階のCO_2排出量	死亡災害件数	企業倫理研修受講率
1803	清水建設	売上高	経常利益	有利子負債残高
1808	長谷工コーポレーション	受注額	粗利益率	
1820	西松建設	営業利益	ROE	配当性向
1821	三井住友建設	労働力生産性（1人当たり売上高）	受注時利益率	所定外労働時間
1824	前田建設工業	従業員1人当たり営業利益率		
1860	戸田建設	営業利益率		
1861	熊谷組	売上高	営業利益	当期純利益
1865	青木あすなろ建設	受注高	売上高	営業利益
1890	東洋建設	営業利益額	営業利益率	純資産額
1899	福田組	ROE　安定的に8%程度	純資産配当率2%、配当性向20%	
1925	大和ハウス工業	売上高成長率	時間当たり利益額	
1944	きんでん	受注高	売上高	営業利益
1949	住友電設	売上高経常利益率		
1961	三機工業	売上総利益率	受注高	
1969	高砂熱学工業	経常利益	売上高営業利益率	ROE
1973	NECネッツエスアイ	受注高	売上高	営業利益
1979	大気社	経常利益	営業利益	
2002	日清製粉グループ本社	売上高	営業利益	ROE
2331	ALSOK	売上高	経常利益	ROE
2503	キリンホールディングス	営業利益	ROE	EPS成長率
2531	宝ホールディングス	連結売上高	連結営業利益	海外売上高比率
2653	イオン九州	売上総利益	売上高営業利益率	
2730	エディオン	ROE	有利子負債倍率	自己資本比率
2768	双日	ROA		
2801	キッコーマン	売上高	営業利益	総資産回転率
2871	ニチレイ	設備能力当たり収入（低温事業）	営業利益率（加工食品事業）	EBITDA（水産・畜産事業）
2914	JT	為替一定調整後営業利益		
2918	わらべや日洋ホールディングス	ROE	売上高経常利益率	
3002	グンゼ	売上拡大による成長回帰	「NEXT運動」の推進と生産効率の向上	自ら挑戦するチーム風土の実現
3003	ヒューリック	ROE	D/Eレシオ	EBITDA倍率
3050	DCMホールディングス	売上高営業利益率	ROE	
3086	J.フロントリテイリング	ROE	営業利益	フリーキャッシュフロー
3105	日清紡ホールディングス	ROE		
3116	トヨタ紡織	売上高営業利益率	ROE	自己資本比率
3157	ジューテックホールディングス	シェア	売上高総利益率	
3167	TOKAIホールディングス	新規顧客獲得数	営業利益	1人当たり営業利益
3197	すかいらーく	既存店売上高年間平均成長率	新規出店数	コスト削減額
3222	ユナイテッド・スーパーマーケット・ホールディングス	売上高既存店前年比	営業利益率	当期利益率
3231	野村不動産ホールディングス	営業利益	ROE	自己資本比率
3341	日本調剤	売上高	営業利益	売上高営業利益率
3382	セブン&アイ・ホールディングス	既存店売上伸び率	営業利益率	
3401	帝人	ROE	ROIC	EBITDA
3402	東レ	売上高	営業利益	当期純利益
3405	クラレ	売上高	営業利益	キャッシュフロー
3407	旭化成	営業利益	売上高営業利益率	売上高
3564	LIXILビバ	営業利益高の成長		
3626	TIS	ROE	営業利益率	
3861	王子ホールディングス	売り上げ	利益	
3946	トーモク	ROE単体5%以上・連結8%以上	経常利益率5%以上	
4043	トクヤマ	営業利益	ROA	D/Eレシオ
4061	デンカ	営業利益	売上高営業利益率	ROE
4091	大陽日酸	売上収益	コア営業利益	ROCE
4114	日本触媒	ROA	売上高経常利益率	新規製品売上高
4151	協和発酵キリン	営業利益	ROE	

コード	社名	重要業績評価指標（KPI）		
5401	新日鐵住金	ROS（売上高経常利益率）	ROE	D/E
5440	共英製鋼	経営利益	ROE	自己資本比率
5451	淀川製鋼所	営業利益	経常利益	連結配当性向
5463	丸一鋼管	ROE	ROS	
5486	日立金属	ROE	ROA	フリーキャッシュフロー
5706	三井金属	対前年利益成長率	主要製品市場シェア	
5711	三菱マテリアル	ROA	EBITDA成長率	ROS
5715	古河機械金属	営業利益	ROE	
5803	フジクラ	売上高営業利益率	ROE	ROIC
5851	リョービ	売上高経常利益率	ROA	フリーキャッシュフロー
5938	ＬＩＸＩＬグループ	ROE	有利子負債倍率	売上高事業利益率
5991	ニッパツ	各事業・拠点ごとの売上、管理損益、限界利益	重要性の高い投資案件の回収年数	
6098	リクルートホールディングス	2017年3月期～2019年3月期の3年間における調整後EPSの年平均成長率1ケタ後半を目指す	毎期業績においては、期初に計画するEBITDA成長率	
6201	豊田自動織機	売上高	営業利益	売上高営業利益率
6268	ナブテスコ	売上高	営業利益	ROE
6269	三井海洋開発	売上高	当期純利益	ROE
6302	住友重機械工業	受注高	売上高	営業利益
6305	日立建機	調整後営業利益率	ROE	ネットD/Eレシオ
6310	井関農機	営業利益	有利子負債倍率	ROE
6326	クボタ	売上高成長率	経常利益	
6366	千代田化工建設	受注粗利益	完工粗利益	当期純利益
6367	ダイキン工業	ROE	ROA	フリーキャッシュフロー
6370	栗田工業	営業利益	売上高成長率	
6371	椿本チエイン	売上高目標達成率	営業利益前年度比増加率	在庫回転率前年度比改善率
6395	タダノ	シェア	棚卸し資産回転率	
6406	フジテック	営業利益率	営業利益	
6412	平和	営業利益率		
6457	グローリー	売上高	営業利益	売上高営業利益率
4183	三井化学	成長3領域の売上高（モビリティ、ヘルスケア、フード&パッケージング）	ROS	投資採算性
4203	住友ベークライト	予算達成率		
4204	積水化学工業	営業利益	売上高営業利益率	
4205	日本ゼオン	売上高	営業利益	売上高営業利益率
4208	宇部興産	ROE	D/Eレシオ	ROS
4307	野村総合研究所	2018年度にROE12%前後		
4452	花王	EVA	売上高成長率	売上高営業利益率
4471	三洋化成工業	連結営業利益200億円	ROE10%以上	
4503	アステラス製薬	EVA		
4507	塩野義製薬	経常利益	ROIC	ROE
4519	中外製薬	営業利益	ＥＰＳ成長率	
4523	エーザイ	ROE　8%以上	親会社所有者帰属持ち分比率50%以上	Net　DER<0.3
4536	参天製薬	売上高	営業利益（コアベース）	ROE（コアベース）
4613	関西ペイント	キャッシュ創出力		
4665	ダスキン	事業ごとの国内外の直営店、子会社売上高および加盟店推定売上高の合計		
4739	伊藤忠テクノソリューションズ	受注高	売上総利益率	不採算案件引当率
4837	シダックス	お客様満足度	従業員満足度	新規顧客獲得数
4914	高砂香料工業	売上高営業利益率	ROE	
5019	出光興産	ROE	ROIC	
5020	ＪＸＴＧホールディングス	フリーキャッシュフロー	ROIC	統合効果
5101	横浜ゴム	売上高	営業利益	売上高営業利益率
5105	東洋ゴム工業	売上高	営業利益	売上高営業利益率
5110	住友ゴム工業	営業利益	売上高営業利益率	
5191	住友理工	売上高	営業利益	
5201	旭硝子	営業利益	キャッシュフロー	ROIC
5233	太平洋セメント	セメント販売実績数量	セメント販売シェア	石炭価格
5334	日本特殊陶業	連結売上高	連結営業利益	ROIC

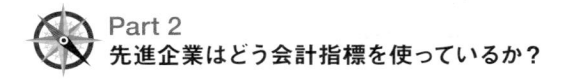

有力企業が評価に使う指標はこれだ！②

—各社のKPI（重要業績評価指標）—

コード	社名	重要業績評価指標（KPI）		
7269	スズキ	販売台数	投資額（設備投資、研究開発）	
7270	SUBARU	営業利益	新車販売台数	
7272	ヤマハ発動機	ROE	自己資本比率	売上高営業利益率
7276	小糸製作所	シェア	売上高営業利益率	
7278	エクセディ	重大・準重大災害件数	クレーム件数	
7453	良品計画	既存店成長率	面積当たり売上高	
7459	メディパルホールディングス	粗利増減額	販管費増減額	経常収支比率
7485	岡谷鋼機	売上高	当期純利益	海外取引比率
7517	黒田電気	売上高営業利益率		
7537	丸文	ROE		
7545	西松屋チェーン	人時生産性（従業員1人当たり1時間当たり売上総利益高）	PB比率	既存店売上高前年比
7552	ハピネット	ROE	売上高経常利益率	
7606	ユナイテッドアローズ	経常利益	経常利益率	ROE
7701	島津製作所	売上高営業利益率	営業利益	売上高
7731	ニコン	ROE	ROIC	
7733	オリンパス	投下資本利益率（ROIC）	営業利益率	自己資本比率
7735	SCREENホールディングス	売上高	営業利益率	損益分岐点比率
7751	キヤノン	売上高	当期純利益	売上高成長率
7905	大建工業	重点市場売上高（公共・商業・海外・住宅リフォーム・産業資材）	受注残（工事・物販）	重点市場限界利益額（公共・商業・海外・住宅リフォーム・産業資材）
7911	凸版印刷	売上高	営業利益率	
7947	エフピコ	売上高成長率	売上高経常利益率	自己資本比率
7988	ニフコ	売上高	売上高営業利益率	ROIC
8012	長瀬産業	連結売上高	連結営業利益	ROE
8022	ミズノ	売上高	営業利益	ROA
8028	ユニー・ファミリーマートホールディングス	既存店売上高伸び率	差益率、粗利率	客数伸び率
8036	日立ハイテクノロジーズ	EBITマージン率10%以上	EBIT絶対額50億円以上	EBITに占めるサービス事業の割合50%以上を維持

コード	社名	重要業績評価指標（KPI）		
6460	セガサミーホールディングス	事業セグメントごとの売上高・営業利益		
6473	ジェイテクト	ROA、ROE	有利子負債（D/Eレシオ）	棚卸資産（回転率）
6486	イーグル工業	ROIC		
6501	日立製作所	当期純利益	売上高営業利益率	ROA
6503	三菱電機	連結売上高	売上高営業利益率	ROE
6504	富士電機	売上高営業利益率	自己資本比率	ネットD/Eレシオ
6506	安川電機	新製品売上高	付加価値生産性	海外売り上げ
6508	明電舎	海外売上高比率	ROA	
6592	マブチモーター	売上高	売上高営業利益率	自己資本利益率
6645	オムロン	売上総利益率	ROIC	営業利益
6674	ジーエス・ユアサ コーポレーション	売上高成長率	営業利益率	ROIC
6753	シャープ	前年比売上高	前年比税込利益	計画精度
6756	日立国際電気	調整後営業利益	CCC（キャッシュ・コンバージョン・サイクル）	フリーキャッシュフロー
6762	TDK	ROA	損益分岐点	在庫回転率
6770	アルプス電気	ROIC	売上高	営業利益
6773	パイオニア	投資回収率	マーケットシェア	
6845	アズビル	営業利益率		
6856	堀場製作所	売上高	営業利益	ROE
6869	シスメックス	売上高	営業利益	売上高成長率
6925	ウシオ電機	営業利益	営業利益率	
6952	カシオ計算機	売上高	営業利益	ROE
6963	ローム	営業利益		
7003	三井造船	経常利益	ROIC	ROE
7012	川崎重工業	利益率の向上	コストの削減	キャッシュフローの改善
7013	IHI	CCC		
7181	かんぽ生命保険	当期純利益	配当性向	
7201	日産自動車	売上高	売上高営業利益率	フリーキャッシュフロー
7220	武蔵精密工業	自己資本比率	ROA	ROE
7230	日信工業	売上高営業利益率	売上高成長率	
7241	フタバ産業	売上高営業利益率	Net D/E レシオ	ROE
7259	アイシン精機	売上高	営業利益	売上高営業利益率
7267	ホンダ	SRI	ROS	

コード	社名	重要業績評価指標（KPI）		
9064	ヤマトホールディングス	ROE		
9066	日新	経常利益	対前年成長率	
9075	福山通運	営業利益率		
9101	日本郵船	ROE	経常利益	
9104	商船三井	経常利益	ROE	ギアリングレシオ
9142	九州旅客鉄道	営業収益	EBITDA	
9375	近鉄エクスプレス	航空・海上貨物取扱物量		
9401	ＴＢＳホールディングス	（世帯）視聴率の向上		
9422	コネクシオ	販売台数	台当たり粗利	
9432	日本電信電話	売上高	営業利益	EPS
9433	ＫＤＤＩ	au経済圏流通総額	モバイルID数	総合ARPA（au通信ARPA＋付加価値ARPA）
9437	ＮＴＴドコモ	営業利益	EBITDA	設備投資
9501	東京電力ホールディングス	コスト削減額	販売電力量	子会社の外部売り上げ・営業利益
9502	中部電力	販売電力量	火力熱効率	
9503	関西電力	外販（内販）売上高	経常利益	
9508	九州電力	株価	自己資本比率	経常利益
9532	大阪ガス	ガス販売量	電力販売量	
9533	東邦ガス	販売量		
9536	西部ガス	経常利益	フリーキャッシュフロー	
9603	エイチ・アイ・エス	旅行送客数・売り上げ	テーマパーク入場者数	ホテル稼働率・ADR
9616	共立メンテナンス	売上高成長率	営業利益成長率	ネットD/Eレシオ
9678	カナモト	売上高	ROE	損益分岐点
9735	セコム	売上高 前期比	営業利益 前期比	純利益 前期比
9747	アサツー ディ・ケイ	広告予算の最適化	チャネル＆キャンペーンプランを策定するプランニング手法開発	オンライン・オフライン統合型キャンペーン実施力の強化
9749	富士ソフト	売上高営業利益率	売上高成長率	
9792	ニチイ学館	サービス利用者数	顧客単価	従業員数
9843	ニトリホールディングス	買い上げ客数	買い上げ品目数	
9934	因幡電機産業	利益達成率	1人当たりの生産性	ROA
8043	スターゼン	売上高	経常利益	売上高営業利益率
8050	セイコーホールディングス	売上高成長率	営業利益（金額）	フリーキャッシュフロー
8051	山善	総資産営業利益率（ROA）	総資本回転率	キャッシュフロー・マージン率
8056	日本ユニシス	営業利益	営業利益率	売上高
8058	三菱商事	当期純利益	ROE	フリーキャッシュフロー
8059	第一実業	生産性	EPS	営業利益
8060	キヤノンマーケティングジャパン	売上高成長率	営業利益率	ROE
8086	ニプロ	売上高成長率	売上総利益率成長率	ROE
8150	三信電気	商談成約率	売上高総利益率	商談成約額
8185	チヨダ	営業利益	ROE	ROA
8198	マックスバリュ東海	客数既存比		
8252	丸井グループ	ROE	ROIC	EPS
8255	アクシアルリテイリング	売上高	経常利益	ROA
8382	中国銀行	親会社に帰属する当期純利益	連結ROE	連結自己資本比率
8418	山口フィナンシャルグループ	営業店収益（関連会社含む）	貸出金利回り	
8439	東京センチュリー	社内版ROA（経常利益/営業資産）	経常利益	自己資本比率
8566	リコーリース	取扱高		
8601	大和証券グループ本社	ROE	固定費カバー率	
8750	第一生命ホールディングス	グループ修正利益	グループ保有契約年換算保険料	EV（エンベディッド・バリュー）
8795	T＆Dホールディングス	Group MCEV	新契約価値	実質利益
8801	三井不動産	営業利益	ROA	有利子負債倍率
8802	三菱地所	営業利益	ROA	有利子負債倍率
9001	東武鉄道	営業利益	有利子負債／EBITDA倍率	総還元性向
9003	相鉄ホールディングス	当期純利益	ROA	有利子負債／EBITDA倍率
9005	東京急行電鉄	東急EBITDA	営業利益	有利子負債／東急EBITDA倍率
9006	京浜急行電鉄	営業利益	EBITDA	有利子負債倍率
9024	西武ホールディングス	旅客収入	RevPAR	貸付可能面積
9048	名古屋鉄道	ROE	ROA	有利子負債倍率

（注）有効回答社数684社のうち売上高上位の会社を掲載
（出所）『会社四季報』2017年4集アンケート調査

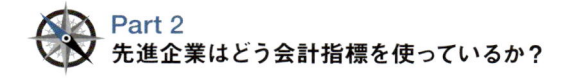

最強の会計力

Part 3

財務がわかれば企業が見える

中長期で、株価は利益の動きを反映する

順位	コード	社名	時価総額増加倍率（倍）	時価総額（億円）	営業利益増加倍率（倍）	直近決算期	直近営業利益（億円）
1	3064	MonotaRO	43.6	3,767	19.8	2016.12	94.9
2	2928	RIZAPグループ	41.9	3,392	−	2017.3	◇96.0
3	7575	日本ライフライン	28.5	2,513	25.2	2017.3	76.8
4	2782	セリア	28.2	4,740	6.6	2017.3	151.7
5	2427	アウトソーシング	25.7	1,594	3.7	2016.12	37.3
6	3769	GMOペイメントゲートウェイ	24.1	2,615	6.0	2016.9	38.1
7	2379	ディップ	20.3	1,594	12.8	2017.2	91.1
8	2222	寿スピリッツ	18.2	1,249	5.0	2017.3	38.4
9	3046	ジンズ	15.5	1,685	5.4	2016.8	36.8
10	2127	日本M&Aセンター	13.5	4,502	6.2	2017.3	90.4
11	3349	コスモス薬品	13.4	5,024	6.3	2017.5	222.3
12	7956	ピジョン	12.0	4,677	5.0	2017.1	160.1
13	7419	ノジマ	11.2	1,135	19.1	2017.3	150.9
14	9627	アインホールディングス	11.1	2,714	3.3	2017.4	145.6
〃	3765	ガンホー・オンライン・エンターテイメント	11.1	2,894	−	2016.12	460.8
〃	2413	エムスリー	11.1	10,378	−	2017.3	◇249.5
17	8876	リログループ	10.4	3,930	3.3	2017.3	132.6
18	1719	安藤ハザマ	9.8	1,457	8.3	2017.3	370.1
〃	7747	朝日インテック	9.8	3,780	10.2	2017.3	107.9
20	3397	トリドールホールディングス	9.4	1,467	−	2017.3	◇84.6
21	7412	アトム	9.2	1,548	1.8	2017.3	19.9
〃	2412	ベネフィット・ワン	9.2	2,001	3.0	2017.3	58.5
23	4751	サイバーエージェント	9.1	4,146	6.7	2016.9	367.9
〃	6324	ハーモニック・ドライブ・システムズ	9.1	5,504	1.8	2017.3	78.1
25	4552	JCRファーマ	9.0	1,121	8.4	2017.3	23.6

（注）株式時価総額増加倍率は2017年9月末の2007年9月末時点に対する倍率。時価総額が2017年9月末1000億円以上の企業を対象にランキングした。営業利益増加倍率は直近営業利益の10期前実績に対する倍率。◇はIFRS方式のため税引前利益を採用

企業価値は、企業が将来にわたって稼ぐ能力と定義づけられる。それは、株式時価総額と純有利子負債の和でも代替される。

中長期で見ると、時価総額と利益は連動するケースが多い。全上場企業について、直近決算期と10年前の営業利益を比べると、増益企業の8割以上は時価総額が上昇し、減益企業の6割以上は時価総額が下落している。上表は、10年間の時価総額増加倍率上位25社をまとめたものだが、IFRS移行で単純比較ができない企業を除くと、黒字転換を果たしたガンホー・オンライン・エンターテイメントを含め、全社が営業利益を伸ばしている。

比較対象がアイフォーン登場直後の2007年9月末のため、首位のMonotaROをはじめ、ネット企業が目立つ。100円ショップのセリアや、製造小売りのジンズなど、新しいタイプの内需企業も多い。逆に新日鉄住金や商船三井などは時価総額、営業利益とも6～8割減らすなど、企業の栄枯盛衰が垣間見える。両社にとって、08年に起きたリーマンショックは、資産効率、収益とも悪化に陥る転機となった。

決算書を読みこなすこと、それは企業の未来を見通すために欠かせない作業だ。

自分で作ればわかる 決算書のつながり

企業活動が財務３表にどう反映されるかがわかると、会計力は上がる。『書いてマスター！　財務３表・実践ドリル』などの著書がある経営コンサルタント・國貞克則氏の協力を得て作成したドリルに、ぜひ挑戦してほしい。

貸借対照表（ＢＳ＝Balance Sheet）、損益計算書（ＰＬ＝Profit and Loss Statement）、キャッシュフロー計算書（ＣＳ＝Cash Flow Statement）を、「わかりづらい」と感じる人は多いだろう。「企業の活動が、どう財務3表に反映されるか、つかみにくいこと」が高いハードルだ。

下の図を見てほしい。財務3表が表していることは、企業の基本である「おカネを集める」→「投資する」→「利益をあげる」という三つの活動だ。「どうやっておカネを集めたか」がＢＳの右側に、集めたおカネが「何に投資されているか」がＢＳの左側にまとめられる。

ＰＬは「どのように利益をあげているか」を表し、実際のおカネの流れをまとめているのがＣＳだ。ＣＳは、どうやっておカネを集めたかが「財務キャッシュフロー」、何に投資したかが「投資キャッシュフロー」、どう利益をあげたかが「営業キャッシュフロー」に、現金の動きの観点からまとめられる。

この財務3表のつながりを理解する方法は、企業の活動が3表へ、どう反映されるか、自分の頭で考え、実際に作ってみることがいちばんだ。そうすれば、会計の基本的な仕組みに加え、3表のつながりがわかる。

ここで押さえておくべき財務3表の基本のつながりは、3点ある。①一定期間の事業活動の結果を表すＰＬの当期純利益は、配当をはじめとする利益処分などを経て、期間終了時点の資産構成を表すＢＳで、純資産の部を押し上げる。②ＢＳの右側はおカネを集めた方法、左側はおカネの使い道を表すため、両者は一致する。③ＣＳのいちばん下の現金及び現金同等物期末残高は、ＢＳの現金及び預金と一致する（正確にはＢＳの現金及び預金から預入期間が3カ月を超える定期預金を除いた額と一致する）。

なお、ＣＳには直接法と間接法の2種類がある。直接法は、決算期の期首から期末まで実際の現金の動きを直接記入する。ただ、すべての伝票を拾って、現金の出入りを逐一追うことは大変な労力がかかるので、ＰＬとＢＳの数字から逆算してＣＳを作る方法も認め

■ **財務3表は企業が行う3つの活動を表す**

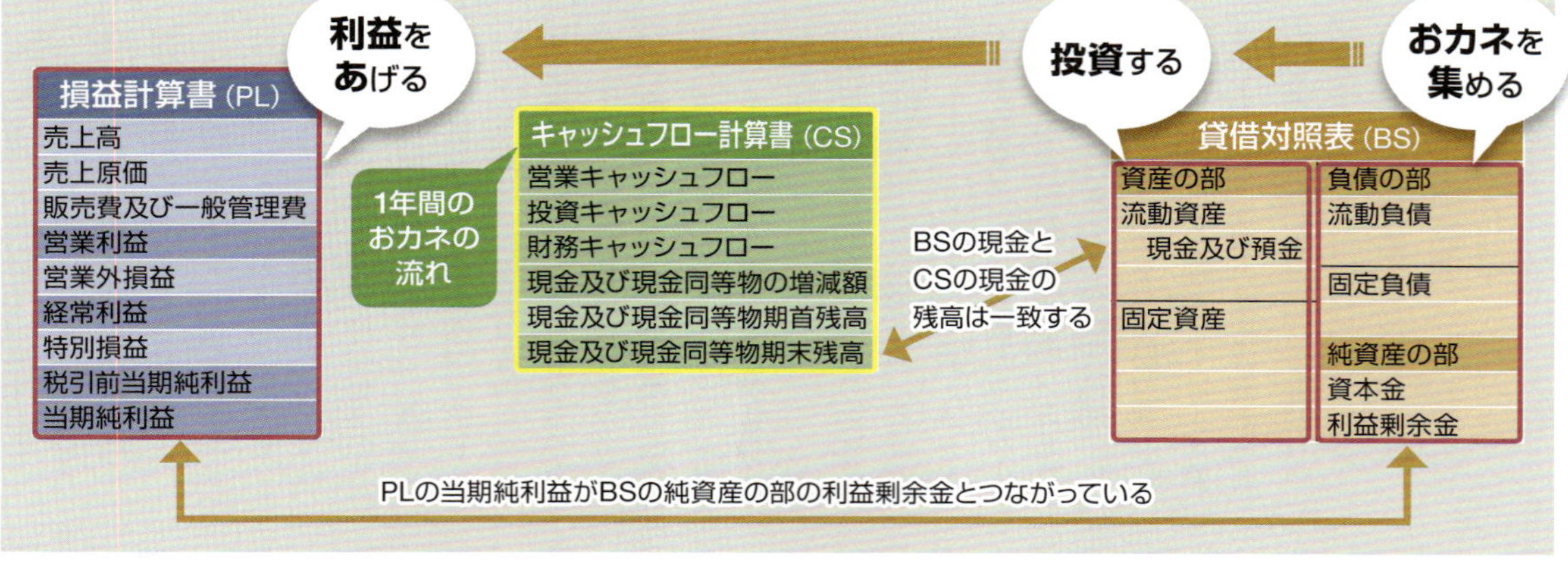

資本金50万円の計上で3表はどう変化するか

PL	売上高		
	販売費及び一般管理費		
	営業利益		0
	経常利益		0
	当期純利益		0
BS 左側	資産の部	流動資産	
		現金及び預金	50
		固定資産	
		資産合計	50
BS 右側	負債の部	流動負債	
		固定負債	
	純資産の部	株主資本	
		資本金	50
		利益剰余金	0
		負債・純資産合計	50
CS	営業CF	営業活動によるCF計	0
	投資CF	投資活動によるCF計	0
	財務CF	株式発行収入	50
		財務活動によるCF計	50
	現金及び現金同等物の増減額		50
	現金及び現金同等物期首残高		0
	現金及び現金同等物期末残高		50

られている。これが間接法だ。間接法では、PLの税引前当期純利益を基準に、減価償却費のように、現金の動きがないのに税引前当期純利益を変化させる項目を差し引きして、現金の動きを逆算して求める。今回のドリルでは、直接法を使って理解を深めることにする。

五つの手順でドリルを進めよう！

ドリルでは、読者のみなさんが工作教材を仕入れて販売する代理店を設立する、と仮定して進めることにする。設立から軌道に乗るまでの1年間、企業の活動を基に財務3表を作成していくことにしよう。

ドリルでは、以下の手順に従って、数字を書き込んでいただきたい。

Ⅰ．PLに影響する取引かを判断する。損益に影響するのであればPLに書き込み、利益を計算する。

Ⅱ．PLの当期純利益を、BSの純資産の部の利益剰余金に反映させる。今回は利益処分などは勘案しない。

Ⅲ．BSに数字を書き入れたうえで、BSの右側（負債＋純資産）と左側（資産）の合計が、バランスしているかを確認する。

Ⅳ．今回は直接法CSを使用するので、実際の現金の動きを営業CF、投資CF、財務CFに分類して書き込み、さらに三つのCFの合計を、現金及び現金同等物の増減額に記入する。その下にある現金及び現金同等物期末残高にも反映させる。

Ⅴ．CSの現金及び現金同等物期末残高と、BSの現金及び預金が一致していることを確認する。

では、ドリルに挑戦してみよう。

Q．貯金50万円で企業を設立すると、3表はどう動くだろう？

左上の表を使って、手順を確認していこう。資本金50万円で企業を設立しても、それだけでは売り上げや利益は増えない。損益に影響がないのでPLは変化しない。そこでPLの営業利益と経常利益、そして当期純利益に0を入れ、BSの利益剰余金にも0を入れる。

BSは右側（純資産）に、資本金50万円が入り、左側（資産）は現金及び預金50万円が入ることで、左右がバランスする。CSは、資本金は財務CFに分類され、株式発行収入として50万円が入る。するとCSの現金及び現金同等物期末残高と、BSの現金及び預金が一致する。

あとは「習うより慣れよ」だ。83ページ表は、基本的な企業活動を項目別に並べている。それぞれを3表にどう反映すべきか、考えてほしい。企業活動は、左の項目から右に進むと考えよう。その際、3表の数字は積み上がっていく。答えがわかったら、実際に記入して85ページの解答と答え合わせをしよう。

まず、資本金50万円だけでは足りないので、銀行から設備導入資金100万円を長期借入金で借りる。これも損益にかかわる取引ではないので、PLは変化しない。BS右側（負債）に長期借入金100万円が入り、左側（資産）はその分、現金及び預金が増え計150万円になる。CSは財務CFで長期借入金収入100万円が入る。その結果、現金及び現金同等物期末残高は、資本金50万円と合わせて計150万円になり、BS左側（資産）の現金及び預金の額と一致する。

Q．営業活動を本格化するため、ボールペンなどの事務用品5万円と、パソコン50万円を購入する。3表はどう変わるだろう？

ボールペンなど事務用品5万円は経費で落とせるので、PLの販売費及び一般管理費に計上する。売り上げはなく、営業利益以降の利益は▲5万円となる。PLの当期純利益も▲5万円になるため、BS右側（純資産）の利益剰余金に▲5万円が入る。BS左側（資産）は、購入費用5万円分の現金及び預金が減り、左右が一致する。CSは、営業CFのその他の営業支出が▲5万円となる。事務用品など1年以内に使い切る少額資産は、BSに計上せず、このように最初からPLで処理する。

一方、パソコンなどのように長期間使用する固定資産は、費用計上方

	在庫10万円分の認識	減価償却費10万円計上 税金45万円計上

法が違う。いったんBSの左側（資産）に計上し、1年間使った分を減価償却費としてPLに計上する。そのためパソコンを現金50万円で購入するだけでは、PLに直接影響はなく、BS左側（資産）の現金及び預金50万円が、固定資産の機械装置に振り替わる。BS右側（負債＋純資産）は変化がなく、CSは投資CFの固定資産取得に▲50万円が入る。減価償却費は後で説明する。

ドリルではそれぞれの項目による動きを色分けしているので、みなさんで確認しながら進めてほしい。

PLに影響するか？現金は実際に動くか？

Q. いよいよ営業開始だ。今度は、工作教材を10万円で仕入れ、20万円で販売する場合を考えよう。

商品を10万円で仕入れたので、PLの売上原価の、当期商品仕入高に10万円を計上する。まだ売り上げはないので、売上総利益が▲10万円となり、営業利益以下の利益はすべて▲15万円になる。

PLの当期純利益▲15万円を、BSの利益剰余金に反映させる。BS右側（負債＋純資産）の合計は、利益剰余金が10万円減った影響で、135万円となる。BS左側（資産）は商品の仕入れ代金10万円が出ていき、左右はバランスする。

CSでは営業CFの、商品の仕入れ支出に▲10万円を記入する。CSの現金及び現金同等物期末残高は85万円となり、BSの現金及び預金の85万円と一致する。

おめでとう、商品を現金20万円で販売できた。PLに売り上げ20万円を計上し、売上総利益は10万円、営業利益以下の利益はすべて5万円になる。当期純利益5万円をBSの利益剰余金に反映させる。この影響でBSの右側（負債＋純資産）は20万円増える。BS左側（資産）は売上代金20万円が現金及び預金に入り、左右が一致する。CSは、営業CFで営業収入20万円が入る。

さらに事業を拡大する場合、商品の大量仕入れのため、運転資金が必要になる。そこで銀行から短期借入金100万円を借りた。借り入れは損益に影響しないので、PLは変化しない。BS右側（負債）の流動負債に、短期借入金100万円を計上する。BS左側(資産)は現金及び預金が100万円増え、左右がバランスする。CFは、財務CFの短期借入金収入に100万円を記入する。

買い掛け、掛け売りで事業を拡大すると…

商品の仕入れ元と取引実績ができたことで、代金後払い(買い掛け)で商品を仕入れられるようになった。

Q. では、200万円分の商品を買い掛けで仕入れ、掛け売り、つまり代金後払いで400万円を販売するケースを考えてみよう。

200万円分の商品を買い掛けで仕入れると、PLでは売上原価の当期商品仕入高が、以前に現金で仕入れた10万円分と合わせ計210万円になる。まだ売り上げは現金販売の20万円だけなので、売上総利益は▲190万円となり、営業利益以下すべての利益が▲195万円になる。

BS左側（資産）は、現金は出ていないので、変化はない。右側は純資産の部で、当期純利益が下がった分、利益剰余金が200万円減る。ただ、同じBS右側にある、負債の部は借金のみを指すわけではなく、将来に支払わなければならない義務＝債務を表す。流動負債の買掛金が200万円増え、BS左右の合計は一致する。CSは、現金の動きを伴わないので、動かない。

その後、400万円を掛け売りで販売できた。すると、PLの売り上げは、現金で売り上げた20万円と合わせて420万円になる。これで売上総利益は210万円、営業利益以下の利益は205万円になる。

それに伴い、BS右側の純資産は、利益剰余金が400万円増える。掛け売りなので、この時点で現金は入っていないが、BS左側（資産）は、現実にある資産だけでなく、将来、支払われることが予定される債権も含まれる。流動資産の売掛金が400万円増え、左右が一致する。掛け売りは実際の現金の動き

それぞれの項目を3表に反映してみよう！

		資本金 50万円で 会社設立	事務用品 5万円 購入			短期借入 100万円				短期借入金 100万円 返済	
		長期 借入金 100万円	機械装置 50万円 購入	商品 10万円を 現金仕入れ	現金 売り上げ 20万円	買掛による 仕入れ 200万円	売掛による 販売 400万円	買掛金 200万円の 支払い	売掛金 300万円の 回収	利息 10万円 支払い	
PL	売上高										
	売上原価　期首商品棚卸高										
	当期商品仕入高										
	期末商品棚卸高										
	差引										
	売上総利益										
	販売費及び一般管理費										
	事務用品費										
	減価償却費										
	営業利益										
	支払利息										
	経常利益										
	税引前当期純利益										
	法人税等										
	当期純利益										
BS 左側	資産の部　流動資産										
	現金及び預金										
	売掛金										
	商品										
	固定資産										
	機械装置										
	資産合計										
BS 右側	負債の部　流動負債										
	買掛金										
	短期借入金										
	未払法人税等										
	固定負債										
	長期借入金										
	純資産の部 株主資本										
	資本金										
	利益剰余金										
	負債・純資産合計										
CS	営業CF　営業収入（+）										
	商品の仕入れ支出（−）										
	その他の営業支出（−）										
	小計										
	利息の支払額（−）										
	法人税等の支払額（−）										
	営業活動によるCF計										
	投資CF　固定資産取得（−）										
	投資活動によるCF計										
	財務CF　短期借入金収入（+）										
	短期借入金返済（−）										
	長期借入金収入（+）										
	株式発行収入（+）										
	配当金支払（−）										
	財務活動によるCF計										
	現金及び現金同等物の増減額										
	現金及び現金同等物期末残高										

在庫10万円分の認識	減価償却費10万円計上
	税金45万円計上
420	420
0	0
210	210
10	10
200	200
220	220
5	5
	10
215	205
10	10
205	195
205	195
	45
205	150
195	195
100	100
10	10
50	40
355	345
0	0
0	0
	45
100	100
50	50
205	150
355	345
320	320
▲210	▲210
▲5	▲5
105	105
▲10	▲10
95	95
▲50	▲50
▲50	▲50
100	100
▲100	▲100
100	100
50	50
150	150
195	195
195	195

を伴わないので、CSは動かない。

Q．買掛金を支払い、売掛金を回収すると、どう変わるだろう？

買い掛けで仕入れた商品代金200万円を支払う。PLはすでに商品の仕入れを計上しているので、変わらない。買掛金は現金で払うため、BS左側（資産）の現金及び預金は200万円減る。BS右側（負債）は、買い掛けで仕入れた際に計上した買掛金200万円がなくなり、左右が一致する。CSは、現金による支払いが発生したので、すでに現金仕入れをした10万円と合わせて、商品の仕入れ支出が計210万円になる。

売掛金は、300万円を回収できた。PLは、売り上げ計上は終わっているので変わらない。BS左側（資産）は、売掛金400万円のうち300万円を回収したので、売掛金が100万円に減り、現金及び預金が300万円増える。合計は変わらず、右側（負債＋純資産）に変化はない。CSは、売上代金300万円を現金で回収したので、営業収入300万円が入る。すでに現金販売をした20万円と合わせ、今期は計320万円の現金が売り上げ収入として入ったことになる。

短期借入金100万円は、1年の間に返済する必要がある。銀行から借りたので、利息10万円も返済時に支払う。借入金返済はPLに表れないが、利息は借入金に対する費用のようなものなので、PLの営業外費用の支払利息に計上する。当期純利益が減る分、BS右側（純資産）は利益剰余金が10万円減る。負債の短期借入金がなくなる分と合わせBS右側（負債＋純資産）は計110万円減る。BS左側（資産）は、現金及び預金で元金返済分の100万円と利息の10万円を支払うので110万円が減り、左右は一致する。CSは、元金返済100万円を財務CFの短期借入金返済▲100万円に計上する。利息支払いは営業CF小計の下で▲10万円を計上する。

期末の在庫認識、減価償却も怖くない！

Q．期末在庫10万円を認識、減価償却費を計上しよう。

決算期末には、仕入れた商品の在庫を期末商品棚卸高として認識し、その期の売上原価を確定させる。在庫を10万円認識すると、PLの期末商品棚卸高は10万円となり、その分、売上原価が圧縮される。営業利益以降の利益はすべて10万円増え、BS右側（純資産）の利益剰余金も10万円増える。BS左側（資産）は、流動資産に商品10万円が入り、左右が一致する。CSは、在庫を認識しただけで、現金に動きはない。

次に50万円で買ったパソコンの減価償却費を計上する。固定資産は使用期間に応じて減価償却費を計上する。パソコンを5年間使うとすると、今期の売り上げはパソコンの5分の1の価値を使って上げたことになる。この価値分を今期の費用として計上すればよいので、PLでの販売費及び一般管理費で、減価償却費10万円を計上する。

当期純利益が減る分、BS右側（純資産）は、利益剰余金が減る。BS左側（資産）は、現金が出ていくわけではないので現金及び預金は変わらない。固定資産の50万円が40万円に、1年間使った費用分だけ価値が下がり、BSの左右が一致する。CSは、現金が動いているわけではないので、変化はない。

Q．最後に、利益が確定したので、税金を計算してみよう。

法人税を実際に支払うのは翌期になってからで、この時点では法人税を計上するだけだ。PLは法人税等に45万円を計上し、当期純利益は150万円となる。BSの右側（純資産）は利益剰余金が45万円減るが、流動負債の未払法人税等に45万円を計上する。まだ法人税は払っていないので、BS左側（資産）の現金及び預金は動かず、左右はバランスする。CSも、現金が動くわけではないので、変化はない。

どうだろう。ポイント中心だが、1年間の主な企業活動が、財務3表にどう影響するかを見てきた。さらに会計のレベルを上げたいと考えている人は、実際の財務3表をたくさん見ることで目を養ってほしい。

3表に反映するとどう変わったか？

		資本金50万円で会社設立	事務用品5万円購入			短期借入100万円				短期借入金100万円返済
		長期借入金100万円	機械装置50万円購入	商品10万円を現金仕入れ	現金売り上げ20万円	買掛による仕入れ200万円	売掛による販売400万円	買掛金200万円の支払い	売掛金300万円の回収	利息10万円支払い
PL	売上高				20	20	420	420	420	420
	売上原価　期首商品棚卸高									
	当期商品仕入高			10	10	210	210	210	210	210
	期末商品棚卸高									
	差引									
	売上総利益	0	0	▲10	10	▲190	210	210	210	210
	販売費及び一般管理費									
	事務用品費		5	5	5	5	5	5	5	5
	減価償却費									
	営業利益	0	▲5	▲15	5	▲195	205	205	205	205
	支払利息									10
	経常利益	0	▲5	▲15	5	▲195	205	205	205	195
	税引前当期純利益	0	▲5	▲15	5	▲195	205	205	205	195
	法人税等									
	当期純利益	0	▲5	▲15	5	▲195	205	205	205	195
BS左側	資産の部　流動資産									
	現金及び預金	150	95	85	105	205	205	5	305	195
	売掛金						400	400	100	100
	商品									
	固定資産									
	機械装置		50	50	50	50	50	50	50	50
	資産合計	150	145	135	155	255	655	455	455	345
BS右側	負債の部　流動負債									
	買掛金					200	200	0	0	0
	短期借入金					100	100	100	100	0
	未払法人税等									
	固定負債									
	長期借入金	100	100	100	100	100	100	100	100	100
	純資産の部　株主資本									
	資本金	50	50	50	50	50	50	50	50	50
	利益剰余金	0	▲5	▲15	5	▲195	205	205	205	195
	負債・純資産合計	150	145	135	155	255	655	455	455	345
CS	営業CF　営業収入（+）				20	20	20	20	320	320
	商品の仕入れ支出（−）			▲10	▲10	▲10	▲10	▲210	▲210	▲210
	その他の営業支出（−）		▲5	▲5	▲5	▲5	▲5	▲5	▲5	▲5
	小計	0	▲5	▲15	5	5	5	▲190	105	105
	利息の支払額（−）									▲10
	法人税等の支払額（−）									
	営業活動によるCF計	0	▲5	▲15	5	5	5	▲195	105	95
	投資CF　固定資産取得（−）		▲50	▲50	▲50	▲50	▲50	▲50	▲50	▲50
	投資活動によるCF計	0	▲50	▲50	▲50	▲50	▲50	▲50	▲50	▲50
	財務CF　短期借入金収入（+）					100	100	100	100	100
	短期借入金返済（−）									▲100
	長期借入金収入（+）	100	100	100	100	100	100	100	100	100
	株式発行収入（+）	50	50	50	50	50	50	50	50	50
	配当金支払（−）									
	財務活動によるCF計	150	150	150	150	250	250	250	250	150
	現金及び現金同等物の増減額	150	95	85	105	205	205	5	305	195
	現金及び現金同等物期末残高	150	95	85	105	205	205	5	305	195

ポイントは15の経営指標
——安全性、収益性、将来性をどう見るか——

会社分析の際は安全性、収益性、将来性の三つの視点から見ることが重要だ。ポイントは15の経営指標。財務諸表を使えば、ライバル比較、時系列分析もできる。

経営コンサルタント●小宮一慶

会社の財務諸表を読み込むには、「経営指標」を使って分析するのが便利だが、その際に何が重要で、どういう順序で見ればいいいだろうか。私は、つねに次の優先順位で見るようにしている。

①安全性→②収益性→③将来性

安全性を最優先にするのは、倒産すれば、会社自体がなくなるからだ。株式、融資、債権もすべて価値を失い、雇用も維持できなくなる。

安全性を貸借対照表からチェックして「当面、倒産する懸念はないだろう」とわかったら、次に主に損益計算書から収益性を見る。つまり、十分な利益を稼ぎ出しているかどうかを調べるのだ。

安全性、収益性ともに問題がないことがわかれば、最後にキャッシュフロー計算書などから将来性を読み取る。

それぞれの経営指標を見るうえで大切なことは、第一にその定義を知る、第二にその標準値を知る、第三に自社の数字と比べて検証してみる、という3点だ。以下、セブン＆アイ・ホールディングス（以下、セブン＆アイ）の数字を参考にしながら、各指標の使い方を見ていくことにしよう。

安全性
資金繰りがわかる手元流動性と流動比率

会社の安全性は、必ず現金に近いところから見る。私は手元流動性（［現預金＋有価証券など、すぐに現金化できる資産＋すぐに調達できる資金］÷月商）という指標を真っ先に見ることで、いちばん短期的なスパンで資金繰りが十分かを調べる。

ただし現預金と有価証券（主に流動資産に属するもの）は貸借対照表に載っているが、「すぐに調達できる資金」は調べられない。資金繰りが厳しい会社だと、すぐに借りられる資金がない場合も少なくない。一般的に、他社などの手元流動性を調べる場合は「すぐに調達できる資金」は省いて考えて問題ない。

手元流動性の安全基準は大企業の場合は1カ月分だ。JASDAQ上場、東証2部上場くらいの中規模企業だと１・２〜１・５カ月分、中小企業なら１・７カ月分が目安となる。企業規模が小さいほど多く必要なのは、資金を調達できるスピードが遅いからだ。

セブン＆アイ（２０１７年２月期、以下同様）の手元流動性を計算してみよう。1年間の売上高を12カ月で割ると、月商は４８６３億円。現預金1兆２２２１億円を月商で割ると、２・５カ月分だ。セブン銀行を保有する特殊事情はあるものの、潤沢な資金を持っていると言える。

次に見る指標は流動比率（流動資産÷流動負債）だ。会社は負債を返せなくなったとき、正確には1年以内に返済義務がある流動負債を返せなくなったときに潰れる。そこで、流動負債に対して、1年以内に現金化あるいは費用化する資産を意味する流動資産が占める比率を計算して、短期的な安全性を調べる。

セブン＆アイは流動資産2兆２７４４億円÷流動負債1兆９４７６億円＝１１６・８％だ。8割方の会社は１２０％以上あれば安全と判断するが、流通業はそれより低くても大丈夫である。なぜなら日銭が入るためだ。

鉄道会社やガス会社、電力会社も同様だ。鉄道業なら50％程度でもかまわない。セブン＆アイなど小売業は、70％程度あれば資金繰りの心配がないところも多い。

逆に流動比率が高くても苦しい業種もある。医療や介護業界などだ。その場で現金を受け取れるのは3割（医療）や1割（介護）で売掛金が膨らむため、売上高が上がるほど資金繰りが厳しくなる。

短期的な安全性を調べるため、流動比率より厳しく見る指標が当座比率（当座資産÷流動負債）だ。「当座資産」は、流動資産の中でも現金化しやすい資産を指す。具体的には「現金及び預金」「受取手形及び売掛金」「有価証券」などが含まれる（正確には、これらから「貸倒引当金」を差し引いたもの）。業種によってバラツキがあるが、一般的には90％が基準になる。

「安全性」を分析するための指標

①	手元流動性	（現預金＋有価証券などのすぐに現金化できる資産＋すぐに調達できる資金）÷月商
②	流動比率	流動資産÷流動負債
③	自己資本比率	自己資本（純資産）÷総資産
④	デット・エクイティ・レシオ	有利子負債÷純資産

中期的な安全性を判断する自己資本比率

中長期的な安全性を表す指標が自己資本比率（自己資本÷総資産）だ。資産を賄うおカネのうち、返済義務のない資金源といえる自己資本が占める比率を表す。自己資本とは、純資産の株主資本とその他の包括利益累計額（評価換算差額金）を足したものだ（多くの会社では純資産を分子にしても問題ない）。

製造業のように工場や建物などの固定資産を多く使う会社だと20％以上、商社や卸売業のように在庫などの流動資産を多く扱う会社は15％以上が安全性の目安となる。金融業以外のどんな業種でも、10％以上なければ過小資本だ（銀行は預金者からおカネを借りることになるので自己資本比率は低くなる。一般に金融業は10％を切っていても資金繰りは回る）。セブン＆アイの場合は42・4％で十分安全といえる。

私はデット・エクイティ・レシオ＝DEレシオ（有利子負債÷純資産）にも注意する。有利子負債とは、具体的には流動負債の中の「短期借入金」「コマーシャルペーパー」「1年内返済予定の長期借入金」「1年内償還予定の社債」、固定負債の中の「社債」「長期借入金」などのことだ。「リース債務」も有利子負債に含めて考える。DEレシオの安全性の目安は1倍未満だ。

収益性

分析する基本は売上高の伸び

次に、損益計算書で収益性を分析する方法を見ていこう。

最初に見るのは売上高成長率［（当期売上高－前期売上高）÷前期売上高］だ。前の期に比べて、売上高がどれだけ伸びたか減ったかに加え、なぜそうなったか、理由も調べてほしい。各社が公表している「決算短信」の冒頭には、その理由が詳しく書いてある。

売上高は、会社と社会の接点の大きさを表しているといえる。売上高が増えることは、会社が社会に占めるプレゼンスが増えているといえ、次の項で取り上げる将来性を判断するうえでも重要だ。セブン＆アイの17年2月期は3・5％の減収だった。

売上高の伸びは、総資産の伸びと比較することも必要だ。総資産回転率（売上高÷総資産）が改善していれば、資産効率が上がっている。逆に売上高より総資産の伸びが大きいと、資産効率は悪化している。セブン＆アイは売上高5兆8356億円÷総資産5兆5088億円＝1・06倍で問題ない水準だと判断していい。なお、製造業は、大体1倍前後が適正水準だと考えられる。

総資産回転率のよさは一方で、安全性の面で問題となる場合がある。資産はある程度売却が可能で、いざというときの保険の役割を果たす。が、資産規模が小さければ、「売るもの」があまりないといえる。コンサル会社など、資産回転率の高い会社は大抵、家賃や人件費に多くの費用をかけている。こうした会社は、売上高が極端に落ち込むと、家賃や社員へ給料を払えなくなる事態が起きやすい。効率性と安全性には、表と裏の関係があることは理解しておくようにしたい。

売上高の伸びを見る際は、棚卸資産の増減との関係にも注意してほしい。たとえば売上高が減ったにもかかわらず、在庫が増えた場合は不良在庫が積み上がっているリスクがあるからだ。

損益計算書に貸借対照表を組み合わせて判断する

売上原価率（売上原価÷売上高）も注意したい。売上高が伸びても、原価がそれ以上に増えると利益は伸びない。セブン&アイの場合、16年2月期は77・8%、17年2月期は77・5%でコントロールができている。

「何カ月分の在庫を持っているか」を表す棚卸資産回転月数（棚卸資産÷1カ月当たりの売上原価）も重要だ。業績不振に悩む大塚家具と絶好調のニトリホールディングスについて比較してみると、興味深い。大塚家具の在庫はおよそ7・9カ月分（16年12月期）に対し、ニトリは2・5カ月分（17年2月期）。ニトリは大塚家具と比べて低価格路線をとっており、在庫の回転率が高い。売上総利益率はどちらも50%程度で大きく変わらないので、回転率が高い分、ニトリが高収益だとわかる。

売上高に対する販管費の割合が販管費率（販管費÷売上高）。販管費には売上原価以外の本業にかかわる費用がすべて含まれる。そして売上高営業利益率（営業利益÷売上高）が「本業の儲け」を表す大切な指標だ。損益計算書は主に収益性を見るためのものだが、金額で見るとともに、このように率で管理することが大原則になる。

ROE（自己資本利益率＝親会社株主に帰属する当期純利益÷自己資本）は、株主のものである自己資本で、どれだけ効率よく利益を稼ぎ出したかを表す指標として、注目度が増している。8%を目標とする企業が多いが、セブン&アイは4・1%だ。

ROA（総資産利益率＝利益÷総資産）は、総資産をどれだけ有効に使って利益を上げているかを表す（利益は純利益に限らない）。注意点は、ROAを高めるとROEは上がるが、その逆は必ずしも正しいとはいえないことだ。ROAとROEについては、90㌻からの「StepUP」で詳しく解説しているので見てほしい。

複数事業や海外に展開をしている会社では、決算短信に掲載されている国や地域別、事業別のセグメント情報に目を通すことが大切だ。

セブン&アイの「セグメント利益又は損失（▲）」の項目を見ると、主力のコンビニ事業は国内外合計で最大の3112億円をたたき出している。次いで貢献しているのが、意外にも501億円の利益を上げる、セブン銀行などの金融関連事業だ。同事業は利益率が非常に高い。一方、コンビニ事業同様に売上高の大きいスーパーストア事業の利益は、コンビニ事業の10分の1以下の202億円しかない。スーパーは利益率が低く、儲からない事業であることがわかる。

「収益性」を分析するための指標

⑤	売上高成長率	（当期売上高−前期売上高）÷前期売上高
⑥	総資産回転率	売上高÷総資産
⑦	売上原価率	売上原価÷売上高
⑧	棚卸資産回転月数	棚卸資産÷1カ月当たりの売上原価
⑨	販管費率	販管費÷売上高
⑩	売上高営業利益率	営業利益÷売上高
⑪	ROE	純利益÷自己資本
⑫	ROA	利益÷総資産

売上原価が売上高の伸び以上に増えたら利益を伸ばせない

販管費には、営業所の家賃や人件費、広告宣伝費、製造面以外の減価償却費など、売上原価以外の本業にかかわる費用がすべて含まれる

「本業の儲け」の効率性を示す

収益源はコンビニと金融、スーパーは苦戦

—セブン&アイ・ホールディングスのセグメント情報（2016年3月〜2017年2月）—

（単位：100万円）

営業収益	国内コンビニエンスストア事業	海外コンビニエンスストア事業	スーパーストア事業	金融関連事業	連結財務諸表計上額
外部顧客への営業収益	899,836	1,658,338	1,938,093	164,432	5,835,689
セグメント間の内部営業利益または振替高	1,470	204	11,219	37,499	—
計	901,306	1,658,542	1,949,313	201,932	5,835,689
セグメント利益又は損失（▲）	243,839	67,421	20,228	50,136	364,573

将来性

現金の動きからわかる未来への投資は十分か

ここからは、主にキャッシュフロー計算書を見ることで将来性を読み取っていく。

キャッシュフロー計算書は、次の三つのセクションに分かれる。

営業キャッシュフローからは、通常の業務でどれくらいのおカネがどのような形で出入りしているかがわかる。

投資キャッシュフローは、投資にどれくらいのおカネを使い、どう回収できているかをまとめている。たとえば、設備投資をした場合はおカネが出ていくのでマイナス、保有している有価証券を売却した場合は逆におカネが入ってくるのでプラスになる。

最後の財務キャッシュフローは、資金調達や返済、株主還元の状況を表す。銀行からおカネを借りた場合や増資した場合などはプラスになる。そして借入金の返済、自社株の買い入れや株主配当などはマイナスになる。

まず営業キャッシュフローを稼げないと、会社はジリ貧になる。その水準を評価する指標に、キャッシュフローマージン（営業キャッシュフロー÷売上高）がある。私の経験則上、これが7％以上あれば合格、10％を超えれば優良企業と判断している。セブン＆アイは8・8％だ。

私がキャッシュフロー計算書で特に注意して見るのは、投資キャッシュフローにある「固定資産の取得」と営業キャッシュフローの中に出てくる「減価償却費」のバランスだ。減価償却費は保有している資産の価値の目減り額なので、それを超える投資をしているかをチェックする。固定資産の取得分と売却分のネットの投資額を計算し、減価償却費と比べる。投資額にM＆A（子会社や関連会社の取得額）を加えて計算することもできる。

セブン＆アイは、固定資産の取得と売却のネット額で2820億円の支出をしていた。減価償却費は2074億円だったので、積極的な投資をしているといえる。

キャッシュフローの理想は、営業キャッシュフローのプラスが、投資キャッシュフローと財務キャッシュフローのマイナスを吸収する形だ。つまりキャッシュを増やせているということだ。もちろん、急成長期は、営業キャッシュフローより投資キャッシュフローのマイナスが大きく、その不足分を財務キャッシュフローのプラスで賄うことになるが、背景分析は重要だ。未来に向けた投資ができているか、投資に十分な根拠があるか、見極める必要がある。

セブン＆アイを見てみよう。営業キャッシュフローはプラス5125億円、投資キャッシュフローは3716億円のマイナス、財務キャッシュフローは781億円のマイナスだ。その結果、前期は1年間で624億円の現預金が増加している。

ここまで安全性、収益性、将来性の三つに分けて15の指標を見てきた。みなさんも自社や興味のある会社の財務諸表の分析に挑戦してほしい。経営指標を同業他社と比べたり、数期分の推移を見るようにすれば、数字への感性は必ず高まっていく。

「将来性」を分析するための指標

⑬	キャッシュフローマージン	営業キャッシュフロー÷売上高
⑭	設備投資と減価償却	固定資産の取得vs.減価償却費
⑮	3つのキャッシュフロー	営業キャッシュフロー＞投資キャッシュフロー＋財務キャッシュフロー

未来へ向けた先行投資はできているか？
―セブン＆アイ・ホールディングスのキャッシュフローの状況―

（単位：100万円）

	営業活動によるキャッシュフロー	投資活動によるキャッシュフロー	財務活動によるキャッシュフロー	現金及び現金同等物期末残高
2017年2月期	512,523	▲371,602	▲78,190	1,209,497
2016年2月期	488,973	▲335,949	▲2,312	1,147,086

Step UP

減価償却と税効果、繰延税金資産をマスターしよう！

【演習問題】　迷わずに答えられるか？

【減価償却費】

Q1 税法上の耐用年数が10年の機械（取得価格8億円）があるが、毎年、損金処理できる減価償却費はいくらか。

Q2 その機械をある会社では8年で使い切る場合、財務会計上の減価償却費はいくらか。また購入後5年経過後の貸借対照表上の簿価はいくらか。

【税効果会計と繰延税金資産】

Q3 上の【減価償却費】の問題で、8億円で買った機械の購入後8年を過ぎた時点での繰延税金資産額はいくらか。税率30%とする。

【ROAとROEの関係】

Q4 A社は総資産が100、負債50、純資産を50として、純利益が10出ている（話を単純化するために純資産＝自己資本とする）。一方、B社は総資産が100、負債90、純資産が10で、純利益が10出ている。A社、B社それぞれのROA、ROE、自己資本比率を計算せよ。

ここでは演習問題を通じてステップアップを目指そう。

会計には「減価償却」という考え方がある。よく耳にするが、意味はきちんと説明できるだろうか。これは工場や機械といった長期間にわたって使用する資産を購入したときの会計処理で使う。購入時に全額を費用計上するのではなく、その資産の利用可能年数で分割して、毎年、その分を費用計上するものだ。

具体例で説明しよう。

10億円で建てた鉄筋の本社ビルの利用可能年数を50年とする。この場合、ビルの資産価値は10億円÷50年＝2000万円、つまり毎年2000万円ずつ減っていくと考える。そこで、購入時に貸借対照表の資産の部に本社ビルを簿価10億円で計上するが、毎年その簿価を2000万円ずつ減らしていく。損益計算書では毎年2000万円を費用として計上する。この2000万円を「減価償却費」と呼ぶ。

では、計算の基準となる耐用年数はどう判断するのだろうか。実は「この資産の法定耐用年数は何年」というように、資産の種類ごとに法律であらかじめ定められている。仮にそれより短い期間で使えなくなることを想定する場合は、財務会計上は短期間で償却することになる。

少しややこしいが、そのような場合でも税務会計上で「損金」、つまり費用として認められるのは、法律で定められた範囲での償却分だ。その際、トータルでは同じだが、費用化される期間と損金として計上される期間が異なる場合が発生する。財務会計上、この期間のズレを調整するのが「税効果会計」だ。こちらはもう少し先で解説する。

減価償却の対象となるのは、建物や車両、機械など、何年にもわたって使う「固定資産」に限られる。通常1年以内に使われる、原材料や在庫などの「流動資産」は減価償却の対象にはならない。

また、土地は減価償却の対象にならない。なぜなら土地は何年にもわたり使う固定資産だが、通常は永遠に使用することができるからだ。

税効果会計が必要になる理由は、ズレの調整

演習問題Q1を解こう。取得価格8億円の機械を法定耐用年数10年で使うのだから、取得価格を耐用年数で割れば、1年ごとに損金処理できる減価償却費は求められる。答えは8000万円だ。

演習問題Q2では、まず取得価格8億円の機械を8年で使い切ってしまうのだから、取得価格を使用年数

ROAとROEの式を分解してみると…

$$\text{ROA} = \frac{\text{利益}}{\text{総資産}} = \frac{\text{利益}}{\text{売上高}}\,(\text{売上高利益率}) \times \frac{\text{売上高}}{\text{総資産}}\,(\text{総資産回転率})$$

$$\text{ROE} = \frac{\text{純利益}}{\text{自己資本}} = \frac{\text{純利益}}{\text{売上高}}\,(\text{売上高純利益率}) \times \frac{\text{売上高}}{\text{総資産}}\,(\text{総資産回転率}) \times \frac{\text{総資産}}{\text{自己資本}}\,(\text{財務レバレッジ})$$

共通

で割れば、会計上の減価償却費は求められる。答えは1億円となる。

また5年経過後の簿価は、毎年1億円ずつ5年間減ったと考えればいい。そのため5年後の簿価は、取得価格8億円から減価償却費1億円×5年間＝5億円を引けばわかる。答えは3億円になる。

Q1とQ2では、前述したように税務上損金として処理できる金額(毎年8000万円×10年)と財務会計上の費用(毎年1億円×8年)は最終的には同じになるが、期間に差が生じる。この差を調整するために行う処理が、「税効果会計」だ。

実際にあった事例で説明しよう。

1990年代後半から2000年代初頭にかけ、日本の銀行はバブル崩壊の後遺症による多額の不良債権に悩まされ、A銀行は数兆円の不良債権を抱えていた。金融当局は、不良債権のうち回収の確率が低いものに関しては、貸出額相当の引当金を積むよう銀行に要請していた。引当金とは、将来損失が発生する可能性の高いものをあらかじめ財務会計上の費用として計上するものだ。つまり早めに損失を計上させたのだ。

A銀行は2兆円の引当金を積み、その分を費用計上した。だが税務当局は、実際に貸出先が破綻した時点でしか税務上の損金として認めないというスタンスを崩さなかった。

税効果会計はこのズレを調整する。会計上、実際にその年に支払う税額ではなく、不良債権処理の先払いに当たる税額分は、法人税等調整額として税金を調整する。同時に、将来戻ってくる予定の税金額を貸借対照表の繰延税金資産に計上する。

ただし、繰延税金資産の計上は将来に課税所得があることが前提なので、赤字見込みのときは認められない場合もあり、あまり過大な繰延税金資産は計上できない。おおむね5年分の課税所得が限度とされる。

演習問題Q3で、繰延税金資産を計算してみよう。

Q1で見たように、毎年損金処理できる減価償却費は8000万円だ。購入後8年が過ぎたので、8000万円×8年で6億4000万円が税務上は減価償却済みだと考えられる。

繰延税金資産は、購入金額8億円から減価償却が済んだ分の金額を引いた1億6000万円が対象だ。この簿価に税率である30%を掛けて計算できる4800万円が財務会計上の税金の先払い分、すなわち繰延税金資産だとわかる。

式を分解してわかる ROAとROEの関係

ROAとROEは、近年重要視されている指標だ。両者の関係を確認しておこう。両者は上図のように、それぞれ分解できる。

ROAは売上高利益率×総資産回転率。ROEも、前半はROAと共通で、最後に「総資産÷自己資本」を掛けて求める。これは87ページで説明した「自己資本比率」の逆数、つまり自己資本に対し、どれくらい負債を活用しているのかを表す「財務レバレッジ」だ。

ここからわかるように、ROEを高めるためには、①ROAを高める、②財務レバレッジを上げる(＝自己資本比率を下げる)の二つのやり方がある。どちらが正しい経営判断かは明らかだろう。最後に演習問題Q4で確認してみよう。

上図の式に代入すると、A社、B社ともROAは10%だ。が、中身は大きく異なる。ROEはA社が20%、B社が100%となり、B社のほうが財務レバレッジを大きく効かせていることがわかる。A社の自己資本比率は、純資産50を総資産100で割ると50%、同様に求めれば、B社の自己資本比率は10%だと計算できる。87ページで解説したように、自己資本比率は、金融業以外の業種では10%以上なければ過小資本となる。B社のほうが総資産に対して返済義務のある負債の割合が高く、安全性に疑問が残る。つまり、ROE向上策の基本はROAの向上であるべきなのだ。

こみや・かずよし●1957年生まれ。京都大学法学部卒業後、東京銀行(当時)入行。米国ダートマス大学経営大学院でMBA。岡本アソシエイツ取締役等を経て96年小宮コンサルタンツ設立。著書に『一秒で財務諸表を読む方法』など。

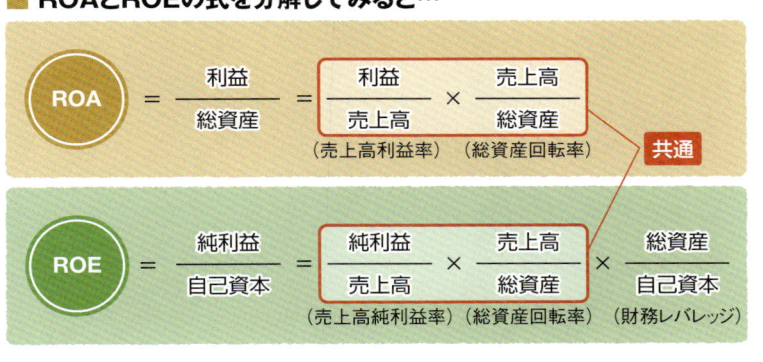

IFRS

HOYAに見る導入のメリット・デメリット

回答者●HOYA財務部アカウンティングゼネラル・マネジャー　田邊るみ子
／質問者●公認会計士　若松弘之

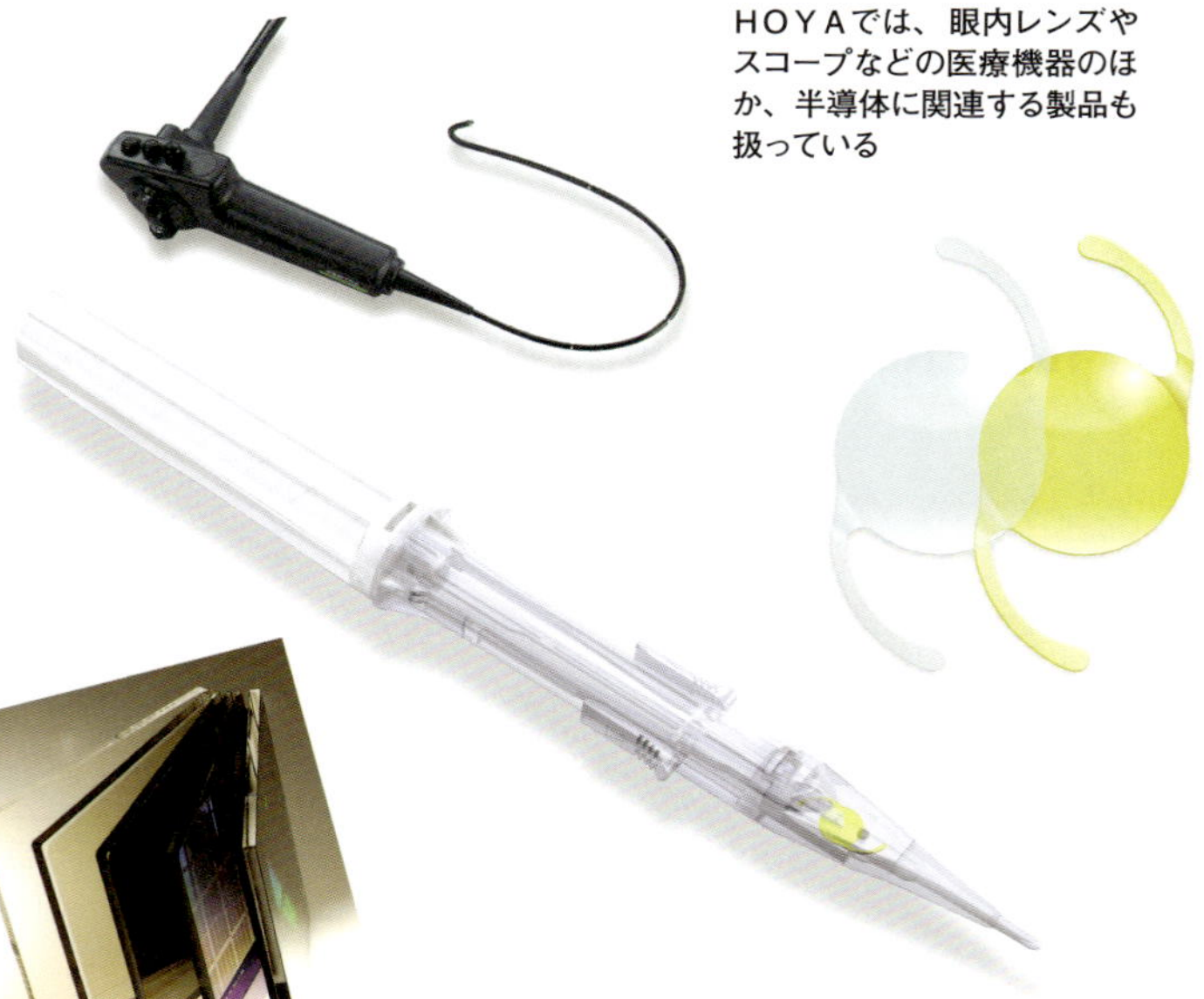

HOYAでは、眼内レンズやスコープなどの医療機器のほか、半導体に関連する製品も扱っている

メガネや医療用器具の製造で知られるHOYA。日本独自の基準で会計報告を行う上場企業がまだ多数を占める中、日本で2番目にIFRS《イファース》（国際財務報告基準）を導入した先駆者でもある。2009年度の導入からすでに7年が経ち、日々の業務から感じるIFRSのメリット・デメリットを、余すところなく語ってもらった。☞を付けたIFRSの基本事項やキーワードは96ページから解説も記載しているので、参照してほしい。

Q　まず、IFRSを導入しようと思った理由を教えてください。

動機は二つあります。一つ目は同じモノサシ（IFRS）を使い、**横串でグループ内の会社を比較できるようにすること☞①**（96ページ）。同じ製品を複数拠点で生産・販売している場合、日本の会社は日本の基準、アジアの会社はアジア各国の基準といった具合にモノサシが違うと、どの拠点の生産効率・販売効率がよいかはわかりません（HOYAは16年度末時点で欧米やアジアなど約130社のグループで構成されている）。

たとえばIFRS導入前は各社バラバラの耐用年数でした。今は事業部ごとに主要な設備の耐用年数を統一しています。在庫評価の方法も以前はまちまちでしたが、事業部ごとにルールを策定しています。

もう一つは、当時、レジェンド問題（日本基準で作られた英文の財務諸表に、国際的な基準を満たしていないという警告文がついていた問題）があり、日本基準では**海外の投資家に理解☞②**（96ページ）を得にく

たなべ・るみこ●1969年生まれ。一橋大学商学部卒。公認会計士。監査法人、外資系損保日本法人、衣料品会社を経て、HOYA財務部。連結・IFRSのほかIT・内部統制を含む会計基盤全般を担当。『週刊経営財務』等にIFRS取組事例等を連載。

わかまつ・ひろゆき●1971年生まれ。公認会計士・税理士。東京大学経済学部卒。監査法人トーマツを経て、独立開業。会計セミナー講師や社外役員を多く務める。HOYAのIFRS導入にも関与。

■ HOYAがＩＦＲＳを導入するまで

2003年	ＣＦＯがＩＦＲＳ導入を決意、導入時期を検討開始
2006年	ＣＦＯが「2007年4月より適用開始」と社内通知
	目標1：同じモノサシ（ＩＦＲＳ）でグループ各社の経営成績を評価できるようにする
	目標2：国際的に認められた会計基準導入で、海外投資家の信頼を得る
2009年3月期（目標）↓ 2010年3月期（実際）	提出期限がないアニュアルリポートのＩＦＲＳ版作成を最初の目標に
2011年3月期	決算短信もＩＦＲＳで開示 日本の上場企業では2社目

かったことです。

Q　その二つの目標は達成されましたか？

共通のモノサシを導入したことで、横串の比較はしやすくなりました。ただ、買収した会社が仲間入りしたときや、ＩＦＲＳの基準が改訂されたときには、また新たにモノサシを統一しなければいけません。だから作業としては一度で終わりではなく、メンテナンスがずっと続いている状態です。

海外投資家には、ＩＦＲＳ導入で一定の理解を得られるようになりました。

ＩＦＲＳ導入で子会社と対話が増える

Q　目標としていた点以外に、何かメリットはありましたか。

まず、グループ各社と対話する機会がとても増えました。たとえばＩＦＲＳでは設備の耐用年数などについて、毎年見直しをしなければなりません。だからその都度、事業部と必然的にやり取りをします。**ＩＦＲＳの改訂**③（98ページ）で基準が変わった際などにもやり取りが発生します。収益認識でも「どのようなリベート・保証があるのか」「どのように処理しているのか」というような話し合いをしますし、何か問題があれば早い段階で発見しやすいように思います。海外のほうがＩＦＲＳになじんでいることも多く、具体例を教えてもらうこともあります。

あとは中間持ち株会社の連結財務諸表を作らなくてもよくなりました。たとえば香港のグループ企業だけでの連結データを、以前は規則上作らなければいけなかったのですが、そこは一つ負担が減りました。

Q　実際に共通のモノサシを手に入れた結果、「この部門はこんなに収益性が低かったのか」というような新たな発見はありましたか。

難しい質問です。ＩＦＲＳという会計基準を導入しただけでは収益性の比較・分析の強化はできないと思います。

現地の異常に気づける仕組み作りこそが会計

収益性の分析には、単価・数量、稼働率、歩留まりのような、非財務情報も必要です。財務情報も販売・製造・管理など、活動要因ごとにモノサシが統一される必要があります。ＩＦＲＳでは細かく規定されていませんので、ＩＦＲＳというツール以外に会社の管理会計の方針が必要です。どの製品群の収益性が高いのか知りたければ、製品群の定義が必要です。なぜ収益性が高いのか、については売り上げから粗利、営業利益まで、処理する勘定科目を統一して、連結ベースで把握できる仕組みが必要です。在庫が増えた、売掛金の滞留が増えた、歩留まりが悪く、人件費や外注費が増えた、急に大量の返品・値引きが計上されたなど、現地の異常に気づける仕組みです。

さらに連結ベースでは、現地通貨の業績を「換算」して合算するため、為替の影響も含まれてしまいます。それを取り除いて比較することも必要になります。

Q　とすると、今、取り組んでいるのはどんなことでしょうか。

まずは決算の早期化です。月次決算を早期で締めて、分析をする。分析をして問題事項に早く気づき、何らかの対処をする。

早期化は一進一退です。新しい取引や新規の連結対象会社などの対応や、担当者の交代、現地システムの変更などで、130社のうち、早期に締まらない会社も都度出てきます。

また早期化と並行して、分析のための情報整理、事業部単位での「見える化」に取り組んでいます。先ほどの話と重なるのですが、異常値を早く察知できる仕組み作りです。

そのために、単体レベルの財務会計・管理会計のあり方、勘定科目の体系をあらためて見直しています。財務会計の数字、特に連結決算を通した財務数字はグループ内の数字を集約したものですから、管理会計上の問題点を特定するには少々大ざっぱすぎます。

収益性が悪化したとき、その原因が何なのか、変動的な要因か固定的な要因なのか、原因によって次のアクションが変わってくる。きちんと理由が突き止められるように、両会計に共通の勘定科目をどう設けて、どういう会計基盤を作ればいいのかを議論しています。

ただ、新しい取引や、新規の連結対象会社など、その都度対応しながら、管理すべき製品群の定義・収益性に役立つ勘定科目の定義を体系づけるには時間がかかります。IFRSというツールを使った管理会計の改善はまだ道半ばです。

Q　IFRSは管理会計をより徹底させるための「ガバナンス」というイメージでしょうか。

ええ、IFRSというのはいちばん振るいやすい「大ナタ」みたいなものではないでしょうか。特に海外企業はもともとIFRSと親和性の高い会計基準のところが多い。IFRSを世界で先駆けて導入したヨーロッパはもちろんのこと、東南アジアでもIFRSを参照した基準を設けている国がたくさんありますので、IFRSだと話が通じやすいです。

「こういう会計処理でやります」「こういう勘定科目を使います」と決めるのは本社です。子会社は勝手に勘定科目を追加できませんから、それ自体がガバナンスにつながっていると考えています。

Q　一般的にIFRSのメリットとして、のれん償却をしなくなることがよく挙げられます。この点はどうとらえていますか。

IFRS導入の動機についてはすでにお話しさせていただきましたが、当社の動機の中に**のれん償却をしない**④（97ページ）からIFRSを導入する、というのはありません。

Q　これまでは主にメリットについて尋ねましたが、デメリットについても教えてください。

まずは外部への開示の際、**非継続事業を分離**⑤（98ページ）して表示しなければいけないことです。投資家からすれば、前期と比較しやすくなるという利点ももちろんあります。でも非継続事業の分離は経営側から不評で……。「経営というのはやはりトータルで考えるものだ。売り上げは全事業で見るものだ。ポートフォリオ経営だ」と。だから当社では決算資料の中では非継続事業も含めたものと、2パターンの業績数字を出しています。何十年という長いスパンでこれまでの歴史を振り返りたいときにも、非継続事業を外すと現実と乖離が生まれてしまいます。

また、IFRSでは今期、ある事業を売ってしまったようなときには、前期との比較をできるようにということで、過去の決算も組み替えなければいけません。これはすごく手間ですね。

通常の儲けがわからないのは難点

それと、日本基準でいうところの**営業利益**⑥（98ページ）がなくなるのも実はもどかしいところです。IFRSではリストラ費用や減損などの、特殊要因（特別損益）も含めて「営業利益」として開示します。ただそれでは、特殊要因を除いた前期も当期も発生する要素だけで、前期と比較してどのような結果だったのかがわかりません。だからIFRSを導入した企業は結局「コア営業利益」とか「調整後EBIT」とか、逆算して出すわけです。当社も「通常の営業活動からの利益」というものをIR資料の中で公開しています。

日本基準の営業利益のような、特殊要因を除いたところでの考え方を残さないと、IFRS開示ベースの営業利益では「通常ベースで当期儲かったのか、収益性が上がったのか」がわからない。社内の科目体系では、リストラ費用や減損などの特殊要因は依然として特別損益項目です。

Q　いま挙げてくださったデメリットは主に損益計算書（PL）に関するものでしたが、貸借対照表（BS）、包括利益の視点からはいかがですか。

現行の管理会計の報告フォーマットでは、**包括利益**⑦（96ページ）までは含めていません。事業部ごとの管理会計の報告の中心はやはりPL

HOYAにとってのIFRS導入のメリット・デメリット

メリット

- 会計方針や勘定科目を本社管轄で統一することにより、管理体制を強化できる
- IFRSという共通のモノサシによって海外子会社を含むグループ各社の財務内容が透明になり、比較可能性が向上する
- 設備の耐用年数等を統一したことで、設備投資や償却など、予測がしやすくなった
- 基準の改訂・会計方針・会計上の見積もりの項目で、グループ会社とコミュニケーションする機会が増えた
- 海外投資家とのコミュニケーション（IR）などの場面で説明が容易になる
- 中間持ち株会社の連結財務諸表作成が不要になった

デメリット

- 会計処理が複雑で開示項目のボリュームが多いなど実務の負担が増加する
- IFRS移行時には多くの時間やコストが発生する。移行後も頻繁に改訂される会計基準などをフォローしていく大変さがあるが、移行時ほどではない
- 非継続事業を分離して表示するため、グループ全体の実態を表していない場合がある。事業売却した場合、過去の決算を組み換える手間もある
- 「IFRSの営業利益」と、日本基準のような「通常の営業活動からの利益」の差異を説明する負担が残る。前期比較の収益性を示すためにも臨時・特殊要因を除いた日本基準の営業利益の概念は必要

「IFRS浸透のカギは現場にも使わせること」

になります。管理会計の話は設備投資や在庫、資金の話と結び付くのでBS・キャッシュフローも必要です。

でも（その他の）包括利益になる有価証券や為替の含み損益などは事業部の管理会計には含まれていません。制度上、数値を公表しなければいけないので、年に4回の四半期報告のときに包括利益を意識しているような状況です。

Q　IFRSが社内のモノサシの一つとして機能していることはわかりました。一般には世界的にIFRSが普及することで、他社との比較もしやすくなるといわれますが、その点についてはどうお考えですか。

他社との比較⑧（96ページ）はなかなか難しいのではないかと思います。会計上の見積もりが多いので、いくら注記でその見積もりの仕方や根拠について触れたとしても、単純にA社とB社の比較をするのは簡単ではないように思います。

海外の同業他社の財務諸表を分析することがありますが、会計方針や注記を見ても細かな会計処理が書かれているわけではありません。当社とは何か処理が異なるのかな、と疑問に思うことがあります。

Q　IFRSを適用する企業は増えてきています。今後、導入を検討している企業に何かアドバイスがあれば教えてください。

まず、導入すると決めたら「この時期にやる」と決めて、やりきってしまったほうが絶対にいいです。あまり時間を取らなくても、今は当社が導入をしたころと比べて事例がたくさんあります。日本基準が当時よりかなりIFRSに近い制度に変更されていることや、期末ではなく年度の途中でも導入ができるようになった点から考えても、今のほうが負荷は軽いはずです。

負荷が最も少ないのは延期せずやりきること

財務諸表は2期分の比較を載せなければいけないので、最低でも3年くらいはIFRS導入までかかると思いますが、3年後と決めたならもうその目標を動かさない。IFRSは改訂が多いので、先延ばしにするとどんどん基準が変わってしまいます。だから短期でやりきってしまうのが、実はいちばん負荷が少ないと思うんですよね。一度導入してしまえば、その後に基準の改訂があってもメンテナンスで済みます。

当社の場合でいえば、07年度にペンタックスと合併して子会社が一気に増え、08年度には（内部統制報告書の提出を義務付ける）日本版SOX法が始まりました。その翌年の09年度からIFRSのアニュアルリポートを公開しました。いろいろ立て込んで、何度投げ出したいと思ったかわかりません（笑）。でもやりきってよかったと思っています。当初の目標より1年遅れになってしまいましたが、これは監査人変更により、09年3月期に2期比較の財務諸表を同一監査人が監査できないという理由でした。

また、コツをもう一つ挙げるなら、予算管理をIFRSに変更したことは本当に助かりました。08年度から各事業部に「（財務会計だけでなく）予算（管理会計）もIFRSで作れ」と号令が出ました。財務会計もまだIFRSへの準備がしきれていないのに、なんと無謀なことをと最初は思いましたが、後から振り返ればこれはとても重要でした。結局、事業部からすればいや応なしにIFRSに真剣に取り組まねばならなくなり、気持ちが切り替わります。これが「予算は日本基準のままでもいいよ」としていたら、IFRS導入は遠くの出来事という感覚になってしまっていたと思います。

Q　最後に、早くからのIFRS導入も含め、HOYAは先進的な会社と言われることが多い気がしますが、なぜでしょうか。

以前、上司が「制度が始まる前からこういう制度ができてくるんじゃないかなと思っていた」と言っていました。他社の動向より「自分はどう考えるのか、自分のモノサシを持つことが重要だ」と。こうしたいというビジョンがあるから、適用されるころには心構えができており、素早く対応できるのだと思います。

インタビューを振り返って

共通のモノサシIFRS管理に役立つかは腕次第

グループ経営の透明化に一役買うIFRS。特徴や日本基準との差異、一般的なメリット・デメリットも含め、インタビューをした若松弘之氏が解説する。

ＩＦＲＳ（International Financial Reporting Standards）は、現在約120カ国が採用する国際的な会計基準だ。ＨＯＹＡインタビューを振り返り、①ＩＦＲＳのメリットとしてまず感じるのは「経営管理への寄与」だ。金融庁がＩＦＲＳ移行済み企業へ行ったアンケート「ＩＦＲＳ適用レポート」でも、このメリットを挙げる企業が圧倒的に多かった。

日本基準の連結決算では、ＩＦＲＳや米国会計基準などを採用している海外子会社に関して、一部の修正項目を除き、そのまま決算書の連結が認められている。したがって、たとえば日本とアジアの生産子会社が同種の設備で類似製品を製造していたとしても、設備の減価償却方法や耐用年数は、各国のルールや実務慣行により異なる場合も少なくない。

一方、ＩＦＲＳでは国に関係なく同種の設備については、原則として同じ会計処理を求める。その結果、「アジアに比べて日本の設備の生産性が悪い」といった課題が早期に発見される場合もあるだろう。ＩＦＲＳという共通のモノサシによって、各国子会社の業績評価や進出・撤退判断などに関するＫＰＩが透明化し、経営資源の配分がより客観的になる。

ただＨＯＹＡも強調していたように、ＩＦＲＳに移行するだけで、経営管理レベルや企業価値が一気に向上するかといえばノーだ。ＩＦＲＳは、あくまでガバナンスや経営管理を強化するためのツールであり、移行はそのきっかけにすぎない。重要なのはＩＦＲＳを経営管理へ積極的に活用していこうという姿勢である。

②ＨＯＹＡがＩＦＲＳ導入を決めたもう一つの目的は、海外投資家の理解を深めることだった。

ある企業が海外投資家から「なぜあなたの企業は優位性があるのか?」と質問されたとする。日本基準の決算書の場合、国内外のグループ会社で異なる会計処理が採用されていることや日本基準独自の会計処理などをあらためて説明する必要があり、余計な負担が発生する。だがもしＩＦＲＳを適用していれば、そのまま決算書を渡すことができる。結果として、海外資金調達が円滑に進む可能性も高まる。

⑧世界的に導入が進んでいることもあり、ＩＦＲＳに移行すれば一般的に他社との比較がしやすくなると言われる。ただ、ＩＦＲＳは原則や基本概念のみを定めて細かい判断は企業に委ねるという「原則主義」をとっている（日本基準は細かな点まで規則で決める「細則主義」）。ＨＯＹＡも指摘していたとおり、企業間の比較は各社の判断がもたらす「幅」に対する留意が必要と言える。

たとえば「ＩＦＲＳはのれんの償却をしない代わりに厳格な減損テストがある」と言われるが、減損が生じているかという兆候の判断や、将来にわたってキャッシュをどの程度獲得できるかの見積もりについては、企業自身の判断や将来の仮定に左右される。注記でその判断根拠や仮定を開示することを求めているが、膨大な注記から情報を的確に読み取るのは必ずしも容易ではない。

ＩＦＲＳの基本思想は、「企業に対する投融資者の意思決定に対して有用な情報を提供すること」。これがＩＦＲＳの特徴である「原則主義」や「注記による情報開示」「資産負債アプローチ」「公正価値重視」と密接に関連している（97ページ図）。

原則主義は先ほど述べたとおりだ。⑦また、企業価値のベースになる純資産をなるべく直近の時価で把握したいという投融資者のニーズに応

撮影：今井康一

HOYAの田邊氏にインタビューをした若松氏。「連結に異なるモノサシを含む日本基準は両目に違うレンズをかけているようなもの。これでは企業の姿もぼやける」

企業の「判断力」と「説明能力」が重要に
―IFRSの特徴―

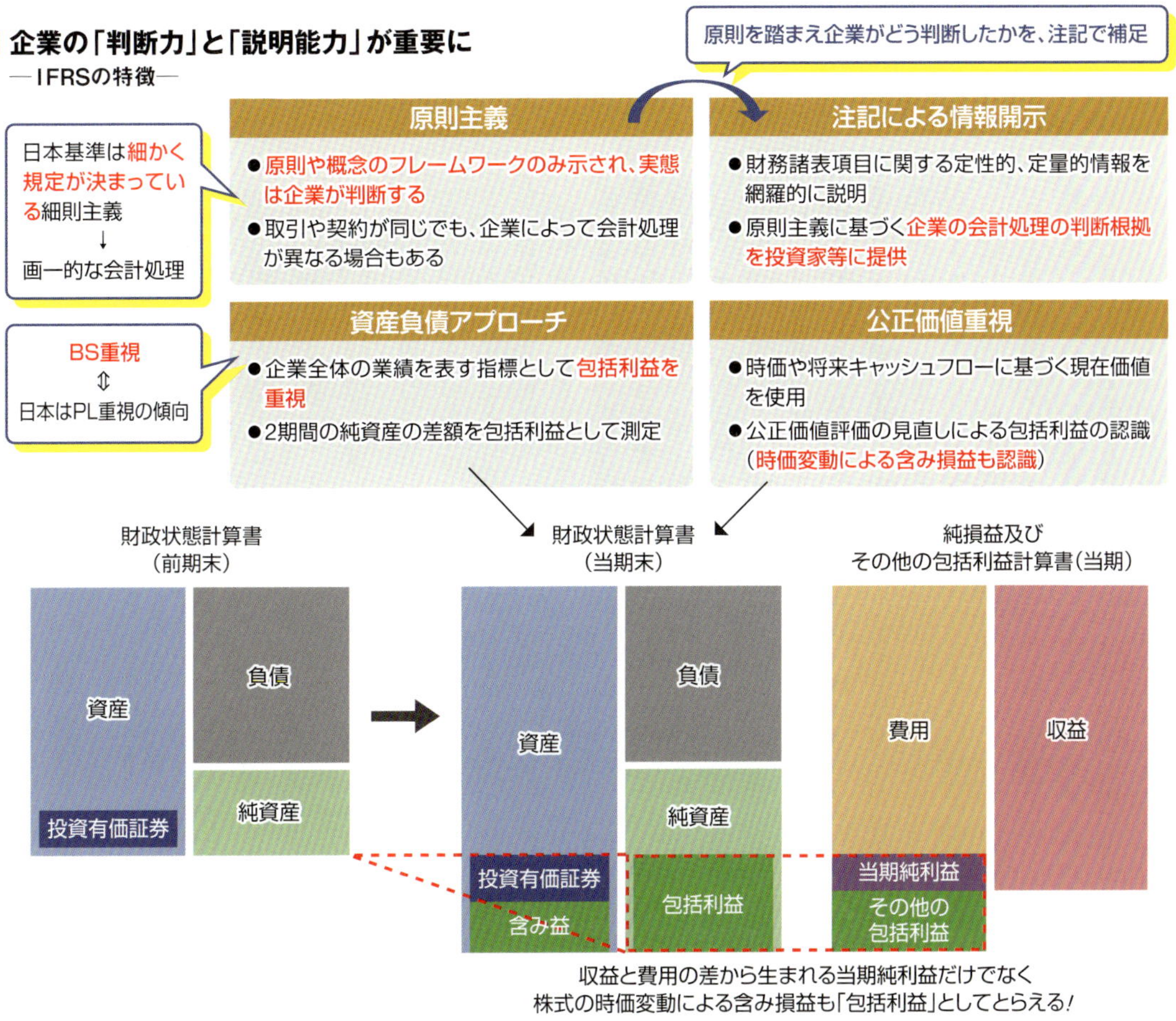

原則を踏まえ企業がどう判断したかを、注記で補足
日本基準は細かく規定が決まっている細則主義
↓
画一的な会計処理
原則主義
●原則や概念のフレームワークのみ示され、実態は企業が判断する
●取引や契約が同じでも、企業によって会計処理が異なる場合もある
注記による情報開示
●財務諸表項目に関する定性的、定量的情報を網羅的に説明
●原則主義に基づく企業の会計処理の判断根拠を投資家等に提供
BS重視
⇕
日本はPL重視の傾向
資産負債アプローチ
●企業全体の業績を表す指標として包括利益を重視
●2期間の純資産の差額を包括利益として測定
公正価値重視
●時価や将来キャッシュフローに基づく現在価値を使用
●公正価値評価の見直しによる包括利益の認識（時価変動による含み損益も認識）
財政状態計算書（前期末）
資産
投資有価証券
負債
純資産
財政状態計算書（当期末）
資産
投資有価証券
含み益
負債
純資産
包括利益
純損益及びその他の包括利益計算書（当期）
費用
当期純利益
その他の包括利益
収益
収益と費用の差から生まれる当期純利益だけでなく
株式の時価変動による含み損益も「包括利益」としてとらえる！

えるため、毎期末に資産や負債を公正価値（≒時価）で測定しなおすことになる。だからIFRSには、従来重視されてきたPLの純利益に加えて、BSの純資産の変動額である「包括利益」も業績評価の指標として重んじる「公正価値重視」の特徴がある。

日本基準でも2011年3月期から連結財務諸表で「包括利益」の表示が義務付けられている。だが日本では今も、「営業利益」や「当期純利益」を重視する姿勢が強いように感じられる。包括利益には、企業の努力ではどうしようもない株式・為替相場などの変動に伴う評価損益が含まれ、企業の収益力などの実態を正確に表しているかは疑問である。HOYAも「管理会計では包括利益を考慮していない」と話していた。

一方で、たとえば従来の慣行から業界内の株式持ち合いを続けた結果、相場の下落で包括利益が減少することもある。そのようなケースでは、そもそもなぜ相場変動リスクを伴う資産を保有し続けるのか、なぜ経営資源の有効活用として売却しないのか、企業は説明責任を果たす必要がある。

現時点では会計基準の差異をなくそうというコンバージェンスが進み、IFRSと日本基準の差異はかなり解消している。まだ残る差異のうち、IFRS移行を考える日本企業にとって実務上の影響が大きいのは「のれんの償却」「段階損益」「収益認識（売上計上）」などであろう。

のれん償却なし＝異常アラームがない

④多額のM&Aを行う企業にとっては特に「のれんの償却」が利益に直結する重要な差異となる。のれんとは、買収された企業の超過収益力やブランド力などを評価した無形資産である。日本基準ではのれんは20年以内で営業費用として償却負担する。一方、IFRSでは、償却をせずに毎期末の減損テストを通じて減損の要否を判断する。したがって、償却期間にわたってIFRSのほうが営業利益は増える形で表示される。しかしこれをIFRSに移行する「最たるメリット」とするのは、本末転倒になる可能性が高い。

M&Aが実行された直後は脚光を浴び、その成否について企業内外の関心も高い。だが私の経験上、数年経つうちにM&Aの責任者や推進者も代わり、「当初の見立てどおりに投資回収できているか？」というモニタリングが弱くなることも多い。そのようなケースでは、実はM&Aは失敗していることも多く、とかく社内では「触れたくない都合の悪い事実」になっていることも珍しくない。

毎期の償却負担がないIFRSでは、事業の悪化という病状の進行に気づきにくく、結果的に巨額の減損損失という外科手術に至る場合も多い。だからむしろ、のれんの償却がないIFRSには、「異常値を知らせるアラームがない」と心しておく慎重さが求められるはずだ。

「純利益」重視で日本型の経営にメス

⑥次に「段階損益」の違いについて触れたい。まず日本基準とIFRSの「営業損益」は、名前は同じでも意味合いは大きく異なる。

日本基準は、本業での儲けを営業損益で示し、通常の事業活動からは発生しない「営業外損益」や、臨時的な損失（減損損失やリストラ費用など）である「特別損益」を営業損益の枠外で表示できる。それに対しIFRSの営業損益は、こうした臨時的な損失もすべて含めて算出したものになる（「経常損益」の概念もない）。結局、いくらの「純利益」が残るかを、IFRSは重視する。

HOYAは「IFRSの営業利益では、通常の要因だけでの業績を比較しにくい。結局、日本基準の営業利益の考え方は必要」と語っていた。一方で、この純利益に重きを置く考え方は、従来の日本型経営に重要な意識改革をもたらすかもしれない。

日本では業績の良しあしの評価軸として、営業利益、経常利益などの対前期比を用いることが多い。そのため、事業で損失処理すべき問題があっても、経営者や事業責任者の感覚として特別損失で処理できればよい（営業利益には響かない）という思考に陥りやすい。しかし、企業価値にとってマイナスである事実には変わりがなく、問題の矮小化でしかない。純利益を重視するIFRSの思想は、「すべては企業価値につながる」という点で重要な気付きになるのではないだろうか。

⑤また、インタビューに出てきた非継続事業（廃止事業）の扱いについても触れておきたい。

IFRSでは、撤退・売却などで廃止の要件を満たした事業の売上高や営業費用などの損益科目はPL上、継続事業とは別に正味の損益のみを表示し、過年度分も遡及して表示し直すことになる。これは、継続事業のみの経営成績を年次比較するためだが、M&Aや新規事業への参入・撤退を頻繁に行う企業では、日本基準よりも開示負担が大きくなる。売却予定の固定資産についても減価償却を中止し、BS上で区分表示することが求められている。

③IFRSは「ムービング・ターゲット」と呼ばれるほど、基準の改訂や新設が頻繁に行われる。IFRS導入企業は、その都度、会計のメンテナンスが必要になる。

直近で最も重要な影響を及ぼすと考えられるのが、18年1月以降に適用になるIFRS第15号「顧客との契約から生じる収益」だろう。これは、顧客との契約内容を五つのステップで検討し、商品やサービスの収益をどのように認識するかを包括的に定めた基準である。

日本ではこのような包括的基準がない（17年7月に企業会計基準委員会から公開草案が公表）。このため、IFRS適用にあたっては、多くの企業が商品やサービスの取引種類ごとに収益認識を見直す必要が出てくる。業種によっては売上高などの計上時期や金額が大きく変わる可能性もある。たとえば商社などの卸売りでは、これまで売上高を総額表示していたのが純粋なマージンのみの純額表示になる。利益への影響はないが、企業にとって重要な指標である売上高が大きく減ることになる。

IFRSにもデメリットや課題はある。一般的には「注記による開示項目が増えること」や、「連結決算はIFRSで、単体決算は日本基準で帳簿管理が複雑化する」といった実務負担の増加が挙げられる。また、移行前後に発生する外部アドバイザー費用、システム改修費、監査報酬などのコスト負担もあるだろう。さらに現実的な問題として、改訂が頻繁なIFRSに対応するために必要な英語力と会計スキルを併せ持つ人材が社内にいない、またはなかなか採用できないといった声も多い。

原則主義を背景に、世界で急速に導入が進んできたIFRS。リーマンショックで各国が独自の会計基準を維持する負担が重くなったことも、勢力拡大の追い風になった。主要国では日米中やインドなどが強制適用していないが、世界的なIFRS集約の流れは変わらない。

日本では、10年3月期から、連結決算においてIFRS任意適用が可能になっている。17年8月末時点で東証上場企業の3％にあたる138社が導入済みだが、規模の大きいグローバル企業が多いこともあり、時価総額ベースではすでに2割を超え、導入予定の企業まで含めれば約3割に上る。

共通のモノサシをもたらすIFRSが業績の透明性を高め、グループ内外とのコミュニケーションを深めるのは確かである。そこで発見される課題にどのような施策を講じるかがガバナンスと経営管理の肝だ。（談）

売上高や利益の出方が違うように見えてしまうことも
―ＩＦＲＳと日本基準の主要な差異―

項目		ＩFRS	日本基準
主義（考え方）		・原則主義：大枠だけ決めて後は企業が判断	・細則主義：ルールが細かく決まっている
財務諸表の様式	構成	・連結財政状態計算書 ・連結純損益及びその他の包括利益計算書 ・連結持分変動計算書 ・連結キャッシュフロー計算書 ・注記	・連結貸借対照表 ・連結損益及び包括利益計算書 ・連結株主資本等変動計算書 ・連結キャッシュフロー計算書 ・注記 ・連結附属明細書
	段階損益	・収益と費用の差額を純損益として表示し、いかなる項目も異常項目として表示できない（営業損益概念は日本基準と異なる）	・営業損益、経常損益、特別損益の区分表示あり（営業外費用や特別損失を外して営業利益を表示）
有形固定資産	償却方法	・資産の経済的便益の消費パターンに基づき、企業が自主的に決定	・実務的に税法基準によっていることが多い
		・海外では定額法が多い（定率法も採用可能）	・建物など一部の固定資産を除き、定率法が多い
	耐用年数	・経済的な使用予測期間などを見積もり、企業が自主的に決定	・実務的に税法耐用年数によっていることが多い
	償却単位	・資産の構成要素ごとに、耐用年数、残存価額、償却方法を区別して償却（例：航空機の機体部分とエンジン部分）	・実務的に税法区分によっていることが多い
	見直し	・償却方法、耐用年数、残存価額について少なくとも各事業年度末には見直しを行う	・定期的な見直しの規定はない
無形資産	償却耐用年数	・耐用年数を確定できない無形資産の存在を認め、確定できるまでは償却を行わず、毎期減損テストを実施	・無形資産に関する詳細な会計基準等はない ・実務的に税法耐用年数に基づき定額償却していることが多い
	研究開発費	・研究費は発生時に一括費用処理 ・社内開発費のうち一定の要件を満たすものについては資産計上	・研究開発費は発生時に一括費用処理
企業結合	のれん	・規則的な償却はせず、毎期減損テストを実施	・20年以内の一定の年数で規則的に償却
減損	認識と測定	・1ステップ方式を採用しているため、日本基準に比べて減損損失が早期に認識されやすい	・2ステップ方式を採用しており、減損の兆候があっても、割引前将来キャッシュフローが帳簿価額を上回る場合には減損損失の認識は不要
	戻し入れ	・一定の要件を満たした場合に減損損失の戻し入れを認めている（のれんは除く）	・減損損失の戻し入れは認められない
収益	認識	・取引を「物品の販売」「役務の提供」「利息、ロイヤルティ及び配当」に区分し、それぞれ認識の要件を詳細に定めている	・企業会計原則における実現主義により認識されるが、詳細な会計基準等はない
	役務提供	・原則として、役務の提供度合いに応じて収益を段階的に認識していく進行基準	・工事契約以外は役務提供の完了段階で収益を認識（完成基準） ・工事契約においては工事の進捗部分について成果の確実性が認められる場合、進行基準の適用を義務づけ
	表示	・企業が取引の当事者ではなく、代理人として行動している場合、手数料のみを純額表示 ・企業が取引の当事者として行動している場合、売上高と売上原価を総額表示	・総額表示および純額表示に関する規定は定められていない
その他	リース	・ＩFRS第16号「リース」適用後は、オペレーティング・リースについても、BSにオンバランス処理される部分が出てくる	・オペレーティング・リースについては、BSには計上されない（オフバランス処理）
	有価証券売却損益	・一度、その他の包括利益として計上した含み損益については、売却時の損益をPLの純損益に算入できない（リサイクリング禁止）	・一度、その他の包括利益として計上した含み損益についても、売却時の損益をPLの純損益に算入できる（いわゆる「益出し」が可能）

会社四季報のデータを徹底活用

収益性・成長性・安全性で上場企業をランキング

本書では会計の基礎知識や、会計を経営に生かす方法について、さまざまな観点から取り上げてきた。ここでは『会社四季報』のデータを利用し、代表的な経営指標に基づいて上場会社をランキングしてみる。

ランキングに使ったのは三つの観点から選んだ6指標。「収益性」を表す指標としてROE（自己資本利益率）とROA（総資産利益率）、「成長性」の指標として増収率と営業増益率および時価総額伸び率、「安全性」では自己資本比率を採用した。各指標の算出方法については右図をご覧いただきたい。

ROEは3要素に分解 成長性は3期前と比較

収益性を表すROEは右図のように売上高利益率、総資産回転率、財務レバレッジの3要素に分解できる。財務レバレッジは自己資本比率の逆数で、数値が高いほど総資産に占める自己資本の比率が低く、負債の割合が大きいことを意味している。

ROEランキングでは、この3要素についても参考値として掲載した。これによって高ROEの要因、すなわち利益率が高いのか、資産効率

■ ランキングの指標について

【収益性Ⅰ】ROE（自己資本利益率）

自己資本を使ってどれだけ利益を上げているかをみる。利益率と回転率、レバレッジの三つに分解できる

$$\text{ROE}(\%) = \frac{\text{純利益}}{\text{自己資本}} \times 100 = \underbrace{\frac{\text{純利益}}{\text{売上高}}}_{\text{売上高利益率}} \times \underbrace{\frac{\text{売上高}}{\text{総資産}}}_{\text{総資産回転率}} \times \underbrace{\frac{\text{総資産}}{\text{自己資本}}}_{\text{財務レバレッジ}} \times 100$$

【収益性Ⅱ】ROA（総資産利益率）

総資産を使ってどれだけ利益を上げているかをみる。ここでは経常利益（もしくは税引き前利益）を使って算出

$$\text{ROA}(\%) = \frac{\text{経常利益}}{\text{総資産}} \times 100$$

【成長性Ⅰ】増収率

売上高の伸び率。ここでは3期前と比較した数値でランキング

$$\text{増収率（3期前比較）}(\%) = \frac{\text{直近の売上高} - \text{3期前の売上高}}{\text{3期前の売上高}} \times 100$$

【成長性Ⅱ】営業増益率

営業利益の伸び率。ここでは3期前と比較した数値でランキング

$$\text{営業増益率（3期前比較）}(\%) = \frac{\text{直近の営業利益} - \text{3期前の営業利益}}{\text{3期前の営業利益}} \times 100$$

【成長性Ⅲ】時価総額伸び率

時価総額（株価×発行済み株式数）の伸び率。ここでは3年前と比較

$$\text{時価総額伸び率（3年前比較）}(\%) = \frac{\text{直近の時価総額} - \text{3年前の時価総額}}{\text{3年前の時価総額}} \times 100$$

【安全性】自己資本比率

総資産に対する自己資本の割合。高いほど経営の安全度は高い

$$\text{自己資本比率}(\%) = \frac{\text{自己資本}}{\text{総資産}} \times 100$$

【収益性Ⅰ】ROEランキング①　1〜51位

順位	証券コード	社名	決算期	ROE (%)	売上高利益率 (%)	総資産回転率 (倍)	財務レバレッジ (倍)	3期前ROE (%)	時価総額 (億円)
1	3765	ガンホー・オンライン・エンターテイメント	16.12	71.8	24.8	2.04	1.42	73.5	2,894
2	3092	スタートトゥデイ	17.3	57.9	22.3	1.37	1.89	41.5	11,110
3	6747	KIHD	16.9	47.3	6.4	1.23	6.01	22.5	113
4	2928	RIZAPグループ	17.3	45.1	8.1	1.00	5.62	—	3,392
5	3689	イグニス	16.9	44.7	19.5	1.29	1.78	130.7	261
6	7148	FPG	16.9	43.2	40.5	0.23	4.59	26.4	1,182
7	2371	カカクコム	17.3	42.4	32.9	1.07	1.20	34.9	3,083
8	2379	ディップ	17.2	41.9	18.6	1.57	1.44	21.8	1,594
9	3276	日本管理センター	16.12	40.1	3.6	4.16	2.70	27.7	292
10	2121	ミクシィ	17.3	39.8	28.9	1.17	1.18	—	4,248
11	1435	インベスターズクラウド	16.12	39.0	6.2	3.49	1.80	42.9	1,058
12	2127	日本M&Aセンター	17.3	38.4	32.4	0.76	1.55	30.7	4,503
13	3064	MonotaRO	16.12	37.4	9.1	1.92	2.14	31.4	3,768
14	2146	UTグループ	17.3	36.3	3.5	2.49	4.13	30.1	893
15	8909	シノケングループ	16.12	36.0	8.2	1.12	3.90	40.1	452
16	3665	エニグモ	17.1	35.8	27.6	0.82	1.59	27.6	237
17	2183	リニカル	17.3	35.3	17.3	1.01	2.03	24.3	372
18	2124	JAC　Recruitment	16.12	35.2	23.6	1.12	1.33	28.1	724
19	3662	エイチーム	17.7	35.0	7.5	2.63	1.79	19.5	575
20	4716	日本オラクル	17.5	34.6	21.0	0.87	1.89	29.1	11,301
21	1430	ファーストコーポレーション	17.5	34.4	6.7	1.80	2.83	71.4	172
22	4565	そーせいグループ	17.3	34.0	51.8	0.39	1.67	—	1,613
23	3668	コロプラ	16.9	33.3	24.4	1.17	1.16	40.1	1,654
24	3738	ティーガイア	17.3	33.0	1.8	7.33	2.56	29.0	1,729
25	5021	コスモエネルギーHD	17.3	32.3	2.3	1.50	9.26	—	2,183
26	9640	セゾン情報システムズ	17.3	31.8	7.6	1.39	2.99	11.2	264
27	3932	アカツキ	17.3	31.3	28.5	0.71	1.55	84.4	1,197
28	9206	スターフライヤー	17.3	30.7	5.5	1.59	3.50	—	118
29	3479	ティーケーピー	17.2	30.5	6.2	0.91	5.45	—	792
30	1878	大東建託	17.3	30.1	5.5	1.92	2.86	25.1	15,758
31	1821	三井住友建設	17.3	29.9	4.2	1.34	5.31	16.6	1,057
32	2429	ワールドHD	16.12	29.5	4.4	1.29	5.17	14.6	577
33	3288	オープンハウス	16.9	29.4	7.6	1.21	3.22	18.9	2,258
34	2154	トラスト・テック	17.6	29.2	4.5	2.56	2.55	20.8	604
35	2353	日本駐車場開発	17.7	28.8	10.2	0.92	3.08	39.3	578
36	3038	神戸物産	16.10	27.5	1.9	1.80	8.04	17.5	1,727
37	3844	コムチュア	17.3	27.3	7.6	1.91	1.88	19.1	334
38	2440	ぐるなび	17.3	26.6	13.0	1.55	1.33	15.0	793
39	1719	安藤ハザマ	17.3	26.3	6.4	1.28	3.19	30.5	1,458
〃	2412	ベネフィット・ワン	17.3	26.3	13.1	1.10	1.82	18.1	2,002
41	6189	グローバルグループ	16.9	25.9	13.4	0.85	2.27	—	193
42	7575	日本ライフライン	17.3	25.8	14.4	0.92	1.95	—	2,514
43	2764	ひらまつ	17.3	25.7	9.7	0.57	4.65	—	296
44	6630	ヤーマン	17.4	25.5	11.4	1.43	1.57	3.3	704
45	3465	ケイアイスター不動産	17.3	25.4	5.6	1.38	3.26	11.6	298
46	7844	マーベラス	17.3	25.2	14.2	1.21	1.47	15.8	512
47	6089	ウィルグループ	17.3	25.1	1.7	3.50	4.29	15.4	271
48	4346	ネクシィーズグループ	16.9	24.9	8.6	1.16	2.47	37.1	283
〃	3641	パピレス	17.3	24.9	8.0	1.72	1.81	16.3	265
〃	6080	M&Aキャピタルパートナーズ	16.9	24.9	28.8	0.65	1.32	30.5	848
51	4242	タカギセイコー	17.3	24.8	3.0	1.09	7.69	2.4	121

がよいのか、あるいは負債の割合が大きいのかを分析することができる。たとえば1位のガンホー・オンライン・エンターテイメントと2位のスタートトゥデイの売上高利益率はともに20%を超えているが、財務レバレッジは両社とも2倍未満。それに対して、3位のKIホールディングスと4位のRIZAPグループは売上高利益率が1ケタ台にとどまる一方、財務レバレッジはそれぞれ6・01、5・62と高い。上位2社と比較して、この2社の高ROEには財務レバレッジが大きく寄与していることがわかる。

ROEについては小社が提供している「東洋経済業種分類」の中分類に基づく業種別ランキングも作成。各業種のトップ3を掲載した。各業種ともおおむね10%超の高いROEとなっているが「紙・パルプ製品・他素材」や「総合商社」などは1ケタ台の会社もランクインしている。上位3社を比較することによっても、業種によるROE水準の違いを垣間見ることができる。

ROAは自己資本だけでなく負債を含めた総資産をいかに効率的に使

【収益性Ⅰ】ROEランキング②　52～100位

順位	証券コード	社名	決算期	ROE (%)	売上高利益率 (%)	総資産回転率 (倍)	財務レバレッジ (倍)	3期前ROE (%)	時価総額 (億円)
52	1808	長谷工コーポレーション	17.3	24.7	7.6	1.22	2.65	20.8	4,512
53	3186	ネクステージ	16.11	24.5	1.5	3.72	4.31	17.1	411
54	4189	KHネオケム	16.12	24.3	7.5	0.91	3.55	—	1,014
55	6197	ソラスト	17.3	24.1	3.8	2.75	2.32	26.5	671
56	4318	クイック	17.3	24.0	9.5	1.57	1.60	21.2	348
〃	5194	相模ゴム工業	17.3	24.0	19.5	0.57	2.18	12.3	187
58	2413	エムスリー	17.3	23.9	20.5	0.82	1.42	—	10,378
59	2461	ファンコミュニケーションズ	16.12	23.6	10.4	1.61	1.41	29.9	980
60	2170	リンクアンドモチベーション	16.12	23.4	4.0	1.81	3.24	21.1	763
61	8876	リログループ	17.3	23.3	4.5	2.06	2.53	18.2	3,931
62	3454	ファーストブラザーズ	16.11	23.1	15.7	0.40	3.65	—	136
63	7717	ブイ・テクノロジー	17.3	23.0	6.2	0.95	3.89	3.0	946
64	3549	クスリのアオキHD	17.5	22.9	4.3	1.98	2.67	—	2,103
65	3458	シーアールイー	17.7	22.7	8.8	1.09	2.34	54.0	191
66	4975	JCU	17.3	22.4	19.9	0.80	1.42	17.7	709
67	6750	エレコム	17.3	22.3	7.8	1.27	2.26	17.4	901
68	7177	GMOフィナンシャルHD	17.3	22.1	23.5	0.05	17.28	19.6	848
69	1847	イチケン	17.3	22.0	3.7	1.66	3.56	9.1	195
70	7164	全国保証	17.3	21.7	54.4	0.14	2.92	19.8	3,254
〃	2326	デジタルアーツ	17.3	21.7	22.2	0.69	1.42	10.5	685
72	9435	光通信	17.3	21.6	9.1	0.84	2.83	—	6,733
〃	6258	平田機工	17.3	21.6	7.3	0.91	3.24	4.4	1,224
〃	6323	ローツェ	17.2	21.6	12.3	0.92	1.90	4.9	411
75	4521	科研製薬	17.3	21.4	21.7	0.75	1.32	14.3	2,771
76	7956	ピジョン	17.1	21.2	11.7	1.20	1.51	17.9	4,678
〃	2782	セリア	17.3	21.2	7.2	2.05	1.43	22.8	4,740
〃	3548	バロックジャパンリミテッド	17.1	21.2	5.0	1.81	2.33	—	358
〃	2378	ルネサンス	17.3	21.2	4.4	1.32	3.62	9.3	369
〃	3242	アーバネットコーポレーション	17.6	21.2	8.2	0.76	3.41	24.0	88
〃	3762	テクマトリックス	17.3	21.2	4.6	1.27	3.59	12.9	393
82	9744	メイテック	17.3	21.0	8.8	1.36	1.75	11.0	1,692
〃	5967	TONE	17.5	21.0	18.2	0.81	1.43	10.2	63
84	4047	関東電化工業	17.3	20.9	14.5	0.76	1.90	10.3	691
〃	7839	SHOEI	16.9	20.9	15.5	1.05	1.28	10.6	478
86	1720	東急建設	17.3	20.7	5.6	1.19	3.10	7.6	985
〃	2685	アダストリア	17.2	20.7	5.7	2.25	1.61	—	1,240
88	7172	ジャパンインベストメントアドバイザー	16.12	20.6	23.5	0.21	4.18	33.3	721
89	1861	熊谷組	17.3	20.5	4.8	1.27	3.39	8.8	1,282
〃	3679	じげん	17.3	20.5	17.0	0.55	2.18	26.1	909
91	3034	クオール	17.3	20.4	3.3	1.62	3.81	4.6	705
92	6877	OBARA　GROUP	16.9	20.3	14.1	0.89	1.61	14.8	1,329
〃	1413	桧家HD	16.12	20.3	3.6	1.77	3.19	30.2	309
94	2222	寿スピリッツ	17.3	20.2	7.9	1.67	1.53	15.9	1,250
〃	4714	リソー教育	17.2	20.2	6.1	1.85	1.79	—	455
96	1407	ウエストHD	16.8	20.1	7.3	0.64	4.32	48.7	214
97	7169	ニュートン・フィナンシャル・コンサルティング	17.3	20.0	7.0	1.22	2.35	18.5	377
〃	4344	ソースネクスト	17.3	20.0	11.5	0.95	1.85	43.9	175
99	6055	ジャパンマテリアル	17.3	19.9	13.7	0.94	1.55	12.9	1,040
100	3116	トヨタ紡織	17.3	19.7	3.3	1.96	3.00	6.1	4,472

（注）2017年10月6日までに発表された本決算を基に作成。対象は純益10億円以上（変則決算、債務超過、純利益が経常利益の8割以上に該当する会社は除外）。売上高利益率、総資産回転率、財務レバレッジの数値は四捨五入しているので、それらの積はROEの数値と若干異なる場合がある。3期前ROEの「—」は、会計基準が直近決算と異なる、変則決算、債務超過、純益赤字、設立前もしくは上場前で開示なし、に該当する場合。時価総額は17年9月29日時点。HDはホールディングス

って利益を上げているかを表す指標だ。利益については事業利益（営業利益＋受取利息・配当金）なども使われるが、本ランキングでは経常利益を使っている。ROE1位のガンホーがこちらでもトップとなった。

近年、ROEを向上させるために増配や自己株買いを実施する企業が増えている。さらには「リキャップCB」に踏み切る会社も出てきた。これは転換社債型新株予約権付き社債（CB）を発行して負債を増やす一方、その調達資金で自己株買いを行うというもの。こうした施策によって自己資本と負債の割合を変え、財務レバレッジを利かすことはROEの数値改善につながる。

一方、ROAは財務レバレッジとは関係なく企業の収益性をみることができる。ROAは分解すると（売上高利益率×総資産回転率）となり、ROAを向上させるためには利益率と資産効率を高めていくしかない。政府の新成長戦略「未来投資戦略2017」ではROAの改善を新目標に掲げている。

成長性を表す増収率、営業増益率については中期的な成長度合いをみ

【収益性Ⅰ】業種別ROEランキング①

業種	順位	証券コード	社名	決算期	ROE（%）	売上高利益率（%）	総資産回転率（倍）	財務レバレッジ（倍）	3期前ROE（%）	時価総額（億円）
燃料・資源	1	5021	コスモエネルギーHD	17.3	32.3	2.3	1.50	9.26	―	2,183
	2	5015	ビーピー・カストロール	16.12	17.7	16.3	0.85	1.28	13.7	444
	3	6269	三井海洋開発	16.12	17.1	9.1	0.69	2.71	7.0	1,533
化学	1	4242	タカギセイコー	17.3	24.8	3.0	1.09	7.69	2.4	121
	2	4189	KHネオケム	16.12	24.3	7.5	0.91	3.55	―	1,014
	3	4975	JCU	17.3	22.4	19.9	0.80	1.42	17.7	709
金属系素材	1	5707	東邦亜鉛	17.3	17.0	7.7	0.88	2.5	2.8	659
	2	3433	トーカロ	17.3	13.3	14.1	0.65	1.45	9.2	685
	3	5703	日本軽金属HD	17.3	12.2	4.4	1.00	2.81	4.6	1,984
	〃	9964	アイ・テック	17.3	12.2	4.9	1.13	2.2	5.1	186
紙・パルプ製品・他素材	1	3895	ハビックス	17.3	15.2	8.3	0.94	1.94	7.5	88
	2	5233	太平洋セメント	17.3	13.2	6.0	0.79	2.81	14.7	5,524
	3	5352	黒崎播磨	17.3	9.5	4.1	0.93	2.51	5.2	491
建設関連製品・設備	1	4026	神島化学工業	17.4	16.3	4.6	1.18	2.98	7.5	156
	2	3420	ケー・エフ・シー	17.3	16.2	8.0	1.14	1.79	4.6	161
	3	5358	イソライト工業	17.3	15.8	9.8	0.83	1.95	5.5	216
建設・不動産	1	1821	三井住友建設	17.3	29.9	4.2	1.34	5.31	16.6	1,057
	2	1719	安藤ハザマ	17.3	26.3	6.4	1.28	3.19	30.5	1,458
	3	3458	シーアールイー	17.7	22.7	8.8	1.09	2.34	54.0	191
機械・装置	1	6747	KIHD	16.9	47.3	6.4	1.23	6.01	22.5	113
	2	5967	TONE	17.5	21.0	18.2	0.81	1.43	10.2	63
	3	6745	ホーチキ	17.3	15.8	5.5	1.32	2.16	7.2	648
総合商社	1	8001	伊藤忠商事	17.3	14.7	7.3	0.60	3.38	―	30,647
	2	8015	豊田通商	17.3	10.4	1.3	1.93	4.17	7.5	13,082
	3	8002	丸紅	17.3	9.2	2.2	1.03	4.1	15.2	13,356
他産業サービス・製品	1	2379	ディップ	17.2	41.9	18.6	1.57	1.44	21.8	1,594
	2	2127	日本M&Aセンター	17.3	38.4	32.4	0.76	1.55	30.7	4,503
	3	3064	MonotaRO	16.12	37.4	9.1	1.92	2.14	31.4	3,768
運輸	1	9206	スターフライヤー	17.3	30.7	5.5	1.59	3.5	―	118
	2	9090	丸和運輸機関	17.3	17.2	4.6	1.83	2.05	16.8	845
	〃	9027	ロジネット ジャパン	17.3	17.2	2.8	1.89	3.23	5.7	140
公共	1	9517	イーレックス	17.3	14.4	6.2	0.73	3.19	23.6	530
	2	9503	関西電力	17.3	10.6	4.7	0.44	5.18	―	13,513
	3	9506	東北電力	17.3	10.1	3.6	0.47	5.97	6.4	7,196
自動車	1	7839	SHOEI	16.9	20.9	15.5	1.05	1.28	10.6	478
	2	6877	OBARA GROUP	16.9	20.3	14.1	0.89	1.61	14.8	1,329
	3	3116	トヨタ紡織	17.3	19.7	3.3	1.96	3	6.1	4,472
住宅	1	3276	日本管理センター	16.12	40.1	3.6	4.16	2.7	27.7	292
	2	1435	インベスターズクラウド	16.12	39.0	6.2	3.49	1.8	42.9	1,058
	3	8909	シノケングループ	16.12	36.0	8.2	1.12	3.9	40.1	452
アパレル・娯楽用品	1	6238	フリュー	17.3	17.4	11.2	1.11	1.39	26.0	317
	2	3657	ポールトゥウィン・ピットクルーHD	17.1	13.1	5.9	1.66	1.33	16.1	299
	3	7309	シマノ	16.12	13.0	15.8	0.73	1.14	13.0	13,899
小売り	1	3092	スタートトゥデイ	17.3	57.9	22.3	1.37	1.89	41.5	11,110
	2	3186	ネクステージ	16.11	24.5	1.5	3.72	4.31	17.1	411
	3	3549	クスリのアオキHD	17.5	22.9	4.3	1.98	2.67	―	2,103
外食・娯楽サービス	1	2440	ぐるなび	17.3	26.6	13.0	1.55	1.33	15.0	793
	2	2764	ひらまつ	17.3	25.7	9.7	0.57	4.65	―	296
	3	2378	ルネサンス	17.3	21.2	4.4	1.32	3.62	9.3	369

るため、3期前と比較。時価総額伸び率については直近（2017年9月末）と3年前（14年9月末）を比較し、その伸び率によってランキングした。時価総額は、投資家の期待値も含めた企業価値を反映している指標として採用している。

増収率トップのRVHは医用向け3次元グラフィックスLSIが祖業だが、広告代理店や脱毛エステ会社を買収し業容が一変した。増収率で2位、営業増益率で1位となったミクシィは13年9月にリリースしたスマホゲーム「モンスターストライク」が大ヒットしたことで業績が急拡大した。時価総額伸び率1位の日本ライフラインは医療機器の輸入商社だが、16年5月のジャスダックから東証1部への昇格を契機に株価が大きく上昇した。

自己資本比率は会社の安全性をみる代表的な指標で、その値が高いほど安全性が高い。ランキングに掲載した上位１００位はいずれも80％超となっている。

ただし、近年ではＲＯＥが重視されるようになり、自己資本をいかに活用して利益を上げるかという効率性も問われるようになっている。内部留保をため込むばかりで、有効な投資を行わず低成長・低利益率に甘んじていたり、株主還元に消極的な会社に対しては、経営刷新を求める株主のプレッシャーは、今後ますます高まっていくだろう。

自己資本比率ランキングでは参考値としてＲＯＥも掲載。上位１００位のうち、ＲＯＥ10％超の会社は、9位のエンプラス、17位のマニーなど24社となっている。

【収益性Ⅰ】業種別ROEランキング②

業種	順位	証券コード	社名	決算期	ROE (%)	売上高利益率 (%)	総資産回転率 (倍)	財務レバレッジ (倍)	3期前ROE (%)	時価総額 (億円)
他個人サービス・製品	1	2353	日本駐車場開発	17.7	28.8	10.2	0.92	3.08	39.3	578
	2	6189	グローバルグループ	16.9	25.9	13.4	0.85	2.27	ー	193
	3	6630	ヤーマン	17.4	25.5	11.4	1.43	1.57	3.3	704
ヘルスケア・医薬	1	2928	RIZAPグループ	17.3	45.1	8.1	1.00	5.62	ー	3,392
	2	2183	リニカル	17.3	35.3	17.3	1.01	2.03	24.3	372
	3	4565	そーせいグループ	17.3	34.0	51.8	0.39	1.67	ー	1,613
食品	1	3038	神戸物産	16.10	27.5	1.9	1.80	8.04	17.5	1,727
	2	2222	寿スピリッツ	17.3	20.2	7.9	1.67	1.53	15.9	1,250
	3	1381	アクシーズ	17.6	18.5	10.4	1.36	1.3	7.2	208
トイレタリー・化粧品	1	4924	シーズHD	17.7	19.3	14.0	1.09	1.27	20.2	1,928
	2	4452	花王	16.12	18.6	8.7	1.09	1.97	ー	32,769
	3	4998	フマキラー	17.3	15.5	3.3	1.17	4.03	4.0	329
銀行	1	8410	セブン銀行	17.3	12.7	20.7	0.13	4.82	13.9	4,838
	2	8358	スルガ銀行	17.3	12.6	29.2	0.03	13.23	11.1	5,632
	3	8570	イオンフィナンシャルサービス	17.3	11.4	10.5	0.09	12.1	7.6	5,302
証券・先物	1	3454	ファーストブラザーズ	16.11	23.1	15.7	0.40	3.65	ー	136
	2	7177	GMOフィナンシャルHD	17.3	22.1	23.5	0.05	17.28	19.6	848
	3	2337	いちご	17.2	18.5	13.6	0.40	3.4	9.3	1,940
リース・消費者金融	1	9619	イチネンHD	17.3	14.2	4.8	0.69	4.29	15.4	381
	2	8439	東京センチュリー	17.3	12.3	4.5	0.27	10.09	13.1	5,395
	3	8596	九州リースサービス	17.3	9.8	10.9	0.16	5.58	6.6	231
保険	1	8715	アニコムHD	17.3	12.8	5.4	1.03	2.32	5.4	520
	2	8630	SOMPOHD	17.3	9.2	4.9	0.29	6.62	3.2	18,184
	3	8725	MS&ADインシュアランスグループHD	17.3	7.8	3.9	0.25	7.84	4.1	21,495
金融サービス	1	7148	FPG	16.9	43.2	40.5	0.23	4.59	26.4	1,182
	2	7164	全国保証	17.3	21.7	54.4	0.14	2.92	19.8	3,254
	3	7172	ジャパンインベストメントアドバイザー	16.12	20.6	23.5	0.21	4.18	33.3	721
エレクトロニクス	1	6750	エレコム	17.3	22.3	7.8	1.27	2.26	17.4	901
	2	4047	関東電化工業	17.3	20.9	14.5	0.76	1.9	10.3	691
	3	6762	TDK	17.3	18.3	12.3	0.71	2.1	2.6	9,901
事務機器	1	9435	光通信	17.3	21.6	9.1	0.84	2.83	ー	6,733
	2	2763	エフティグループ	17.3	18.8	5.7	1.69	1.94	31.6	331
	3	6448	ブラザー工業	17.3	13.7	7.4	0.95	1.95	ー	6,865
電子デバイス製造装置	1	7717	ブイ・テクノロジー	17.3	23.0	6.2	0.95	3.89	3.0	946
	2	6258	平田機工	17.3	21.6	7.3	0.91	3.24	4.4	1,224
	〃	6323	ローツェ	17.2	21.6	12.3	0.92	1.9	4.9	411
ソフトウエア・情報技術	1	4716	日本オラクル	17.5	34.6	21.0	0.87	1.89	29.1	11,301
	2	9640	セゾン情報システムズ	17.3	31.8	7.6	1.39	2.99	11.2	264
	3	3844	コムチュア	17.3	27.3	7.6	1.91	1.88	19.1	334
通信サービス	1	3765	ガンホー・オンライン・エンターテイメント	16.12	71.8	24.8	2.04	1.42	73.5	2,894
	2	3689	イグニス	16.9	44.7	19.5	1.29	1.78	130.7	261
	3	2121	ミクシィ	17.3	39.8	28.9	1.17	1.18	ー	4,248
メディア	1	2371	カカクコム	17.3	42.4	32.9	1.07	1.2	34.9	3,083
	2	3665	エニグモ	17.1	35.8	27.6	0.82	1.59	27.6	237
	3	7844	マーベラス	17.3	25.2	14.2	1.21	1.47	15.8	512

（注）2017年10月6日までに発表された本決算を基に作成。対象は純益10億円以上（変則決算、債務超過、純利益が経常利益の8割以上に該当する会社は除外）。業種は東洋経済中分類。売上高利益率、総資産回転率、財務レバレッジの数値は四捨五入しているので、それらの積はＲＯＥの数値と若干異なる場合がある。3期前ＲＯＥの「ー」は、会計基準が直近決算と異なる、変則決算、債務超過、純益赤字、設立前もしくは上場前で開示なし、に該当する場合。時価総額は17年9月29日時点。HDはホールディングス

【収益性Ⅱ】ROAランキング

順位	証券コード	社名	決算期	ROA (%)	3期前ROA (%)	ROE (%)
51	3085	アークランドサービスHD	16.12	**18.5**	24.2	14.5
〃	4825	ウェザーニューズ	17.5	**18.5**	27.7	14.6
53	4507	塩野義製薬	17.3	**18.4**	10.9	16.1
〃	9928	ミロク情報サービス	17.3	**18.4**	12.5	17.7
55	7846	パイロットコーポレーション	16.12	**18.3**	10.7	18.7
〃	8771	イー・ギャランティ	17.3	**18.3**	15.5	18.8
57	4714	リソー教育	17.2	**18.1**	-3.2	20.2
58	9843	ニトリHD	17.2	**18.0**	19.7	15.2
〃	7453	良品計画	17.2	**18.0**	16.4	16.9
〃	2305	スタジオアリス	16.12	**18.0**	12.4	14.2
61	4641	アルプス技研	16.12	**17.9**	9.0	18.4
62	2751	テンポスバスターズ	17.4	**17.8**	20.7	13.8
63	4368	扶桑化学工業	17.3	**17.7**	10.6	15.3
〃	2763	エフティグループ	17.3	**17.7**	24.1	18.8
65	6238	フリュー	17.3	**17.6**	22.6	17.4
66	6869	シスメックス	17.3	**17.5**	―	19.4
67	7747	朝日インテック	17.6	**17.3**	14.2	17.3
〃	1430	ファーストコーポレーション	17.5	**17.3**	9.8	34.4
69	6058	ベクトル	17.2	**17.2**	25.5	14.8
70	3756	豆蔵HD	17.3	**17.1**	15.5	19.6
71	6323	ローツェ	17.2	**17.0**	5.7	21.6
〃	2193	クックパッド	16.12	**17.0**	―	4.5
73	2670	エービーシー・マート	17.2	**16.9**	17.7	12.9
〃	6877	OBARA GROUP	16.9	**16.9**	15.5	20.3
〃	7611	ハイデイ日高	17.2	**16.9**	18.2	13.9
〃	9757	船井総研HD	16.12	**16.9**	14.5	13.4
〃	3091	ブロンコビリー	16.12	**16.9**	17.7	13.5
78	7741	HOYA	17.3	**16.8**	12.1	17.0
〃	9744	メイテック	17.3	**16.8**	11.4	21.0
〃	3679	じげん	17.3	**16.8**	35.8	20.5
〃	6189	グローバルグループ	16.9	**16.8**	―	25.9
82	4732	ユー・エス・エス	17.3	**16.7**	20.3	14.5
〃	2685	アダストリア	17.2	**16.7**	7.6	20.7
84	6535	アイモバイル	17.7	**16.6**	37.5	14.4
85	8035	東京エレクトロン	17.3	**16.5**	4.3	17.9
86	4082	第一稀元素化学工業	17.3	**16.4**	16.3	17.0
87	6256	ニューフレアテクノロジー	17.3	**16.2**	27.2	16.0
〃	3076	あいHD	17.6	**16.2**	17.4	15.3
〃	3964	オークネット	16.12	**16.2**	―	18.2
〃	6157	日進工具	17.3	**16.2**	12.2	13.3
91	4684	オービック	17.3	**16.1**	16.3	13.2
92	4922	コーセー	17.3	**16.0**	11.5	13.2
〃	3733	ソフトウェア・サービス	16.10	**16.0**	20.8	12.9
94	1878	大東建託	17.3	**15.9**	13.6	30.1
95	7309	シマノ	16.12	**15.8**	14.9	13.0
〃	9989	サンドラッグ	17.3	**15.8**	15.0	17.1
97	2229	カルビー	17.3	**15.7**	14.7	14.5
〃	4816	東映アニメーション	17.3	**15.7**	8.6	14.0
99	7564	ワークマン	17.3	**15.6**	17.9	13.3
〃	4722	フューチャー	16.12	**15.6**	18.0	12.8

順位	証券コード	社名	決算期	ROA (%)	3期前ROA (%)	ROE (%)
1	3765	ガンホー・オンライン・エンターテイメント	16.12	**83.7**	71.9	71.8
2	2371	カカクコム	17.3	**50.2**	45.2	42.4
3	2121	ミクシィ	17.3	**50.0**	1.0	39.8
4	3092	スタートトゥデイ	17.3	**47.5**	37.5	57.9
5	3668	コロプラ	16.9	**43.3**	42.1	33.3
6	2379	ディップ	17.2	**43.2**	22.1	41.9
7	2124	JAC Recruitment	16.12	**38.3**	35.7	35.2
8	2127	日本M&Aセンター	17.3	**36.3**	39.3	38.4
9	1435	インベスターズクラウド	16.12	**35.0**	22.9	39.0
10	3662	エイチーム	17.7	**31.3**	26.7	35.0
11	2440	ぐるなび	17.3	**28.5**	18.9	26.6
12	3932	アカツキ	17.3	**28.3**	34.4	31.3
13	4716	日本オラクル	17.5	**26.4**	28.8	34.6
14	3064	MonotaRO	16.12	**26.2**	26.9	37.4
15	2413	エムスリー	17.3	**26.1**	―	23.9
16	4565	そーせいグループ	17.3	**26.0**	―	34.0
17	2461	ファンコミュニケーションズ	16.12	**25.3**	30.2	23.6
〃	6630	ヤーマン	17.4	**25.3**	3.6	25.5
19	4845	スカラ	17.6	**25.0**	―	50.6
〃	2183	リニカル	17.3	**25.0**	24.8	35.3
21	3654	ヒト・コミュニケーションズ	16.8	**24.4**	23.5	19.4
22	7839	SHOEI	16.9	**24.1**	13.8	20.9
23	7844	マーベラス	17.3	**24.0**	18.1	25.2
24	4521	科研製薬	17.3	**22.9**	14.6	21.4
25	4751	サイバーエージェント	16.9	**22.6**	13.0	17.6
〃	4848	フルキャストHD	16.12	**22.6**	6.7	27.5
27	3276	日本管理センター	16.12	**22.4**	20.5	40.1
28	4318	クイック	17.3	**22.3**	20.7	24.0
29	4924	シーズHD	17.7	**22.2**	27.3	19.3
〃	1381	アクシーズ	17.6	**22.2**	8.4	18.5
31	4745	東京個別指導学院	17.2	**21.9**	14.4	17.4
32	2782	セリア	17.3	**21.5**	22.2	21.2
33	2412	ベネフィット・ワン	17.3	**21.4**	17.0	26.3
34	5015	ビーピー・カストロール	16.12	**21.2**	18.7	17.7
35	4975	JCU	17.3	**21.1**	17.3	22.4
〃	9438	エムティーアイ	16.9	**21.1**	7.2	19.2
37	7956	ピジョン	17.1	**20.9**	19.0	21.2
38	4849	エン・ジャパン	17.3	**20.8**	16.5	17.0
39	2475	WDBHD	17.3	**20.7**	19.6	18.2
40	4659	エイジス	17.3	**20.2**	10.7	18.5
41	2222	寿スピリッツ	17.3	**20.0**	16.2	20.2
42	7575	日本ライフライン	17.3	**19.8**	4.6	25.8
43	4792	山田コンサルティンググループ	17.3	**19.7**	21.3	15.8
44	3657	ポールトゥウィン・ピットクルーHD	17.1	**19.5**	24.8	13.1
45	6055	ジャパンマテリアル	17.3	**19.4**	16.9	19.9
46	4587	ペプチドリーム	17.6	**19.3**	3.7	15.5
47	3738	ティーガイア	17.3	**19.0**	6.3	33.0
〃	2154	トラスト・テック	17.6	**19.0**	20.4	29.2
49	7169	ニュートン・フィナンシャル・コンサルティング	17.3	**18.8**	24.3	20.0
50	9790	福井コンピュータHD	17.3	**18.6**	17.6	16.4

（注）2017年10月6日までに発表された本決算を基に作成。対象は経常利益20億円以上（ＩＦＲＳは税引き前利益、変則決算は除外）。3期前ＲＯＡの「―」は、会計基準が直近決算と異なる、変則決算、経常赤字、設立前もしくは上場前で開示なし、に該当する場合。HDはホールディングス

【成長性Ⅰ】増収率（3期前比較）

順位	証券コード	社名	決算期	増収率（3期前比較）（%）	直近売上高（億円）	営業増益率（3期前比較）（%）
51	3387	クリエイト・レストランツHD	17.2	116.1	1,135	58.2
52	3688	VOYAGE GROUP	16.9	111.4	208	220.9
53	6289	技研製作所	16.8	110.1	220	551.5
〃	3769	GMOペイメントゲートウェイ	16.9	110.1	121	86.5
55	6058	ベクトル	17.2	105.6	133	143.0
56	3641	パピレス	17.3	104.3	141	151.1
57	9517	イーレックス	17.3	103.6	312	151.2
58	3467	アグレ都市デザイン	17.3	102.9	111	75.1
〃	3724	ベリサーブ	17.3	102.9	106	391.3
60	6298	ワイエイシイHD	17.3	102.7	295	142.6
61	3064	MonotaRO	16.12	101.5	696	144.4
62	3193	鳥貴族	17.7	100.7	293	111.2
63	8591	オリックス	17.3	99.7	26,787	63.8
64	3003	ヒューリック	16.12	99.0	2,158	83.3
65	3092	スタートトゥデイ	17.3	98.0	764	112.2
66	7419	ノジマ	17.3	97.8	4,321	147.2
67	7167	めぶきフィナンシャルグループ	17.3	97.4	2,133	84.8
68	3254	プレサンスコーポレーション	17.3	95.3	1,011	51.4
69	6149	小田原エンジニアリング	16.12	93.6	109	402.2
70	2124	JAC Recruitment	16.12	92.8	138	134.0
71	3244	サムティ	16.11	91.5	524	208.3
72	2175	エス・エム・エス	17.3	91.4	231	110.8
73	4751	サイバーエージェント	16.9	91.2	3,107	256.6
74	1916	日成ビルド工業	17.3	91.0	799	185.9
75	7587	PALTEK	16.12	90.5	335	▲33.3
76	3465	ケイアイスター不動産	17.3	89.8	513	194.9
77	3236	プロパスト	17.5	89.6	149	184.8
78	6099	エラン	16.12	89.4	114	83.1
79	4849	エン・ジャパン	17.3	89.3	317	99.2
80	6062	チャーム・ケア・コーポレーション	17.6	88.1	109	70.7
81	4346	ネクシィーズグループ	16.9	87.2	141	327.9
82	2146	UTグループ	17.3	87.1	576	87.1
83	3328	BEENOS	16.9	86.5	192	—
84	2362	夢真HD	16.9	85.6	233	97.8
85	3744	サイオス	16.12	84.0	121	108.8
86	3458	シーアールイー	17.7	83.2	405	104.6
87	2127	日本M&Aセンター	17.3	80.8	191	66.0
88	3246	コーセーアールイー	17.1	80.3	102	92.0
89	3198	SFPHD	17.2	78.9	360	67.1
90	3258	ユニゾHD	17.3	77.4	389	90.1
91	7730	マニー	16.8	77.2	166	40.7
92	7638	NEW ART	17.3	76.2	136	—
93	4031	片倉コープアグリ	17.3	76.0	387	▲35.0
94	3733	ソフトウェア・サービス	16.10	75.0	177	21.3
95	6323	ローツェ	17.2	74.6	247	293.8
96	9419	ワイヤレスゲート	16.12	73.5	122	59.2
97	3141	ウエルシアHD	17.2	72.7	6,232	69.5
98	6479	ミネベアミツミ	17.3	72.0	6,389	52.2
99	4528	小野薬品工業	17.3	70.9	2,448	153.0
〃	6258	平田機工	17.3	70.9	805	378.6

順位	証券コード	社名	決算期	増収率（3期前比較）（%）	直近売上高（億円）	営業増益率（3期前比較）（%）
1	6786	RVH	17.3	8,625.4	415	—
2	2121	ミクシィ	17.3	1,604.3	2,072	18,443.3
3	6079	エナリス	16.12	617.7	621	18.3
4	3932	アカツキ	17.3	440.6	115	762.3
5	2931	ユーグレナ	16.9	431.0	111	293.8
6	8922	日本アセットマーケティング	17.3	429.8	179	568.1
7	3452	ビーロット	16.12	421.3	116	441.5
8	3668	コロプラ	16.9	405.3	847	454.6
9	7148	FPG	16.9	370.9	189	468.8
10	3454	ファーストブラザーズ	16.11	343.0	146	4,458.6
11	1491	中外鉱業	17.3	328.7	625	▲68.8
12	3053	ペッパーフードサービス	16.12	292.8	223	369.6
13	3069	アスラポート・ダイニング	17.3	285.7	362	91.8
14	1333	マルハニチロ	17.3	280.5	8,733	434.6
15	3938	LINE	16.12	255.4	1,407	—
16	7717	ブイ・テクノロジー	17.3	242.1	454	882.6
17	4295	フェイス	17.3	228.0	208	245.9
18	3245	ディア・ライフ	16.9	217.5	107	541.1
19	8909	シノケングループ	16.12	213.0	813	263.0
20	2337	いちご	17.2	211.3	1,093	456.8
21	1430	ファーストコーポレーション	17.5	191.5	209	677.2
22	3662	エイチーム	17.7	187.5	346	180.8
23	2427	アウトソーシング	16.12	183.8	1,345	210.8
24	7169	ニュートン・フィナンシャル・コンサルティング	17.3	183.0	295	102.8
25	1739	シード平和	17.6	182.0	145	993.3
26	3678	メディアドゥHD	17.2	180.2	155	160.3
27	3299	ムゲンエステート	16.12	176.0	575	179.9
28	3300	AMBITION	17.6	175.7	146	59.9
29	1435	インベスターズクラウド	16.12	173.5	379	302.3
30	2462	ライク	17.5	167.9	401	403.0
31	3660	アイスタイル	17.6	164.5	189	209.7
32	8028	ユニー・ファミリーマートHD	17.2	159.0	8,950	29.4
33	3288	オープンハウス	16.9	154.9	2,472	207.5
34	2379	ディップ	17.2	154.2	332	432.0
35	3675	クロス・マーケティンググループ	16.12	153.8	160	85.0
36	8892	日本エスコン	16.12	153.3	343	153.8
37	3252	日本商業開発	17.3	145.8	266	236.3
38	2154	トラスト・テック	17.6	143.9	430	149.4
39	6055	ジャパンマテリアル	17.3	140.2	223	142.6
40	2497	ユナイテッド	17.3	137.1	146	910.9
41	2454	オールアバウト	17.3	134.6	104	355.7
42	3903	gumi	17.4	131.7	259	—
43	6616	トレックス・セミコンダクター	17.3	129.6	216	▲11.5
44	8934	サンフロンティア不動産	17.3	127.3	404	107.0
45	8929	青山財産ネットワークス	16.12	126.4	144	369.4
46	6089	ウィルグループ	17.3	126.1	606	142.9
47	6993	大黒屋HD	17.3	124.1	206	▲57.0
48	3756	豆蔵HD	17.3	121.2	221	103.8
49	6274	新川	17.3	119.7	164	—
50	3186	ネクステージ	16.11	119.3	872	110.4

（注）2017年10月6日までに発表された本決算を基に作成。対象は売上高100億円以上かつ営業黒字の会社（3期前と決算基準が違う場合や変則決算は除外）。営業増益率（3期前比較）の「—」は、3期前と決算基準が違う、変則決算、営業赤字、に該当する場合。HDはホールディングス

【成長性Ⅱ】営業増益率（3期前比較）

順位	証券コード	社名	決算期	営業増益率（3期前比較）（%）	直近営業利益（億円）	増収率（3期前比較）（%）
51	6258	平田機工	17.3	378.6	82	70.9
52	1852	淺沼組	17.3	375.1	67	▲2.6
53	5008	東亜石油	16.12	367.8	34	0.3
54	4992	北興化学工業	16.11	366.7	25	3.4
55	9438	エムティーアイ	16.9	366.1	54	8.9
56	1381	アクシーズ	17.6	362.4	30	18.8
57	2201	森永製菓	17.3	356.5	176	21.2
58	6800	ヨコオ	17.3	355.0	25	33.7
59	4410	ハリマ化成グループ	17.3	354.3	40	▲5.0
60	6644	大崎電気工業	17.3	335.6	77	31.2
61	1847	イチケン	17.3	332.5	44	30.6
62	5423	東京製鐵	17.3	332.0	105	▲12.4
63	1959	九電工	17.3	330.7	307	22.4
64	7970	信越ポリマー	17.3	319.4	55	9.9
65	1802	大林組	17.3	318.1	1,337	16.1
66	2388	ウェッジHD	16.9	316.1	33	90.6
67	6222	島精機製作所	17.3	312.4	113	53.6
68	4183	三井化学	17.3	310.3	1,021	▲22.6
69	6617	東光高岳	17.3	304.0	40	21.4
70	3422	丸順	17.3	303.2	27	▲16.0
71	9747	アサツー　ディ・ケイ	16.12	302.7	56	2.9
72	1435	インベスターズクラウド	16.12	302.3	38	173.5
73	4109	ステラ　ケミファ	17.3	302.2	44	4.9
74	4242	タカギセイコー	17.3	301.4	26	▲12.8
75	6145	日特エンジニアリング	17.3	301.3	29	61.0
76	5331	ノリタケカンパニーリミテド	17.3	297.8	31	22.7
77	1822	大豊建設	17.3	293.8	100	13.6
〃	6323	ローツェ	17.2	293.8	46	74.6
79	6357	三精テクノロジーズ	17.3	292.9	32	40.0
80	3865	北越紀州製紙	17.3	290.1	129	17.2
81	4092	日本化学工業	17.3	288.4	33	▲7.5
82	9504	中国電力	17.3	283.9	345	▲4.4
83	4182	三菱ガス化学	17.3	283.3	438	4.1
84	7291	日本プラスト	17.3	283.1	57	10.2
85	1861	熊谷組	17.3	280.4	251	4.8
86	7735	SCREENHD	17.3	278.9	337	27.2
87	1810	松井建設	17.3	275.6	61	13.8
88	8909	シノケングループ	16.12	263.0	106	213.0
89	2573	北海道コカ・コーラボトリング	16.12	259.7	24	3.3
90	4751	サイバーエージェント	16.9	256.6	368	91.2
91	1821	三井住友建設	17.3	251.7	279	5.5
92	2429	ワールドHD	16.12	249.4	74	67.1
93	9027	ロジネット　ジャパン	17.3	248.5	22	3.4
94	4998	フマキラー	17.3	247.6	23	48.7
95	1850	南海辰村建設	17.3	246.3	29	4.3
96	7636	ハンズマン	17.6	245.2	23	13.9
97	1865	青木あすなろ建設	17.3	241.9	75	14.6
98	5461	中部鋼鈑	17.3	240.9	31	▲18.7
99	6941	山一電機	17.3	236.7	27	21.7
100	3252	日本商業開発	17.3	236.3	48	145.8

順位	証券コード	社名	決算期	営業増益率（3期前比較）（%）	直近営業利益（億円）	増収率（3期前比較）（%）
1	2121	ミクシィ	17.3	18,443.3	890	1,604.3
2	4112	保土谷化学工業	17.3	6,161.8	21	▲2.7
3	3454	ファーストブラザーズ	16.11	4,458.6	40	343.0
4	6804	ホシデン	17.3	4,063.2	24	▲26.8
5	5614	川金HD	17.3	1,491.9	22	14.3
6	7244	市光工業	17.3	1,318.6	48	27.6
7	4587	ペプチドリーム	17.6	1,138.8	25	498.4
8	5282	ジオスター	17.3	1,063.1	28	32.4
9	1811	錢高組	17.3	1,062.3	38	▲5.6
10	6758	ソニー	17.3	989.6	2,887	▲2.1
11	7172	ジャパンインベストメントアドバイザー	16.12	981.1	25	1,037.1
12	8091	ニチモウ	17.3	959.0	24	10.1
13	7717	ブイ・テクノロジー	17.3	882.6	54	242.1
14	6630	ヤーマン	17.4	839.1	35	39.0
15	3864	三菱製紙	17.3	811.8	43	▲2.7
16	3932	アカツキ	17.3	762.3	48	440.6
17	5103	昭和HD	17.3	761.3	36	46.5
18	4848	フルキャストHD	16.12	752.7	29	45.1
19	6315	TOWA	17.3	738.3	38	61.0
20	2831	はごろもフーズ	17.3	683.0	29	8.4
21	1430	ファーストコーポレーション	17.5	677.2	21	191.5
22	9507	四国電力	17.3	637.0	200	7.6
23	6890	フェローテックHD	17.3	611.5	57	65.0
24	4409	東邦化学工業	17.3	583.3	22	1.5
25	8119	三栄コーポレーション	17.3	581.1	27	24.8
26	1812	鹿島	17.3	575.4	1,554	19.8
27	8922	日本アセットマーケティング	17.3	568.1	74	429.8
28	7965	象印マホービン	16.11	566.8	121	33.8
29	7239	タチエス	17.3	562.6	89	28.6
30	1720	東急建設	17.3	554.4	172	7.7
31	6289	技研製作所	16.8	551.5	41	110.1
32	7575	日本ライフライン	17.3	530.4	77	52.6
33	6787	メイコー	17.3	527.8	58	21.1
34	4047	関東電化工業	17.3	516.5	94	26.0
35	3038	神戸物産	16.10	505.0	118	33.3
36	6762	TDK	17.3	469.9	2,087	19.7
37	7148	FPG	16.9	468.8	119	370.9
38	2337	いちご	17.2	456.8	218	211.3
39	3668	コロプラ	16.9	454.6	319	405.3
40	3420	ケー・エフ・シー	17.3	441.2	28	21.5
41	1333	マルハニチロ	17.3	434.6	263	280.5
42	1820	西松建設	17.3	433.1	253	0.2
43	2379	ディップ	17.2	432.0	91	154.2
44	1860	戸田建設	17.3	422.8	250	▲5.8
45	1833	奥村組	17.3	404.0	117	5.2
46	1803	清水建設	17.3	394.5	1,288	4.7
47	6368	オルガノ	17.3	393.9	41	30.6
48	6269	三井海洋開発	16.12	386.4	180	▲9.6
49	8035	東京エレクトロン	17.3	383.5	1,557	30.6
50	3139	ラクト・ジャパン	16.11	379.1	33	16.8

（注）2017年10月6日までに発表された本決算を基に作成。対象は営業利益20億円以上の会社（3期前と決算基準が違う場合や変則決算は除外）。HDはホールディングス

【成長性Ⅲ】時価総額伸び率（3年前比較）

順位	証券コード	社名	決算期	時価総額伸び率（3年前比較）(%)	直近時価総額（億円）	営業増益率（3期前比較）(%)
51	2127	日本M&Aセンター	17.3	253.5	4,503	66.0
52	9790	福井コンピュータHD	17.3	251.5	667	54.2
53	6272	レオン自動機	17.3	251.2	495	58.1
54	7974	任天堂	17.3	248.4	58,878	―
55	4912	ライオン	16.12	248.1	6,144	126.5
56	4368	扶桑化学工業	17.3	247.5	1,277	178.8
57	6920	レーザーテック	17.6	246.5	1,089	60.2
58	6890	フェローテックHD	17.3	243.1	685	611.5
59	4587	ペプチドリーム	17.6	242.7	4,168	1,138.8
60	9627	アインHD	17.4	239.9	2,714	44.0
61	8876	リログループ	17.3	239.5	3,931	83.9
62	9077	名鉄運輸	17.3	238.0	160	93.4
63	2475	WDBHD	17.3	237.3	551	69.0
64	2317	システナ	17.3	235.6	791	123.0
65	2053	中部飼料	17.3	234.2	606	96.1
66	3659	ネクソン	16.12	233.1	12,952	▲3.1
67	6817	スミダコーポレーション	16.12	232.3	602	235.5
68	7906	ヨネックス	17.3	230.6	785	154.4
69	2815	アリアケジャパン	17.3	228.7	2,651	82.2
70	6222	島精機製作所	17.3	227.8	2,167	312.4
71	2429	ワールドHD	16.12	227.6	577	249.4
72	2154	トラスト･テック	17.6	227.5	604	149.4
73	8283	PALTAC	17.3	226.8	2,787	87.2
74	3034	クオール	17.3	225.7	705	226.1
75	9739	NSW	17.3	224.5	320	70.5
76	6146	ディスコ	17.3	224.2	8,213	80.6
77	4109	ステラ　ケミファ	17.3	223.4	633	302.2
78	2733	あらた	17.3	221.2	836	65.1
79	6753	シャープ	17.3	219.5	16,956	▲42.5
80	4927	ポーラ･オルビスHD	16.12	217.1	7,802	68.0
81	9039	サカイ引越センター	17.3	214.9	1,257	28.3
82	2281	プリマハム	17.3	213.8	1,922	76.6
83	4042	東ソー	17.3	208.9	8,244	167.5
84	3141	ウエルシアHD	17.2	208.2	4,439	69.5
85	2183	リニカル	17.3	207.4	372	201.4
86	8892	日本エスコン	16.12	206.2	351	153.8
87	3769	GMOペイメントゲートウェイ	16.9	205.3	2,615	86.5
88	4348	インフォコム	17.3	203.6	799	29.9
89	4809	パラカ	16.9	202.0	242	43.7
90	7475	アルビス	17.3	200.8	347	65.5
91	4218	ニチバン	17.3	200.3	483	126.8
92	6507	シンフォニアテクノロジー	17.3	199.4	718	116.3
93	2782	セリア	17.3	199.0	4,740	48.9
94	4641	アルプス技研	16.12	198.5	417	167.0
95	4094	日本化学産業	17.3	194.1	453	32.8
96	4659	エイジス	17.3	194.0	279	148.4
97	4674	クレスコ	17.3	193.7	506	89.3
98	6157	日進工具	17.3	193.2	253	88.3
99	2871	ニチレイ	17.3	189.8	3,953	85.6
100	7951	ヤマハ	17.3	189.6	8,186	70.4

順位	証券コード	社名	決算期	時価総額伸び率（3年前比較）(%)	直近時価総額（億円）	営業増益率（3期前比較）(%)
1	7575	日本ライフライン	17.3	2,516.5	2,514	530.4
2	6258	平田機工	17.3	1,787.2	1,224	378.6
3	6630	ヤーマン	17.4	802.1	704	839.1
4	2928	RIZAPグループ	17.3	703.0	3,392	―
5	6786	RVH	17.3	649.9	101	―
6	7419	ノジマ	17.3	632.7	1,136	147.2
7	3186	ネクステージ	16.11	602.4	411	110.4
8	6323	ローツェ	17.2	593.8	411	293.8
9	7172	ジャパンインベストメントアドバイザー	16.12	587.6	721	981.1
10	3385	薬王堂	17.2	576.3	579	79.7
11	7717	ブイ･テクノロジー	17.3	538.7	946	882.6
12	6619	ダブル･スコープ	16.12	513.8	712	―
13	9090	丸和運輸機関	17.3	493.4	845	59.0
14	2427	アウトソーシング	16.12	490.5	1,594	210.8
15	2222	寿スピリッツ	17.3	446.3	1,250	64.3
16	2201	森永製菓	17.3	428.3	3,392	356.5
17	7874	レック	17.3	419.1	558	―
18	6728	アルバック	17.6	412.7	3,489	145.6
19	8079	正栄食品工業	16.10	397.3	980	89.3
20	3038	神戸物産	16.10	374.1	1,727	505.0
21	6787	メイコー	17.3	372.4	565	527.8
22	6383	ダイフク	17.3	367.4	6,848	84.0
23	5358	イソライト工業	17.3	352.5	216	157.6
24	9928	ミロク情報サービス	17.3	338.6	910	71.7
25	2412	ベネフィット･ワン	17.3	332.6	2,002	84.7
26	2579	コカ･コーラボトラーズジャパン	16.12	324.5	7,529	32.7
27	3092	スタートトゥデイ	17.3	323.5	11,110	112.2
28	6055	ジャパンマテリアル	17.3	322.5	1,040	142.6
29	4816	東映アニメーション	17.3	306.3	1,624	181.3
30	2146	UTグループ	17.3	297.0	893	87.1
31	4112	保土谷化学工業	17.3	295.9	643	6,161.8
32	6958	日本CMK	17.3	290.3	714	―
33	2772	ゲンキー	17.6	289.1	673	102.5
34	9757	船井総研HD	16.12	288.9	1,230	47.0
35	2388	ウェッジHD	16.9	288.3	199	316.1
36	7943	ニチハ	17.3	286.1	1,575	37.3
37	4849	エン･ジャパン	17.3	285.7	2,051	99.2
38	3288	オープンハウス	16.9	284.9	2,258	207.5
39	4714	リソー教育	17.2	283.3	455	―
40	7167	めぶきフィナンシャルグループ	17.3	278.1	5,129	84.8
41	6058	ベクトル	17.2	275.2	735	143.0
42	6145	日特エンジニアリング	17.3	271.9	862	301.3
43	7148	FPG	16.9	270.0	1,182	468.8
44	4792	山田コンサルティンググループ	17.3	265.9	512	31.6
45	1959	九電工	17.3	261.6	3,095	330.7
46	1381	アクシーズ	17.6	259.7	208	362.4
47	6324	ハーモニック･ドライブ･システムズ	17.3	258.2	5,505	67.4
48	4242	タカギセイコー	17.3	257.7	121	301.4
49	6670	MCJ	17.3	255.2	620	83.8
50	4848	フルキャストHD	16.12	255.0	787	752.7

（注）2017年10月6日までに発表された本決算を基に作成。対象は営業利益20億円以上、かつ直近時価総額100億円以上の会社。時価総額は17年9月28日時点と14年9月末時点とで比較。営業増益率（3期前比較）の「―」は直近決算と3期前で会計基準が違ったり、対象期に変則決算や営業赤字がある場合。HDはホールディングス

【安全性】自己資本比率

順位	証券コード	社名	決算期	自己資本比率(%)	3期前自己資本比率(%)	ROE(%)
52	3668	コロプラ	16.9	86.0	57.2	33.3
〃	5384	フジミインコーポレーテッド	17.3	86.0	88.9	7.3
〃	7749	メディキット	17.3	86.0	85.6	6.3
55	2193	クックパッド	16.12	85.8	82.1	4.5
56	5344	MARUWA	17.3	85.6	80.7	6.6
〃	1897	金下建設	16.12	85.6	82.6	1.6
〃	6274	新川	17.3	85.6	93.6	1.1
59	5819	カナレ電気	16.12	85.5	84.2	10.6
60	4919	ミルボン	16.12	85.4	84.1	11.1
〃	8118	キング	17.3	85.4	84.1	3.1
62	3597	自重堂	17.6	85.3	79.4	9.3
63	9759	NSD	17.3	85.2	88.4	10.5
〃	7974	任天堂	17.3	85.2	85.6	8.2
65	4342	セコム上信越	17.3	85.0	83.8	7.0
〃	2674	ハードオフコーポレーション	17.3	85.0	81.0	6.9
〃	5304	SECカーボン	17.3	85.0	78.6	—
68	2121	ミクシィ	17.3	84.9	84.5	39.8
〃	4686	ジャストシステム	17.3	84.9	83.2	11.8
〃	6908	イリソ電子工業	17.3	84.9	80.2	11.0
71	4746	東計電算	16.12	84.8	82.6	9.4
〃	4733	オービックビジネスコンサルタント	17.3	84.8	85.2	7.7
〃	2806	ユタカフーズ	17.3	84.8	86.5	3.9
〃	4551	鳥居薬品	16.12	84.8	84.8	3.4
〃	5951	ダイニチ工業	17.3	84.8	84.8	1.9
76	9795	ステップ	16.9	84.7	83.6	10.1
77	6459	大和冷機工業	16.12	84.6	85.2	7.2
〃	4186	東京応化工業	17.3	84.6	87.5	4.3
〃	3571	ソトー	17.3	84.6	82.4	3.4
80	2815	アリアケジャパン	17.3	84.4	83.0	11.7
〃	5988	パイオラックス	17.3	84.4	81.2	10.2
〃	6419	マースエンジニアリング	17.3	84.4	79.5	7.1
〃	7949	小松ウオール工業	17.3	84.4	81.9	5.9
〃	3659	ネクソン	16.12	84.4	73.6	5.4
85	4547	キッセイ薬品工業	17.3	84.3	82.6	4.9
86	4581	大正製薬HD	17.3	84.2	82.4	4.4
〃	4107	伊勢化学工業	16.12	84.2	80.4	2.9
88	4528	小野薬品工業	17.3	84.1	92.1	10.7
〃	6586	マキタ	17.3	84.1	84.0	8.9
〃	9364	上組	17.3	84.1	84.2	5.2
〃	2761	トシン・グループ	17.5	84.1	82.0	5.1
〃	3529	アツギ	17.3	84.1	84.7	1.4
93	5984	兼房	17.3	83.8	77.5	4.2
94	9632	スバル興業	17.1	83.7	81.5	7.7
〃	6929	日本セラミック	16.12	83.7	73.9	4.6
96	4921	ファンケル	17.3	83.6	83.5	7.2
97	3091	ブロンコビリー	16.12	83.5	80.9	13.5
〃	9757	船井総研HD	16.12	83.5	85.2	13.4
〃	9717	ジャステック	16.11	83.5	79.8	9.4
100	2371	カカクコム	17.3	83.1	79.5	42.4
〃	4094	日本化学産業	17.3	83.1	83.8	5.8
〃	8068	菱洋エレクトロ	17.1	83.1	78.9	1.3

順位	証券コード	社名	決算期	自己資本比率(%)	3期前自己資本比率(%)	ROE(%)
1	7937	ツツミ	17.3	97.5	96.6	—
2	6861	キーエンス	17.3	94.7	95.2	—
3	6278	ユニオンツール	16.12	93.2	93.3	4.3
4	6896	北川工業	17.3	92.7	90.5	1.6
5	6271	ニッセイ	17.3	92.5	92.9	1.7
6	6820	アイコム	17.3	92.1	91.0	0.9
7	4550	日水製薬	17.3	92.0	90.5	5.8
8	5946	長府製作所	16.12	91.9	90.9	2.5
9	6961	エンプラス	17.3	91.7	84.5	10.2
10	6866	HIOKI	16.12	90.7	89.8	5.5
11	6806	ヒロセ電機	17.3	90.6	89.2	7.2
12	6905	コーセル	17.5	90.4	91.7	6.8
13	6592	マブチモーター	16.12	90.1	91.9	8.8
〃	4033	日東エフシー	16.9	90.1	87.7	1.6
15	7716	ナカニシ	16.12	90.0	87.3	9.5
16	9414	BS11	17.8	89.8	91.6	9.8
17	7730	マニー	16.8	89.5	90.6	11.2
18	9663	ナガワ	17.3	89.3	81.8	8.0
19	3632	グリー	17.6	89.2	75.6	11.0
〃	7447	ナガイレーベン	17.8	89.2	88.6	10.1
〃	4974	タカラバイオ	17.3	89.2	91.3	2.3
22	3635	コーエーテクモHD	17.3	89.0	88.2	10.9
23	4517	ビオフェルミン製薬	17.3	88.8	85.8	7.5
24	4684	オービック	17.3	88.7	87.9	13.2
25	5541	大平洋金属	17.3	88.6	92.8	—
26	4548	生化学工業	17.3	88.3	87.8	2.5
27	7309	シマノ	16.12	88.0	84.6	13.0
28	4825	ウェザーニューズ	17.5	87.9	84.8	14.6
29	4239	ポラテクノ	17.3	87.7	81.8	5.8
〃	5461	中部鋼鈑	17.3	87.7	87.2	3.6
31	4508	田辺三菱製薬	17.3	87.4	86.4	8.3
〃	8595	ジャフコ	17.3	87.4	72.4	5.3
〃	4464	ソフト99コーポレーション	17.3	87.4	88.5	4.0
34	8227	しまむら	17.2	87.3	86.6	9.9
35	6954	ファナック	17.3	87.1	88.8	9.4
〃	2540	養命酒製造	17.3	87.1	87.5	3.5
37	4291	JIEC	17.3	86.9	83.0	8.0
〃	6963	ローム	17.3	86.9	87.9	3.6
〃	6417	SANKYO	17.3	86.9	91.5	0.5
40	3593	ホギメディカル	17.3	86.8	83.4	6.5
〃	6247	日阪製作所	17.3	86.8	83.4	4.5
42	2812	焼津水産化学工業	17.3	86.6	79.9	3.1
43	2670	エービーシー・マート	17.2	86.4	66.8	12.9
〃	6151	日東工器	17.3	86.4	86.7	6.0
45	2931	ユーグレナ	16.9	86.3	78.2	5.0
〃	8151	東陽テクニカ	16.9	86.3	88.1	3.1
47	6273	SMC	17.3	86.2	81.0	11.0
〃	6834	精工技研	17.3	86.2	86.6	3.7
49	2117	日新製糖	17.3	86.1	81.7	5.1
〃	4151	協和発酵キリン	16.12	86.1	82.6	3.1
〃	7703	川澄化学工業	17.3	86.1	82.9	3.0

（注）2017年10月6日までに発表された本決算を基に作成。対象は売上高100億円以上、かつ直近時価総額100億円以上の会社。時価総額は17年9月28日時点。ＲＯＥの「—」は、変則決算、純益赤字、債務超過、に該当する場合。HDはホールディングス

Book Guide

これで完璧！

知りたいポイントがわかる 会計ブックガイド

これさえ読めば会計の基本も最新動向も理解できる！　初心者にもわかりやすい入門書から専門分野の解説書まで、本書執筆陣の推薦などを基に編集部が選んだ必読の14冊。

経営戦略

『稲盛和夫の実学』
経営と会計
稲盛和夫著
日本経済新聞出版社　524円＋税

経営に役立つ会計とはどうあるべきかを徹底的に考え抜いた著者が「経営学」と「会計学」を結び付けてわかりやすく解説。儲けとは何か、値決めとは何か、おカネとは何かなど、身近な例え話で会計と経営の原則を解き明かす名著。

経営戦略

『俺のイタリアン俺のフレンチ』
ぶっちぎりで勝つ競争優位性のつくり方
坂本 孝著
商業界　1500円＋税

2011年9月、東京・新橋に驚異的な人気レストラン「俺のイタリアン」を開業した坂本孝氏が考える競争優位性とは何か。損益分岐点がわかれば、原価率88％でも赤字にならない価格戦略につなげられる、その秘密がわかる本。

経営戦略

『マネジメント［エッセンシャル版］』
基本と原則
ピーター・F・ドラッカー著
ダイヤモンド社　2000円＋税

著者の大作「マネジメント－課題・責任・実践」から重要部分を抜粋した本。マネジメントが果たすべき使命と役割、取り組むべき仕事、中期的戦略について具体的に解説され、読む人に新しい目的意識と使命感を与えてくれる。

経営戦略

『なぜ、あの会社は儲かるのか？』
ビジネスモデル編
山田英夫著
日本経済新聞出版社　1400円＋税

ある業界で成功している儲けの仕組みを解き明かし、そのビジネスモデルが他業界でも応用できることを豊富な事例を通して説明。さまざまな分野でボーダーレス化が進む現代のビジネスパーソンにとって役立つヒントが詰まった本。

会計・決算

『財務３表一体理解法』
増補改訂
國貞克則著
朝日新聞出版　820円＋税

損益計算書（ＰＬ）、貸借対照表（ＢＳ）、キャッシュフロー計算書（ＣＳ）の「つながり」をやさしく解説した好著。具体的な会社の事業活動を通じて、財務３表がどのように変化するのかを体感的に理解できる。

会計・決算

『「儲かる会社」の財務諸表』
48の実例で身につく経営力・会計力
山根 節著
光文社　860円＋税

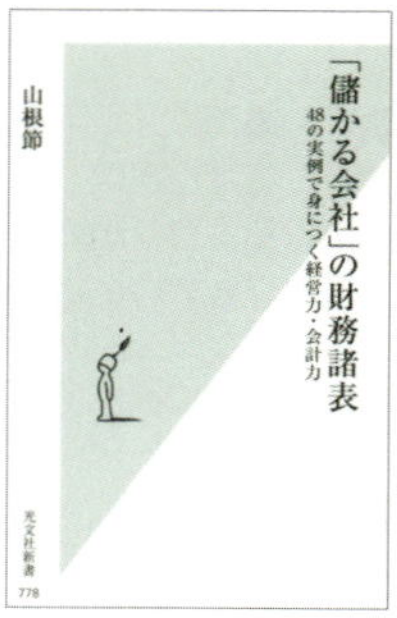

エレクトロニクス、自動車、小売り、製薬、住宅などの業界大手企業の財務諸表をビジュアル化してわかりやすく解説。あまりなじみのない人でも、財務諸表をざっくり読むことで、業界をリードする企業の戦略を理解できる本。

会計・決算

『新・現代会計入門』
第２版

伊藤邦雄著

日本経済新聞出版社　3500円＋税

会計の理論や歴史、実務事例など豊富な実例を基にして詳しく解説。会計の第一人者による本格的解説書。最新の第２版では、ガバナンスについて、ＩＦＲＳについてなど現代企業が直面する課題や変化についても詳説している。

会計・決算

『カラー版　会計のことが面白いほどわかる本』
会計の基本の基本編

天野敦之著

ＫＡＤＯＫＡＷＡ　1600円＋税

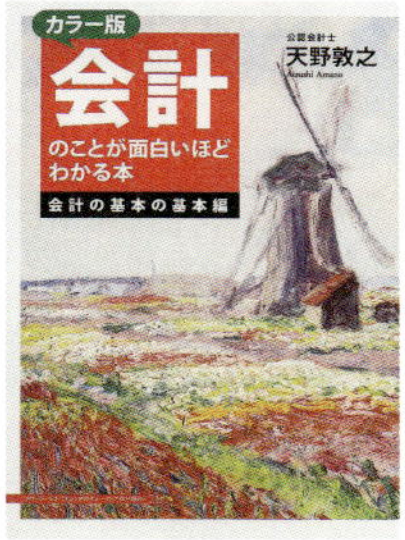

なぜ資産と費用は貸方科目なのかなど､知っていそうでなかなか知らない会計の仕組みを平易に解説。細かすぎて重要性の低い部分は省いたことで、会計で重要になる概念の説明がわかりやすい。会計の基本的な考え方が身に付く１冊。

経営指標・分析

『企業価値を創造する会計指標入門』
10の代表指標をケーススタディで読み解く

大津広一著

ダイヤモンド社　3600円＋税

会計指標は「企業価値」を向上させるためのベンチマークとして活用できる。ＲＯＥ、ＲＯＩＣ、ＥＢＩＴＤＡマージン、フリーキャッシュフローなど10の会計指標の使い方を、豊富なケーススタディを基に解説している。

経営指標・分析

『会計参謀』
会計を戦略に活用する

谷口 学著

中央経済社　2600円＋税

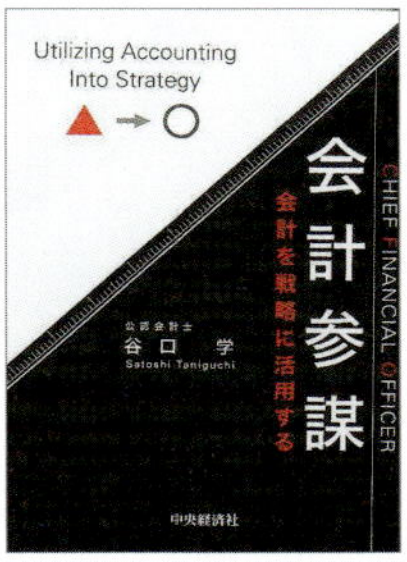

会計を経営戦略へ活用するためのヒントが詰まった本。会計監査やＭ＆Ａなど豊富な実務経験を基に、経理や戦略部門、それを統括する会計参謀（ＣＦＯ）に今、求められる役割を解説する。現場を描写した「実務ノート」は秀逸。

経営指標・分析

『会計不正はこう見抜け』

ハワード･シリット､ジェレミー･パーラー著

日経ＢＰ社　2800円＋税

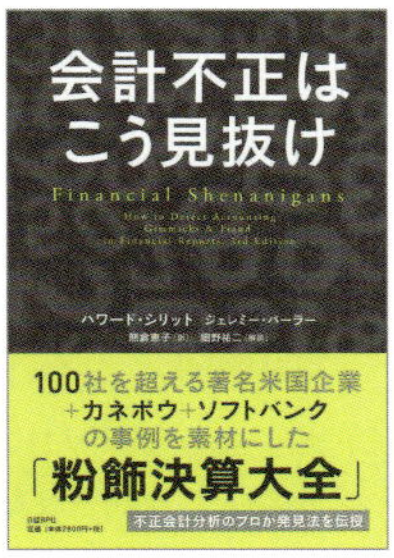

米国の巨大企業を中心に事例が豊富。図版も多用され、会計不正が発生するメカニズムを平易に解説している。日米で会計基準に相違はあるものの、発生の背景には共通点が多い。会計不正を通じて会計制度の本質を理解できる。

経営指標・分析

『ＩＧＰＩ流
経営分析のリアル・ノウハウ』

冨山和彦、経営共創基盤著

ＰＨＰ研究所　820円＋税

企業再生のプロが、メーカー、小売り、通信業界など豊富な具体例を通じ会社再生のテクニックを解説する。経営・財務分析を机上の空論で終わらせない「数字の裏側を読み解く」技術を身に付けることができる１冊。

ＩＦＲＳ

『エッセンシャルＩＦＲＳ』
第５版

秋葉賢一著

中央経済社　3400円＋税

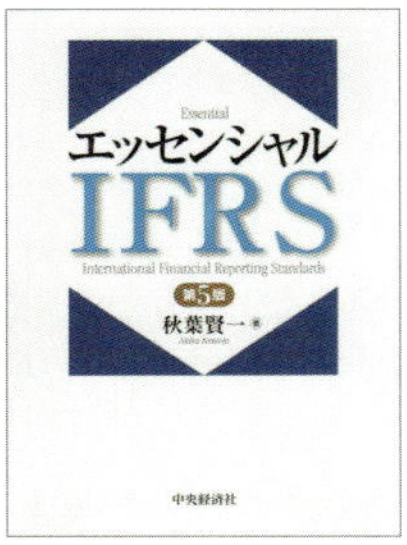

あずさ監査法人代表社員として、日本基準からＩＦＲＳへのコンバージェンスに関与する著者が実例を交えて解説。ＩＦＲＳの全体像を、基本的な考え方から体系的に学ぶことができる。頼れる１冊と高評価のテキスト決定版。

ＩＦＲＳ

『すらすら図解
新・ＩＦＲＳのしくみ』

あずさ監査法人　ＩＦＲＳアドバイザリー室著

中央経済社　2000円＋税

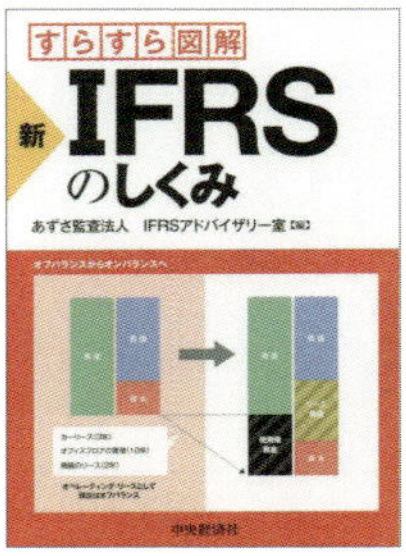

ＩＦＲＳ（国際会計基準）の構成から基本的な考え方、日本基準との違いまでをわかりやすく図解している。収益認識基準、リース取引基準など主要な論点も含め、ＩＦＲＳの実務に携わる監査法人がまとめた入門書。

東洋経済 特別編集

会社四季報から始める企業分析

『最強の会計力』

編集スタッフ
■編集長　岡本 享
■副編集長　田野真由佳
■編集　石井洋平／三上直行／遠山綾乃／石川正樹／広瀬泰之
■執筆　山田雄一郎／山田雄大／長瀧菜摘／菊地悠人／若泉もえな／和田浩司
■進行管理　榎本久美子
■制作　吉田 泉／鈴木聡子
■デザイン　Modern Graffiti（齋藤隼斗）
■写真　尾形文繁／梅谷秀司／今井康一
■営業　小嶋正義
■宣伝　高橋志津子
●表紙写真：©CelloFun

会計数字には、自分の力で運命を切り開く、各企業の戦略ストーリーが反映されています。それを読み取ることができる会計は、本当は楽しいものです。会計力を身に付ける出発点は、そうしたストーリーへの好奇心でしょう。今回、取材で出会った多くの人が、「数字化して考える習慣が大事」と口をそろえて教えてくれました。たとえばランチへ行ったら、客が何回転するかを考える。10席で3回転なら30席分、平均単価1000円だと、売上高は3万円になるなど。ただ、数字を読めるようになることが最終目的ではありません。それは手段であり、それによって、どう判断し、行動するかを考える力が会計力です。決算数字から何かに気づき、自らストーリーを描く、その能力が新たな可能性を生み出すことは確かです。（岡本）

私が簿記の試験を受けたのは転職活動をしていたころ。知人に「何の仕事でも役立つよ」と勧められてでした。会計の勉強はとても地味で、やる気マンマン、というわけには正直いきませんでした。が、会社がどう回っているのかを知るには必須のツールだと日々感じます。前もっておカネを支払うこと（前払金）は費用なのか？　いえ、簿記では前払金は資産になります。現金が減る代わりに、商品を受け取る権利を手に入れたととらえるからです。こうした考え方は、単純なおカネの出入りだけ見ていても身に付きません。今回取材をした冨山和彦さんも「経営分析は簿記という土台があってこそ」と。会社だけでなく、収入や家（資産）をどうするかなど、自分の人生設計をするうえでも役立っている気がします。（田野）

会社四季報から始める企業分析　最強の会計力

2017年11月23日発行

編　者　東洋経済新報社
発行者　山縣裕一郎
発行所　〒103-8345 東京都中央区日本橋本石町1-2-1　東洋経済新報社
電話　東洋経済コールセンター03(5605)7021　販売03(3246)5467
振替　00130-5-6518　印刷・製本　大日本印刷

Printed in Japan　ISBN 978-4-492-97028-7　http://toyokeizai.net/